微历史

1840—1949历史现场

路卫兵 编著

湖南文艺出版社
HUNAN LITERATURE AND ART PUBLISHING HOUSE
博集天卷
CS-BOOKY

图书在版编目（CIP）数据

微历史：1840—1949历史现场/路卫兵编著. --长沙：湖南文艺出版社，2011.8

ISBN 978-7-5404-5045-8

Ⅰ.①微…　Ⅱ.①路…　Ⅲ.①中国历史-1840—1949-通俗读物　Ⅳ.①K250.9

中国版本图书馆CIP数据核字（2011）第136722号

上架建议：中国历史·通俗读物

微历史：1840—1949历史现场

作　　者：路卫兵
出 版 人：刘清华
责任编辑：丁丽丹　刘诗哲
监　　制：刘　丹
特约编辑：赵省伟
营销编辑：刘智慧
版式设计：兴盛发·孟辉
封面设计：石博文
出版发行：湖南文艺出版社
（长沙市雨花区东二环一段508号　邮编：410014）
网　　址：www.hnwy.net
印　　刷：北京京都六环印刷厂
经　　销：新华书店
开　　本：787×1092　1/16
字　　数：230千字
印　　张：19
版　　次：2011年8月第1版
印　　次：2011年8月第1次印刷
书　　号：ISBN 978-7-5404-5045-8
定　　价：35.00元
（若有质量问题，请致电质量监督电话：010-84409925）

“微历史”诞生记

⊙时人感喟：微博决定一切！此等体例，古已有之。绵延流长者，首推《世说新语》。隽永传神，阅读爽快，空间恢弘，意趣盎然。

⊙年初敲定书名：用微博体写史，故名《微历史》。书中涵盖了诸多大师、文人、军阀、小人物的历史碎片，并配有大量珍贵图片，影像连缀，俨然1840–1949历史剪影。

⊙取材源于《剑桥中国史》等百来部学术专著，以及大量清末、民国笔记，并参考了《纽约时报》等国外的报载资料。

⊙历史苍穹，深邃广袤，近代百年，波诡云谲，故书中所含涵，不乏晴天朗日，亦会有月淡星稀。

⊙因编者水平有限，只是裁剪历史之一鳞半爪，难免管中窥豹或以偏概全，更不敢以之遮蔽整个天空，相信读者自有判断。

⊙以上代为序。路卫兵于2011年5月30日凌晨。二稿于6月19日父亲节。

目录

◎有正经·没正行

⊙陆荣廷与张作霖均为草莽出身，人称“北张南陆”。一次二人会于北京太和殿，忽有一鸟掠殿飞过，陆拔枪便射，飞鸟应声落地。张当时没带手枪，而此时天上亦无飞鸟，比试不成，遂脱衣扯裤说：“看谁带花疤痕最多！”比试结果，张有50余处，陆有80余处。张自愧弗如，连呼陆为大哥。

⊙吴稚晖好友李石曾断弦再婚，他写信劝之曰：“老夫少妻，动都动不得。”

⊙钱玄同说：“人到四十就该死，不死也该枪毙！”1927年，钱玄同40岁生日时，胡适、刘半农等人想起钱当年的慷慨激愤之语，遂写就讣告、挽联、挽诗以及悼念文章，并发出预告，计划在《语丝》出一期“钱玄同先生成仁专号”，以恶搞之。有外地朋友听说此事，还真就打电话到北平慰问钱的家属。

⊙1923年正月十五夜，洪兆麟把一百名小老婆打扮成杨贵妃、妲己、貂蝉、西施、虞姬等妖艳女人，游花灯，导致群体踩踏事件。

粤军第二师师长洪兆麟，陈炯明叛变时，就是洪率军把孙中山赶到了上海。

⊙辛亥革命爆发后，金岳霖剪去了头上的辫子，还仿照唐诗《黄鹤楼》写了首打油诗：辫子已随前清去，此地空余和尚头。辫子一去不复返，此头千载光溜溜。

⊙袁克文18岁时任法部员外郎，几乎从不去上班。有一次他不得不与同事同去验尸，便用墨将眼镜涂黑，如此，回家后仍是大病了一场。

那相，中华戏曲的发扬，咱也贡献了一份力量。

⊙那桐，晚清八旗三大才子之一，位居决策中枢，人称“那相”。那酷爱听戏，为此可以付出一切。庆亲王奕劻邀谭鑫培到家办堂会，希望谭能唱双出。谭鑫培一时忘记身份，提出有个大臣磕头才肯。庆亲王刚要发怒，军机大臣那桐却双膝跪地，虔诚邀请谭老板赏脸。在谭鑫培演出时，那相还情不自禁地站起来朝台上作揖，以示自己的仰慕之情。

⊙伍廷芳出使英国期间，曾作过一次精妙绝伦的演说。一位在场的英国贵妇人听得心花怒放，在演说结束后跑来与他握手，并说：“伍廷芳先生，对您的演说我真是十分佩服。为此，我决定把我的爱犬改名为‘伍廷芳’，以示纪念。”伍廷芳心平气和地说：“很好，很好。那么，您以后就可以天天抱着‘伍廷芳’接吻了。”

⊙1920年3月，李大钊在北大成立“马克思学说研究会”。因北大最初校址在景山东街（马神庙）等处，于是有人在报上嘲笑说：“北京马神庙的某大学里有个牛克斯主义研究会。”

⊙辜鸿铭对胡适说：“胡先生，你知道，有句俗话：监生拜孔子，孔子吓一跳。上次我听说孔教会要去祭孔子，便编了首白话诗：监生拜孔子，孔子吓一跳。孔会拜孔子，孔子要上吊。”然后笑问胡适，“胡先生，我的白话诗好不好？”胡微然一笑，不置可否。

⊙1921年，莫雄奉命从桂林率人押运物资下梧州，正好桂林航政局长陈策也因事到梧州去，就乘了莫的船。船行至昭平县时，忽然遇到一拨土匪，莫雄马上命令船只靠岸迎击匪徒。船刚一靠岸，陈策便纵身跳到一岩石后，面如土色地说：“莫大哥，你去冲，我在岸上等你!”

⊙1902年，广西会党起义军进入贵州，攻陷兴义。刘显世乘机树起团防局大旗，协同清军收复兴义。刘为人阴险，有“笑面虎”之称。时人曾写一副对联，贴在团防局大门上：上联：缙绅诸公，狼公、虎公、饕餮公，公然办公，公心何在，公理何存，无非借公图私利；下联：团防总局，饭局、酒局、洋烟局，局中设局，局内人甘，局外人苦，何日了局庆升平。

⊙曹禺悄悄对吴组缃说："你看，钱钟书就坐在那里，还不赶紧叫他给你开几本英文淫书？"吴听罢，便走到钱钟书桌边，请他给自己开录三本英文黄书。钱随手拿过桌上一张纸，飞快地写满正反两面。吴数了数，竟有四十本之多，还包括作者姓名与内容特征，不禁叹服。直到解放后，钱钟书还爱考问吴组缃："马克思第三个外孙女嫁给谁了？"吴不知道，回击说："你专会搞这一套！"

⊙1941年，重庆发生大窒息案，重庆卫戍总司令兼防空司令刘峙、重庆市长吴国桢、宪兵司令贺国光同往现场视察后向蒋汇报。蒋问究竟死了多少人，刘、贺无置答复：吴随口说共死了一万几千几百几十几人，蒋点头满意。出来后，刘、贺问吴："你怎么知道这个数字？"吴答："他喜欢具体数字，横直无从查考。"刘、贺竖指赞曰："你真会做官。"

⊙冯玉祥主持河南期间，不但关闭了所有的烟馆、妓院、寺庙，强令和尚同妓女结婚，而且大力开展植树造林，并在树上挂上纸条：老冯驻徐州，大树绿油油。你砍我的树，我砍你的头！因而得到"植树将军"的美誉。

⊙张勋复辟后，曾经得意地说："他们推翻清室的人，被称为革命伟人。现在老夫推翻民国，难道不该称为复辟伟人吗？"于是"伟人"名号不胫而走。

⊙1949年后，杜月笙想去法国，希望蒋介石给他办护照。老蒋说，护照可以办，先交十五万美元手续费。杜仰天长叹，才明白天下最狠的流氓原来不是他姓杜的。

⊙抗战期间，蒋介石去成都，在杨森家盘桓半天。蒋见杨家进进出出的妇女不少，很是惊讶，便问杨森："这些都是你的妻子吗？"杨森闻言朗声回答："报告委员长，属下身体很好！"

杨森

⊙叶公超隔壁是一户美国人家。其家顽童时常翻墙过来骚扰，叶不胜其烦，便出面制止。顽童不听，反以恶言相向，于是双方对骂，秽语尽出。美童家长闻声现身，见堂堂教授正厉声大喝："I'll crown you with a pot of shit!"（我要把一桶粪浇在你的头上。）没想到此家长并不生气，反问："你这句话是从哪里学来的？我有好久没听过这样的话了。你使我想起我的家乡。"叶公超遂与邻居成为好友。

⊙1927年，国民党广东省政府委员会第33次会议上，通过了代理民政厅长朱家骅提议的禁止女子束胸案："限三个月内所有全省女子，一律禁止束胸。倘逾限仍有束胸，一经查确，即处以50元以上之罚金，如犯者年在20岁以下，则罚其家长。"乳房解放运动遂蔓延全国。

⊙许世英在巴黎，有次被邀请观赏脱衣舞。舞毕，当地记者突然发问，要他说说对脱衣舞的感想。许踌躇一下，笑着说："这是很好的娱乐，同时也可能有助于增加贵国的人口。"翌日，当地报纸刊出中国许代表的谈话，标题为：脱衣舞可增加人口。

⊙1912年，袁世凯就任临时大总统。当时以记者身份在场的梁漱溟发现，袁世凯对如此庄重的就职典礼其实压根儿不重视，"既不蓄须，亦不修面，着军人旧服装，殊欠整洁，显然蔑视此一重大典礼"。

⊙冯玉祥斥吴稚晖"变节为一人之老狗"，章太炎说他是"康有为门下之小吏，盛宣怀校内之洋奴"，蒋梦麟则说他是"中国学术界一颗光芒四射的彗星"，胡适称其为"中国近三百年来四大反理学思想家之一"，他的无政府主义者同志称其是"一个坏透了的好人"。

袁世凯就任临时大总统后与北洋军将领合影，看起来袁更喜欢这身臃肿的军装。

⊙1931年的上海《民国日报》上，刊登了一则题为《一般女士征求如意郎君的标准》的启事：1. 面貌俊秀，中等身材，望之若庄严，亲之甚和蔼；2. 学不在博而在有专长；3. 高尚的人格；4. 风姿潇洒，身体壮健，精神饱满，服饰洁朴；5. 对女子的情爱，专而不滥，诚而不欺；6. 经济有相当的独立；7. 没有烟酒等不良嗜好；8. 有创造的精神，有保守的能力。

吴稚晖，颇有魏晋风范：经常一件旧布袍，一把油纸伞不离身；外出住小旅店；一件马褂上五颗扣子，至少一两颗无法扣上；穿布鞋，裤腿塞在长筒袜里，活像一个土老帽儿。

⊙1931年的上海《民国日报》，刊登了一则青年男子的征婚启事：我所希望于女子者，约有十项：一、要有清洁的嗜好和能力；二、要有概括的眼光以及学识；三、要有缜密而周到的心思；四、要有充量而素养的情感；五、要有治家的兴趣和能力；六、不要眼光势力；七、不要自我太强；八、不要太无意见；九、不要见人羞怯；十、不要态度虚浮。

⊙陆徵祥上私塾时，常在艳阳高照的情况下带雨具上学，惹来同学笑话。及至放学，天降大雨，所有人衣服都湿透，唯陆徵祥无事。后来同学们问他怎么会想到要带雨具，他神秘地说，他的鼻子能测天气阴晴，故先准备。大家因此称他为“晴雨表”。

⊙五四时期，青年们的反叛热情高涨。一位见证者说：“我在南京暑期学校读书，曾看见一青年把自己的名字取消了，唤作‘他你我’。后来在北京大学门口碰见一个朋友偕了一个剪发女青年，我问她：‘贵姓？’她瞪着眼看了我一会，嚷着说：‘我是没有姓的！’还有写信否认自己父亲的，说：‘从某月某日起，我不认你是父亲了，大家都是朋友，是平等的。’”

⊙张宗昌早年曾率一混成旅入湘作战，结果被包围，无计可施。部下褚玉璞急中生智，将做运输用的百余头小毛驴赶作前驱，向外突围，张宗昌率大队随后。突围后，毛驴无一生还。

⊙瞿秋白和杨之华的婚礼进行到高潮时，杨之华的前夫沈剑龙步入新婚礼堂。沈剑龙身穿和尚服，剃了个大光头，手里拿着玫瑰花，送上了自己精心准备的一份贺礼，礼盒彩带上写着：和尚献花。

⊙吴稚晖年轻时不喜欢坐马桶，所以每天一清早便跑到田野间“屙野屎”。为此，他还自我解嘲说：“这样不但自己能在排便时领略大自然间的景色，而且能使土壤肥沃，有益于农稼。”

⊙杨度曾颠倒六祖慧能“菩提本无树，明镜亦非台；本来无一物，何处惹尘埃”的偈语，将之歪批云“菩提岂无树，明镜岂非台，本来安所在，即在此尘埃”，并点化众生曰：慧能不过是“以空破有”，而我虎禅师则是“即空即有”。

⊙王力业余时间写小品文养家，闻一多曾直言提出批评，他认为一位语言学家不该写低级趣味的文章，那样会消磨斗志。王力不以为然，还把自己的书斋起名为“龙虫并雕斋”，意指他在书斋既“雕龙”也“雕虫”。（按：“龙”指他的学术著作，“虫”指非学术性的小品文）

⊙太平军总制官职，分炎、水、木、金、土五行，每字下又分壹、贰、叁、肆……按序排列。监军亦分炎、水、木、金、土五行，每字下又分正副及天干数目，如“木正壹甲壹监军”。

⊙王闿运在北京时，袁世凯常命人陪他游览名胜古迹，以讨其欢心。某日，车经内阁总理衙门，王闿运指曰：“这是动物园。”导游感到奇怪，问：“怎么是动物园呢？”王闿运解释道：“那里面住的内阁总理熊希龄，是湖南凤凰人，凤凰是飞禽，而熊（熊希龄）、猿（袁世凯）是走兽。飞禽与走兽皆聚集于此，不是动物园是什么？”

⊙上海战役后期，54军准备从上海转进台湾，198师594团作战主任命令团炮兵连连长勘察转进吴淞码头的路线。走着走着，这位连长发现情况不妙，因为一路上居然一支国军部队也没遇到，于是马上掉头回原驻地，发现部队早已开拔。连长急忙追赶，总算在594团登船前赶上，见到作战主任时，心照不宣地说了句：“勘察任务已经完成。”

⊙民国文人黄濬说袁克文“饮醇近妇叹天才”。袁克文的妹妹袁静雪则说：“他的荒唐生活，从十五六岁就开始了，常常整夜不回来，大姨太沈氏对他百依百顺，帮他隐瞒。”

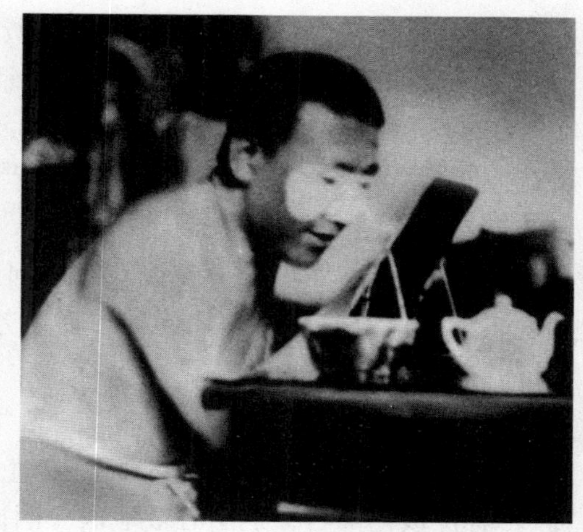

袁克文在化装

⊙王瑶在西南联大当学生时，一次上陈梦家的《尚书》课，陈先生给王写了一张便条，称他“王瑶贤弟”，他回条时也就当之无愧地称起了“梦家兄”，还振振有词地告诉同学：如果我是他的“贤弟”，他自然就是我的“仁兄”了。

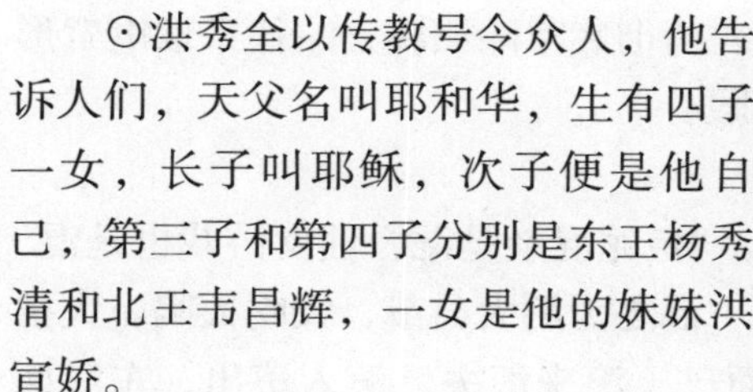

⊙洪秀全以传教号令众人，他告诉人们，天父名叫耶和华，生有四子一女，长子叫耶稣，次子便是他自己，第三子和第四子分别是东王杨秀清和北王韦昌辉，一女是他的妹妹洪宣娇。

袁克文戏装照

⊙中央军校的军校生们一入校，第一个下马威就是不给吃饱饭。所幸这些军校生身上一般都会有些银钱，于是迅速带动了校区周围的经济，学校大门口出现了一长溜钢盔摊子。

⊙抗战胜利后，张大千欲回四川老家，上海友人为其设宴饯行，邀请了许多社会名流，梅兰芳也应邀在内。席间，张大千向梅兰芳敬酒说：“梅先生，你是君子，我是小人，我先敬你一杯！”众人莫名其妙，梅也不解其意。张大千笑着解释说：“你是君子，唱戏动口；我是小人，画画动手。”

⊙季羡林评价吴宓：“他古貌古心，同其他教授不一样，所以奇特；他言行

一致，表里如一，同其他教授不一样，所以奇特；别人写白话文，写新诗，他偏写古文，写旧诗，所以奇特；他反对白话文，但又十分推崇用白话写成的《红楼梦》，所以矛盾；他看似严肃、古板，但又颇有一些恋爱的浪漫史，所以矛盾；他能同青年学生来往，但又凛然、俨然，所以矛盾。”

⊙齐如山说：“梅兰芳在演戏之外别无所长，在处世上只有忠厚和蔼，诚实知人之论。这以后那些为如何称呼梅兰芳而犯难的人不用发愁了，加上‘博士’即可。”

⊙刘海粟与胡适之，当年一个被谴为“艺术叛徒”，一个被责为“文学叛徒”。有位钱化佛君，别出心裁地取一柄折扇，求刘画上山水，又请胡题几行诗，当时人们戏称此扇为“叛徒扇”。

⊙袁世凯做寿，各省要员纷纷来电，询问给大总统祝贺的公文该采用何种程式。此事政事堂还没来得及规定，于是回电：为彻底革除旧弊，一律采取电贺形式。于是寿宴当天贺电频传，政事堂应接不暇。

⊙谭延闿雅号“水晶球”，其座右铭为：“鱼龙混杂是混，仙女游戏也是混，混之为用大矣哉！”谭死后，有人送一挽联：“混之为用大矣哉，大吃大喝，大摇大摆，命大福大，大到院长；球的本领滚而已，滚来滚去，滚入滚出，东滚西滚，滚进棺材。”

⊙“甲申易枢”后，醇亲王奕譞取代恭亲王奕䜣，时人有“易中枢以驽马、代芦服以柴胡”的评价。

王耀武

⊙王耀武在国民党将领中有一个小名气，就是聪明。他能当着蒋介石的面送礼，而且很巧妙。比如，他先找你借钢笔写字，然后还的时候就还另外一支金笔，上面附一小纸条：敬赠某某某，请笑纳。

⊙解放战争后期，石补天率193师长期担负昆明至沾益沿线铁路的护路任务。由于解放军游击队的袭扰，193师疲于应付，石为此哀叹道：“我不应叫石补天，而应改为石补路，我天天补这条路都补不过来，哪儿还有时间去补天呢？”

⊙有人在慈禧太后面前告状，说梁士诒是“梁头康尾”，人品极差。（按：“梁头”指梁启超，康有为字“祖诒”，正合梁士诒之尾字，故曰“康尾”）

⊙杨度一度在山东军阀张宗昌处做幕僚。张常以汉高祖刘邦自居，而戏呼杨度为张良。杨度笑曰：“汉高祖能役功人，公仅能役功狗耳。我固然不足以当张良，公亦非汉高可比。”张宗昌说：“那你就是功狗啦？”说罢大笑不已。张宗昌以杨度为参赞，常戏呼其为“羊肚参赞”，而张素有“狗肉将军”雅号，堪称绝配。

⊙张竹君身材高挑，喜欢穿洋装、高跟鞋，每次出门，都要坐四人抬的敞篷椅轿，引得路人驻足侧目而视。张被看得不好意思，再出门就带上洋书一本。可轿子忽上忽下跳动不已，根本看不下去，于是“张竹君坐大轿——倒看洋书”在朋友中广为笑传。

⊙民国时，唱戏的受歧视，特别是政界、学界的人，一向瞧不起唱戏的，平时书信往来，绝不肯称兄道弟，而是以“小友”之类呼之。樊樊山与梅兰芳交情甚好，在送书画时，既不肯称兄弟，也不愿论辈行、称先生，更不好意思称“小友”，所以就称梅为“艺士”。

⊙新文化运动时，柳亚子响应反孔言论，主张“非孝”，说父子应以兄弟相称。他写诗给儿子柳无忌道：“狂言非孝万人骂，我独闻之双耳聪。略分自应呼小友，学书休更效尔公。”他还主张废除伦常，并赋诗说：“共和已废君臣义，牙慧羞他说五伦。种种要翻千载案，堂堂还我一完人。”

⊙课堂上学生问刘文典：“怎样才能把文章写好？”刘文典回答说：“只要注意‘观世音菩萨’就行了。”众学生不解，他加以解释说：“‘观’是要多多观察生活；‘世’是要明白社会上的人情世故；‘音’是文章要讲音韵；‘菩萨’是要有救苦救难、为广大人民服务的菩萨心肠。”

⊙陈铨的话剧《野玫瑰》在昆明上演成功后，重庆话剧界也开始排练、演出，并由秦怡担任主演。1942年3月6日到9日，《新华日报》打出的演出广告词这样写道：“故事——曲折生动；布景——富丽堂皇。”后来因票房火暴，广告词则改为“客满，场场客满；订座，迅速订座”。

⊙太平天国歌谣《跟着洪杨到白头》唱道："想起天军在这时，红云一朵照双髻；分得钱粮今还在，忆到亲人眼泪滴。"

⊙溥杰厌倦紫禁城的刻板生活，一心想出国，无奈囊中羞涩，于是他开始偷宫里的东西。溥杰每天上午进宫伴读，下午回家就顺走一包东西，别人以为是皇帝赏赐，也不便多问，如此偷了一年多，一共拿到书画精品400多件，"皆属琳琅秘籍，缥缃精品"。溥杰后来谈到他鉴别文物的能力，"就是通过这一阶段偷运文物的活动养成的"。

⊙1947年8月，整编第57师奉命开赴鲁西南追击解放军，大雨泥泞，道路难行。部队逃亡严重，最好的连队也只剩50多人，而且来自三种成分：一、士兵；二、沿途抓来担弹药的百姓；三、沿途搜获的解放军散兵和俘虏，被戏称为"三合一部队"。

⊙1896年7月13日，李鸿章访法，法国外长汉诺威为大清使团举行了盛大的阅兵仪式。按照法国礼仪，在检阅仪仗队时，两国首领要高唱各自的国歌。中国当时没有国歌，李鸿章情急之下，唱了一段家乡合肥小戏"庐剧"：三河镇十字路开了门面，东边卖的是瓜子，西边卖的是香烟，中间卖的酒和面。针脑线头样样全……

⊙康有为好嫖，所欠嫖资甚多。1875年，康急于赶往北京，刚上了招商局的轮船，债主们便追来了，"康圣人"急中生智，躲到了船顶上的救生船里，嫖资遂得以赖过。

⊙1949年，厦门即将解放。国府国防部忽下一命令，内容是：要求守卫厦门之陆海空三军之各部各单位，选举模范军人和战斗英雄。授奖典礼这天，各个"英雄"或"模范"要当众宣布他的英雄或模范事迹。一"模范"说：我幼时入过白莲教，学会了枪刀不入之术，所以打仗的时候，就用身体堵着敌人的枪口，使其枪弹发射不出，故而被选为英雄。

⊙民国初年，"天足会"、"放足会"在各地活跃，呼吁放足，于是女人们的脚缠缠放放，也就出现了许多新名词：缠放足、复缠脚、天足、假天足、半缠半放脚等。

⊙电报之初，费用很高。有一次，光绪皇帝收到驻英法大臣郭嵩焘的一份奏折，在奏折里，郭嵩焘参了驻德国大臣刘锡鸿一本，说刘锡鸿“滥用经费”、“挥霍巨糜”、“驻欧使馆不堪重负”，云云。后来经过调查，发现刘锡鸿在四个月内发了七八次电报，而且全是私事小事。光绪皇帝十分震怒，立刻下旨将其撤职查办。

⊙1946年7月26日，上海多家大报刊登了一则醒目的启事：欢迎上海市的名媛佳丽报名竞选“上海小姐”。策划者是杜月笙。此场选美轰动一时，参选的佳丽多为上海滩当红歌星、舞女。活动圆满成功后，杜月笙和其弟子共募得四亿法币赈灾款，全部捐助给了遭受灾难的苏北平原。

杜月笙

⊙胡汉民年轻时想出国留学，苦于家中贫穷，无法如愿。后来他到《岭海报》担任记者，其“能文”之名，渐为人知。光绪二十九年科举考试时，有两个富家兄弟私下请他当“枪手”，他便化名入场代考，并让兄弟俩都上了榜，事后获六千大洋酬劳。凭着这笔钱，胡汉民终于东渡日本留学，遂了心愿。

⊙林森向公务局建议：“公务局公务太忙，为避免疏忽起见，似可在一般性通知信封上，预先印好‘先生’或‘女士’或‘君’字样。这样不但是对受件人的尊敬，亦省却书写人的时间与精力。”

⊙张之洞与袁世凯一起获得提拔，入京担任军机大臣。幕友高友棠拜访张之洞，张问：“外面有何评论？”高答：“大家普遍认为岑西林（岑春煊）不学无术，袁项城（袁世凯）不学有术，老师有学无术。”张之洞笑道：“项城不但有术，且术很多，我则不仅无术，也不能说有学。”高友棠赶紧奉承：“老成谋国，本自学问中来，房谋杜断，当以老师为归。”张之洞闻言欣慰不已。

⊙袁世凯死后，张伯驹曾同袁的几个儿子聚会，说起袁世凯在历史上可以和哪个人物相比。四子袁克端说可以比曹操、王莽，五子袁克权说可以比桓温。

⊙臧克家在余心清家遇到李烈钧。臧对李说：“久仰了。”余介绍说：“这是新诗人臧克家先生。”李双眼紧闭，点头道：“唔，唔，大狗叫，小狗跳跳。”臧心中起火却又不好发作，后来臧对余说：“以后对不懂新诗的人，千万不要再作介绍了。”

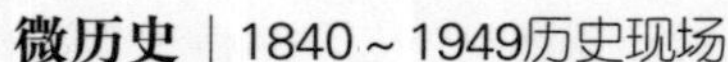

⊙潘光旦与雷海宗二位的妻子都不擅长写字，二人离家到湖南后，所得书信甚少，潘光旦每月只收到一信，雷海宗更少，四个月只得一函及二明信片。某日潘、雷二人谈及此事，潘光旦问有什么办法让她们多来信啊，雷海宗摇头说："鞭长莫及。"潘大笑，说："鞭字有语病！"

⊙洪钧任出使欧洲四国大臣时，带着一个小妾周游列国，一时各国轰传，竞相报道。那个小妾后来脱离洪家，改名为赛金花，在上海滩十里洋场艳绝一时。

⊙李鸿章招待美国客人，桌上珍馐一扫而空。李鸿章急中生智，如此这般与厨师交代一番。不一会儿，厨师端上一盆什锦大烩菜来。客人一尝连连叫好，问叫什么菜，李鸿章没听明白，答非所问地说："好吃，好吃。"没想这"好吃，好吃"和英语的"Hotch-potch"（杂碎）发音差不多。"李鸿章杂碎"遂由此得名。

美国报刊水墨画：李鸿章杂碎。

⊙复辟之前数日，张勋密谒溥仪，进以复辟之说，溥仪摇头不顾。张曰："圣上不愿，其意安在，能讲给老臣听否？"溥曰："陈师傅宝琛终日子曰诗云闹个不了，朕还有何心思去干别样事！"张曰："圣上如允重登大宝，即日理万象，可以不用读书了。"溥大喜曰："敢是一做皇帝，书就可以不必读了么？"张曰："古来只有马上天子，从无读书天子。"溥曰："准如卿言，朕便干了。"

⊙锦州破城后，东野九纵直属队捉住一对操南方口音的中年夫妇，遂对他们隔离审讯。从妇人口中得知，那中年人就是东北剿总副司令范汉杰，不过范本人并不承认。几个战士要把范押往司令部，范赖在地上不走。战士急了，拉着他的腿硬拖，范大喊："我头流血了，我就是范汉杰，快给我上药！"上药时，范连声问军医："我会得破伤风吗？会有生命危险吗？"

⊙章太炎在《曼殊遗画弁言》中记载：苏曼殊在日本"一日饮冰五六斤，比晚不能动，人以为死，视之犹有气，明日复饮冰如故"。

⊙桂植曾任中国驻菲律宾领事，卸任后回到广东，应岭南大学邀请到校演讲。桂长袍马褂，古色古香，学生们都不以为然。桂植感觉到了这一点，于是开口便是惊人之语："我是一只老夜壶了，可是这只老夜壶也曾经用花露水洒过的。"

◇性情

上图袁克文 下图陈其美

⊙1920年，袁克文以笔名寒云在上海《晶报》连载的《辛丙秘苑》中指出：前沪军都督陈其美与应夔丞、沈翔云等人，经常在清和坊、平安里等高等妓院一边嫖娼狎妓一边搞革命。（按：袁克文、陈其美、应夔丞均为青帮“大”字辈大佬）

⊙辜鸿铭博学而狂狷，被人称做“怪杰”。他见到英国人，用英语骂；见到德国人，用德语骂；见到法国人，用法语骂。挨骂的个个心服口服。

⊙黄侃与陈汉章同为北大国学教授，二人切磋学问，一言不合，即“以刀杖相决”，都是暴脾气。

⊙一位留学欧洲学美术的年轻画家要开画展，因仰慕吴敬恒，便挑了幅自己最得意的画作请他题词。因是超现实的抽象画，吴敬恒左观右览，不得要领，遂题打油诗一首：远观一朵花，近看一个疤。原来是幅画，哎呀我的妈！

⊙刘文典说：“古今真懂《庄子》者，两个半人而已。第一个是庄子本人，第二个是我刘文典，其余半个是冯友兰。”

⊙1915年，刘师培动员黄侃拥戴袁世凯称帝，话还未说完，黄侃便起身怒目，气愤地说：“如是，请先生一身任之!”说完拂袖而去。

“铁军”的真正创始人张发奎

⊙第二次东征，张发奎任第一独立旅旅长，在紫金县热汤圩与林虎部万余人相遇，兵力悬殊，军陷绝境。张遂把帽子一扔，衣服一脱，对部下大喊道：“有前无后，打死罢就，叼你老母，冲!”端挺机枪就往前冲。独立旅官兵见状，遂群起狂呼“叼你老母”发起冲锋，连破林部七处阵地。

⊙民国新国会选举法中，有一条特别规定：部分参议员由一个叫中央通儒院的成员选举，凡是国立大学教授，在国外获得学位的都有选举权。有个叫吴明的人找到辜鸿铭，说：“辜老，晚生有一事相求，希望你投票时能投我一票。”当时一票市价200元，辜要400元，并说：“先付现款，不要支票。”

⊙刘师培与黄侃聊天，哭起穷来，忽然产生了卖字的念头，一本正经地征求黄侃的意见，并说：“我书之佳趣，惟章太炎知之。”黄侃想到刘氏的字实在不敢恭维，半天才说了一句："你只要写刘师培三个字去卖就够了。"

⊙在中央大学兼课的教授颇多，大都西装革履、汽车进出，顶不济也是黄包车。唯有黄侃总是穿一件半新不旧的长衫，腋下夹了几本书，步行到校。学校规定师生进出校门要佩戴校徽，黄侃偏偏不戴。门卫见这个衣着寒酸的人没有校徽，就要求看他名片，黄侃大怒，说："我本人就是名片，你把我拿去吧。"

⊙郁达夫说："文人当汉奸，应该罪加一等。"

⊙辜鸿铭讽刺改良派："譬如说'改良'，以前的人都说'从良'，字典里也只有'从良'这个字词，指的是娼妓弃邪从正，没有说'改良'的。'改良'让我百思不得其解，你既然已经是'良'了，还改什么？难道要把'良'改回去退而从'娼'吗？"

⊙杨振宁回忆说，叶公超教授的英文极枯燥，他对学生不感兴趣，有时甚至要捉弄我们，"我不记得从他那里学到什么"。

大帅哥叶公超，著名外交家、书法家。

⊙钱钟书说："整个清华，没有一个教授有资格充当钱某人的导师!"

⊙丁日昌天生耿直，眼里揉不得沙子。20岁那年，丁考中秀才，补了一个廪生。按常理，廪生应该由朝廷供养，可当地县官却并不给他发钱粮。丁日昌气急，遂跑到县衙门口击鼓大骂："青天白日，饿死廪生!"县太爷吓得缩在后堂不敢出来。

⊙刘文典不同意沈从文晋升教授："陈寅恪才是真正的教授，他该拿四百块钱，我该拿四十块钱，朱自清该拿四块钱。可我不给沈从文四毛钱!"又说，"沈从文是我的学生，他都要做教授，我岂不成了太上教授?"

⊙冼星海拙于言辞，内心却热情似火。到延安后，冼常跟周围环境发生冲突，无处发泄时，就将隔壁人家飞来的小鸡打得满屋乱飞，并怒气冲冲地说：“保证我吃鸡，否则一行也写不出。”

⊙王瑶烟斗从不离手，做派潇洒自如。其弟子们爱用“魏晋风度”来形容他。

⊙张佩纶对袁世凯早期欣赏后期厌恶，他在给李鸿藻的密信中，称袁世凯是“小人之有才者”。

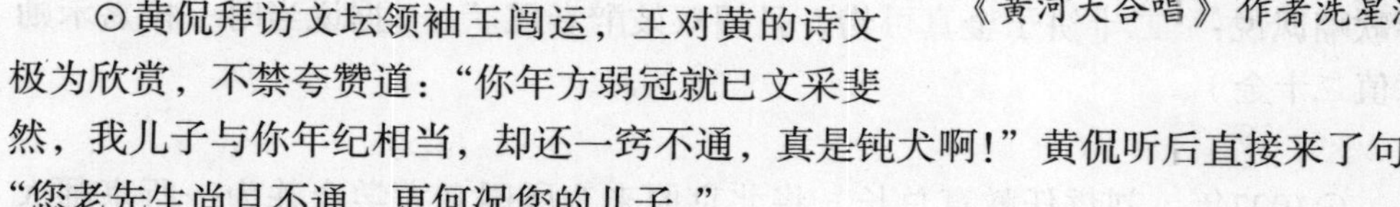

《黄河大合唱》作者冼星海

⊙黄侃拜访文坛领袖王闿运，王对黄的诗文极为欣赏，不禁夸赞道：“你年方弱冠就已文采斐然，我儿子与你年纪相当，却还一窍不通，真是钝犬啊！”黄侃听后直接来了句：“您老先生尚且不通，更何况您的儿子。”

⊙1912年，保定军校第一期开学，南方革命政府学生军插班入校。这些学生军没有经历陆军小学、陆军中学的教育，所以被在读生看不起。而这些学生军很多都参加过辛亥起义，以革命功臣自许，也看不起在读生。于是双方经常在课堂、饭堂发生口角、冲突，甚至大打出手。保定军校一共九期，继承了一期生的传统，期期都有大规模群殴事件，遂成保定传统。

⊙一次宴会，有位洋记者请教辜鸿铭：“辜先生，中国国内政局如此纷乱，有什么法子可以补救？”辜鸿铭伸袖子将嘴一抹，一本正经地说：“有。法子很简单，把现在在座的这些政客和官僚拉出去枪决掉，中国政局就会安定些。”

⊙吴稚晖反对老少配。说年轻女孩嫁老头，不是谋财，就是害命。

⊙光绪二十八年，慈禧太后做寿，两湖地区各衙门张灯结彩，并唱新编的“爱国歌”以示庆祝。辜鸿铭对梁鼎芬说：“满街都在唱‘爱国歌’，竟未闻有唱‘爱民歌’的。”梁鼎芬回答：“那你就编首给大家唱吧！”辜鸿铭略一思索，便即脱口而出：“天子万年，百姓花钱；万寿无疆，百姓遭殃。”

⊙日俄战争期间，留学生在东京集会。吴稚晖上台大骂慈禧太后，骂着骂着饿了，腰带一松，裤子掉了下来。他不慌不忙地提上裤子，面不改色地咳了两声，重新起骂，还笑嘻嘻地说："我在这里骂老太婆，老太婆一定也在宫里骂吴稚晖。"

⊙汪曾祺回忆老师唐兰的讲课方式："讲'词选'主要讲《花间集》，讲词的方法只是用无锡腔调念一遍：'双鬓隔香红，玉钗头上风——好！真好！'这首词就算过了。"还有人这样描述说："唐兰在西南联大开宋词选读课，几乎什么也不讲，上课只是捧着一本词集自己读，读到好处，大叫一声'好'，学生们一惊，以为他终究要阐发点什么了。哪知他仍是接着读，一直到下课。"

⊙辛亥革命后，袁世凯谋划称帝，授意黄侃为之写《劝进书》，并赠洋3000元和一枚一等金质嘉禾章。黄侃遂持洋四处游玩，还将勋章挂于黑猫颈上，并作诗歌嘲讽说："二十饼子金真可惜，且招双妓醉春风。"（据说当时一枚嘉禾勋章值二十金）

⊙1927年，刘哲任教育总长，将北京原来八所国立大学合并为一所京师大学，刘自兼校长。八校师生反对合并，学生会派代表向刘哲请愿。刘在教育部召见，先是一一问代表姓名，家在何处，北京有无亲属，然后在办公桌前摆好八副纸笔。正当学生们不解其意时，刘突然一拍桌子，大声道："我要把你们统统枪毙，你们把遗嘱写下来，好叫家属来领尸。"

比较文学先驱吴宓，他的学生有王力、钱钟书、曹禺、季羡林。清华"四大导师"王国维、梁启超、陈寅恪、赵元任，就是他在开办清华国学院并任院长期间礼聘的。

⊙钱钟书在评论其师吴宓的诗集时说，吴诗中"太多自己"，简直像作者的履历表，甚至"偶而当众外扬家丑"。

⊙北大正式招收女生时，有人建议蔡元培请示教育部核准。蔡回答说："政府颁布的《大学令》并未规定专收男生，以前女生未来要求，故无女生，现在女生来要求了，而程度又够上大学，就再无拒绝她们之理。"

⊙1898年，蔡元培的元配王夫人病逝，许多人纷纷对他续弦之事表示关切，争着要替他做媒，于是蔡正式提出征婚条件如下：一、不缠足；二、识字；三、男不娶妾；四、男死后女可再嫁；五、夫妇不合时可离婚。结果无一应征。

⊙鲁迅说：“要少——或者竟不——看中国书，多看外国书。”又说：“中国书虽有劝人入世的话，也多是僵尸的乐观，外国书即使是颓唐和厌世的，但却是活人的颓唐和厌世。”“在古书中找活字，是欺人之谈。”

⊙西南联大新校舍对面有一家湖南餐馆，名曰“潇湘馆”。吴宓认为这是有意玷污冰清玉洁的林黛玉，盛怒之下，强令其改名。

⊙苏曼殊和尚为人特立独行，一向是身披袈裟理直气壮地进出青楼，偶尔也会改穿西装。陈独秀觉得奇怪，就问他是何原因。苏曼殊答曰：“穿袈裟吃花酒不方便。”

⊙袁世凯死后，全国举哀三天。辜鸿铭却特意请来一个戏班，在家里大开堂会，狂欢三日。他说按照中华民国的约法，总统为仆人，国民为主人，公仆死了，关我们主人屁事。

⊙吴宓将他写给毛彦文的情诗分发给学生传阅，并负责讲解事宜。

⊙曾昭抡常有惊人之举：他曾站在沙滩红楼前，和电线杆子又说又笑地谈论化学上的新发现；一次他带着雨伞外出，天降暴雨，他却依然提着伞走路；在家里吃饭心不在焉，居然拿着煤铲到锅里去添饭。

⊙黄侃午睡后步行于树荫间，忽然灵感激发，遂一路小跑地赶往《大江报》，提笔撰文道：“大乱者，实今日救中国之妙药也。”

⊙黄侃在南京中央大学任教时，与校方约定：下雨不来，降雪不来，刮风不来，时人称之“三不来教授”。一日阳光明媚，黄侃仍不肯进教室。教务处只好派人去请，说：“黄大师，上课时间到了，该上课了。”黄两眼望天花板，回答说：“时间到了，钱还没到呢。”原来学校没有及时发他薪水。

⊙苏曼殊去易白沙家做客，一顿饭总计吃下炒面一碗、虾脍两盘、春卷十个，外带糖果若干。易以为曼殊手头拮据，多日挨饿，才会如此狼吞虎咽，便热情邀请他明天再来做客。曼殊连连摇头，说：“不行，吃多了！明日须病，后日亦病。三日后当再来打扰。”

⊙在一场小型音乐会上，苏曼殊认识了漂亮的弹筝女百助枫子。二人一见如故，然同床共枕数夜，却一直相安无事。为此，百助枫子不无幽怨地问苏曼殊："大师和我究竟如何?"苏曼殊说："我怕达到沸点也。"

⊙闻一多上课抽烟。上他课的学生也抽。

⊙黄侃狂狷孤傲，特立独行，与性格落拓不羁、被黄兴骂为"害了神经病"的章太炎，以及因经常不修边幅、衣履不整，不洗脸、不理发的刘师培，被时人称为"北大三疯子"。

⊙1920年，胡适将所著《中国哲学史大纲》送了一本给章太炎，扉页上题写了"太炎先生指谬"几字，下署"胡适敬赠"，并在二人名字旁边各画了一条黑杠。太炎先生尚不知新式标点为何物，见自己名字旁加了黑杠，不禁大骂："何物胡适，竟敢在我名下胡抹乱画！"后见胡适名字旁边亦有一黑杠，方才作罢。

⊙1926年，萧楚女到黄埔军校演讲，由于听课人多，校方临时决定将会场改在操场。彼时没有扩音设备，萧楚女几乎边喊边讲，但后面学生仍旧听不清楚。萧楚女略停片刻，吸口气，运足劲，把声音提到最大限度……突然，"嘣"的一声，只觉腰间陡然一松，裤带崩断了。萧楚女赶忙按住，遂一手叉腰，一手挥臂，堪堪演讲了90分钟。

⊙周南咳在《绮兰精舍笔记》中说，苏曼殊喜欢吃甜食，"尤好食苏州酥糖，一日尽数十包，又好食糖炒栗子"。其实苏最爱吃一种叫西洋摩尔登糖的外国糖果，每次有点稿费收入，就会买上几瓶"摩尔登"大吃一顿。一次囊中羞涩，苏竟把所镶多年的金牙敲下来变卖，换了糖果吃。

⊙林白水在《公言报》上发表了名为《青山漫漫七闽路》的时评，将财政总长陈锦涛、交通总长许世英贪赃舞弊案公之于世，引起北京舆论一片哗然。时隔不久，又有政客在津浦租车案中舞弊，也被林白水独家揭露。这些政客有的被革职入狱，有的引咎辞职。林白水对此颇为自得，说："《公言报》出版一年内颠覆三阁员，举发二赃案，一时有刽子手之称，可谓甚矣。"

⊙夏承焘评论陈寅恪时说："著书有三种：最上，令读者得益；其次，令此学本身有发现；其三，但令读者佩服作者之博学精心。陈君之书，在二三之间。"

⊙摄政王载沣辞职后，一脸轻松地对福晋瓜尔佳氏说：“从今天起，可以回家抱孩子了！”

摄政王载沣和皇太后隆裕

⊙1938年初，史沫特莱向比自己小六岁的彭德怀表达了爱慕之情，被彭婉拒：“我是打仗的，随时都要上前线，且准备牺牲，战争是长期的和非常残酷的，所以我们不能相爱。”史沫特莱说：“我爱你，为你，我不怕任何危险。”彭答：“你爱我，我很感激，可我不爱你呀。”

⊙1896年，李鸿章访美。记者问他：“阁下，您对您本人画像出现在这个城市有何评论？”李鸿章回答：“不怎么样，他们画得不像。”

⊙叶公超借了吴宓的钱却忘了还。吴宓在日记中写道：“公超陪宓至交通银行，以国币三十五元，换得港币三十二元，公超借去宓港币十元（始终未还）。”某日又写：“我应当催他还，这是帮助他，怕他万一忘掉成为品德上的污点。”

⊙吴化文先投奔韩复榘，后又投靠共产党。有一次他召集部下开会，说：“咱们过去跟妓女一样，今天跟这个，明天跟那个，现在咱们算是‘从良’了，嫁了个好丈夫，今后再偷人可不行了！”副军长杨友柏拍案而起，大声说：“我们跟你半辈子，你却骂我们是妓女。走，不开会了！”

⊙20世纪30年代中期，郑景康为齐白石照相，照了12张，还放大了一张三尺半的，白石老人送郑一幅虾图。周维善为齐白石画了一张像，老人送周一幅《东方朔偷桃》人物画。没过几天，齐白石便在客厅中写了块牌子，说“双方不合算”，表示以后再有人照相、画像，概不应酬。

⊙朱维铮说："平情而论，刘师培与何震，名为夫妇，情如狮羊。"

⊙张爱玲为出版小说《传奇》，着奇装异服去印刷所校稿样，使整个印刷所的工人停了产。张很得意，对跟她聊天的女工说："要想让人家在那么多人里只注意你一个，就得去找你祖母的衣服来穿。"女工不解，问："穿祖母的衣服，不是穿寿衣一样了吗?"张说："那有什么关系，别致就行。"

⊙黄侃嗜书如命。某日整理书籍，发现《古书丛刊》第二函不见，怀疑是某人所取，遂在当天日记中写道："此儿取书，从不见告，可恨可恨!"并在书架上写一便条："血汗换来，衣食减去。买此陈编，只供蟫蠹。昼夜于斯，妻孥怨怒。不借而偷，理不可恕。"第二天，此书在别的书架上找到，黄这才消了怒气。

⊙张竞生说："我们不但看性为一种学问，我们尤当看它作一种艺术。"

张竞生，民国三大博士之一。第一个提出计划生育，孙中山与袁世凯谈判时，被孙中山委任为南方议和团首席秘书。

⊙1943年，国民政府主席林森病逝。蒋介石曾力邀吴稚晖为新主席，吴却推辞不就，理由是：1. 我平常的衣服穿得很随便简单，做元首要穿燕尾服，打领带打领结，我觉得不自在；2. 我脸长得很丑，不像一个大人物；3. 我这个人爱笑，看到什么会不自主地笑起来，不要哪天外国使节来递国书，会不由得笑起来，不雅。

⊙郁达夫请一位在军政界做事的朋友到饭馆吃饭。饭后付账，郁达夫从鞋底抽出钞票交给堂馆。朋友很诧异，问道："你怎么把钱藏在鞋子里?"郁达夫笑笑，指着手里的钞票说："这东西过去一直压迫我，现在我要压迫它。"

⊙北大学生每届毕业，按惯例都要印制同学录，将师生的写真、履历汇为一集，印刷费通常由教授们捐助。黄侃对此不以为然，既不照相，也不捐钱。待到同学录印出，学校一视同仁，也给黄侃送去一册，以作纪念。黄侃将册子随手丢入河中，愤然骂道："一帮蠢货，请饮臭水！"持此态度的还有辜鸿铭，学生找他索要照片，他愤慨地说："我不是娼妓者流，何用照片？你们要是不吝惜经费，何不铸一座铜像作为纪念？"

⊙蒋介石对重庆大学校长叶元龙说："你真糊涂，怎么可以请马寅初当院长？你知道他在外边骂行政院长孔祥熙吗？他骂孔祥熙就是骂我。"说完蒋介石让叶元龙把马寅初找来，表示要当面跟他谈谈。叶元龙遂让侄子向马寅初转达了蒋介石的意思。马寅初听后火冒三丈，说："学生应当来看老师，哪有老师去看学生的道理！他如果有话说，就叫他来看我！"

⊙高君宇问身边的石评梅："世界上最冷的地方是哪里？"石评梅说："就是我站着的这地方。"

卢作孚，著名实业家。

⊙卢作孚自杀前，曾留下一纸遗书，只有两行字："把家具还给民生公司，好好跟孩子们过。"

⊙辜鸿铭在北大讲课时，曾对学生们说："我们为什么要学英文诗呢？那是因为要你们学好英文后，把我们中国人做人的道理，温柔敦厚的诗教，去晓谕那些四夷之邦。"

⊙鲁迅在文章中"骂过"的名人名单：钱玄同、胡适、周作人、林语堂、废名、梅兰芳、杨荫榆、陈西滢、章士钊、徐志摩、李四光、成仿吾、郭沫若、梁实秋、沈从文、施蛰存、朱光潜、邵洵美、邹韬奋、吴宓、欧阳兰、吴佩孚、段祺瑞、蔡元培、梁漱溟、钟敬文、蒋梦麟、张学良、刘半农、张天翼、戴望舒、老舍、林徽因、章太炎、吴稚晖、叶圣陶、茅盾。

⊙黄侃说："八部书外皆狗屁。"亦即他信奉推崇的经典只有八部：《毛诗》、《左传》、《周礼》、《说文解字》、《广韵》、《史记》、《汉书》、《文选》，其余皆不可论。更不用说白话文了。

薛岳（右一）和吴逸志

⊙薛岳和吴逸志，一个脾气暴躁，一个儒雅淡定；一个司令官，一个参谋长，率第十九集团军为抗日奋战八年，使其成为歼灭日军最多的部队。

⊙1948年，国民党为挽救财政经济危机，决定废弃法币，改发金圆券。黄绍竑鼓动薛岳，说委员长有令，咱们谁都得去兑换。薛岳说："去他妈，我们辛辛苦苦搞了几十年，出生入死地才弄到这些金子，现在要我兑换成一钱不值的金圆券？他要是敢来，我机枪扫了他！"

⊙北大开教授会，会场较乱，蔡元培站起来准备说话，辜鸿铭抢先大声说："现在请大家听校长的吩咐！"五四运动时，教授们商议设法挽留蔡元培，理由各异，唯辜鸿铭理由特别："校长是我们学校的皇帝，所以非得挽留不可。"

⊙1896年，张之洞60岁生日，沈曾植前来祝寿。席间，张府幕僚辜鸿铭大谈中西学术制度，沈却一言不答，辜甚感奇怪，问他为何不发一言。沈说："你讲的话我都懂，你要听懂我讲的话，还须读二十年中国书！"两年后，沈曾植再来，辜鸿铭命人将张之洞的藏书搬到客厅，对沈曾植说："请教沈公，哪一部书你能背，我不能背？哪一部书你懂，我不懂？"沈曾植大笑，说："今后，中国文化的重担就落在你的肩上啦！"

⊙吴稚晖喜欢骂人，就连蒋介石、戴笠也未能幸免。一次，他抡着拐杖追戴笠，戴笠在前面狼狈逃窜，他在后面气喘吁吁边追边骂："可惜，撵不上这个狗杂种。"蒋介石扣押了他，他让卫队长转告蒋介石："你个婊子养的。"

⊙梁启超说："知我罪我，让天下后世评说，我梁启超就是这样一个人而已。"

⊙有人问叶公超："假如生命可以重新来过，你打算如何？"叶不假思索地答道："我再也不做同样的事！"

⊙林语堂说："大多数著名的学者像诗人苏东坡、秦少游、杜牧、白居易之辈，都曾逛过妓院，或将妓女娶归，纳为小妾，故堂而皇之，无容讳言。事实上，做了官吏的人，侍妓宥酒之宴饮，无法避免，也无虑乎诽谤羞辱。"

⊙私立中华大学聘请黄侃为该校教授，黄侃拿着薪水，却从不去学校上课。据说唯一的一次授课，是对学生们劈头盖脸的一番训斥："你们是何等动物？非要我来上课？你们出去只管甩我的牌子，就说是我的学生，还怕没得饭吃？看哪个不派你事做？"

⊙一次逻辑课上，学生沈有鼎提到了当时享有盛名的哥德尔的一本书。金岳霖立即来了兴趣，说要买来看看。沈对金教授说："老实说，你看不懂的。"金闻言并不恼怒，说："那就算了。"

1938年，林徽因一家和友人合影，左二梁思成，右二金岳霖。相信很多人知道金岳霖先生都是因为林徽因的关系，大家关心的也多半是他一生单身的隐私，从而忘记了他作为现代逻辑学、哲学奠基人的身份。

⊙1925年11月22日，奉系大将郭松龄在滦州誓师反奉，《京报》社长邵飘萍将交战两军主帅的照片并排印在报纸上，其中张作霖照片下写：“马贼头目张作霖”，郭松龄照片下则写：“东三省救主郭松龄”。

⊙邵飘萍在《京报》上抨击张作霖。张托人私底下问邵，自己过去帮他不少忙，何以如此不讲交情。邵答曰：“奉军过去帮忙的，是邵飘萍个人，而报上所载，乃《京报》全体员工所为，与我邵某人无关。”张闻言大为切齿，几月后将其捕杀。

⊙黄侃借住吴承仕的房子，其间贫病交加，儿子早殇，感到晦气缠身。后来黄与吴吵翻，吴令其搬出，黄遂用毛笔饱蘸浓墨，在房梁上挥笔写下“天下第一凶宅”的字样。黄仍不解气，又在墙壁上画满带“鬼”字旁的大字，诸如“魑魅魍魉魃魑”之类，弄得阴森满室之后才慨然离去。

⊙袁世凯被任命为北洋总督时，曾邀请严复入幕。严骂道：“你是什么东西，够得上延揽我?”后来袁被贬回河南老家，严改口称袁为“朝廷柱石”，并指责清廷是“自坏栋梁”。

◇癖好

刘文典，学贯中西。当过孙中山的秘书，跟蒋介石干过仗，与毛泽东握过手。上图为迎袁专使合影，刘秘书（前排右四）虽然穿了西装，不过依然好认。

⊙刘文典吸烟很凶，周作人回忆说："他常口衔一支，虽在说话亦粘在唇边，不识其何以能如此，唯进教堂（课堂）以前始弃之。"

⊙罗佩金少行多不自检，乡里中无立足地。后因事为唐继尧所杀，死时身着棉袍一件，其中满贮汇票纸币及金叶，价值二三十万，为唐所得云。

⊙秦德君在回忆录中说："有一次我把买船票的钱给茅盾时，他把钞票放进小皮夹里，又取出来凑在鼻尖上嗅嗅，直说'好香，好香，真舍不得花掉它'。我一再说明那钞票是偶尔压在洗脸的香皂底下的，并没有洒香水。我后来才知道，茅盾身上常常洒香水。”

⊙章太炎吃饭，从来不管滋味的好坏，每次都是就近夹取，即便桌上有山珍海味，只要离得稍远，就绝不动一筷。

张勋

⊙张勋喜欢戏剧，在徐州时，常宴请宾客，酒酣耳热之后，兴致勃发，不能自已，就亲自上台，直至过足戏瘾，并自己起名为“小叫天第二”，久之形成习惯，平时的言谈举止，无不带有唱戏的韵味。等到复辟入京，张拜见溥仪，溥仪赐坐，张乃操戏白对曰：“万岁在上，安有老臣座位？”听此腔调，周边侍从莫不掩嘴而笑，张勋却浑然不觉。

⊙严复喜欢和人唱反调，民国成立后，远近一片赞美共和之声，严不以为然，说“人民程度不够，徒有共和之名而无其实”。“洪宪帝制”启动后，筹安会首领杨度欲求严复支持，对他说共和制度行于中国必乱，问他“改行帝制如何”？严说：“国事非同儿戏，岂能一变再变？”等到洪宪帝制失败，到处都是逼袁退位的呼声，严又说：“非袁无以维持残局。”

⊙章太炎嗜学而不好洁，时人说他有王介甫（王安石）之风。

⊙林森饮食很简单。厨师诉苦说，每天林只限买两角钱的肉，初到重庆，还可买得斤把，后来物价高涨，只能买得两个指头这么大的一块。你想，这叫人怎么做菜呢？如果采购的人买回来的菜贵了，林森还要批评。

⊙林纾曾评价自己说：“生平冷僻，提起做官二字，如同恶病来袭。”

⊙徐志摩这样描述逻辑学家金岳霖：“金先生的嗜好是捡起一根名词的头发，耐心地拿在手里给分。他可以暂时不吃饭，但这头发丝粗得怪讨厌的，非给它劈开了不得舒服。”

⊙马寅初青年时期很清贫。晚上读书用不起电灯，就用油灯。一次，一位朋友来他宿舍探望，发现灯光非常昏暗，便为他点上了两根灯芯。马发现后，立即把其中一根熄灭，并向朋友致歉说："我点不起两根灯芯，请别见笑！"

⊙温源宁评说吴宓："他立论上是人文主义者、古典主义者，但是性癖上却是彻头彻尾的一个浪漫主义者。"

⊙吴稚晖对男女之事很有兴趣，曾自认"流氓"，到晚年时有心无力，只好纸上谈兵，他曾笑说："60岁以后，决不轻举妄动。"

⊙刘文典以"二云居士"闻名，原因是他爱食云南烟土和云南火腿。1943年，刘文典应普洱大豪绅、盐商张孟希之邀，为其母撰写墓志，张孟希赠他"云土"50两。此举引来联大同事非议，认为他不堪为人师表，校方遂将其解聘。

⊙吕碧城性情怪癖，翻脸比翻书还快，为此得罪人无数。其一生只得一男一女两知音，女的是秋瑾，男的是袁世凯之子袁克文。

⊙民国诗人朱湘甚是孤僻。他最怕他的哥哥，常挨其老拳而不敢还手，而对妻子却十分暴戾，常对其拳脚相加。在安庆大学任教时，一次，他的夫人因挑水夫太辛苦，多给了赏钱，朱就大吵不休，说她这样优待挑水夫，必定是同他有什么关系。他常因一些鸡毛蒜皮的小事与校方反目，以至被辞退，从此贫病交加，直至自杀。

⊙辜鸿铭被学生称为怪杰：上课时，学生们用中文问他，他用英文答复，倘若用英文问他，他偏偏又用中文答复。

⊙冯友兰在《三松堂自序》中，曾说到潘光旦吃鼠肉的笑话："潘光旦吃耗子肉的事也盛传一时。他的兄弟是个银行家，在重庆，听说他吃耗子肉，赶紧汇了一点钱来，叫他买猪肉吃。其实潘光旦并不是为了嘴馋，而是为了好奇。"

⊙冯国璋性吝啬，居京时恒转食友所，风雨无阻。有某君笑曰："此可谓飞而食肉，诚封侯相也。"冯极喜食玉田酱肉，每令馆役往购，必整方者，盖虑切碎为役窃食。归自以快刀片极薄，免客攘其厚者。偶沾肉刀上，以舌舔之，至伤而流血。

⊙1926年，张作霖、吴佩孚在南口进攻冯玉祥。冯部总指挥张之江遂集合部属亲自祷告："主啊，张作霖、吴佩孚发动内战，妄想武力统一中国。他们好像一只船在大风浪中迷失方向，愿我主赐给他们智慧，让他们回头登岸。"

⊙在联大时，金岳霖平常总是西装革履，腰板笔挺，皮鞋擦得油光可鉴，不沾一点灰尘，并且常年戴着一顶呢帽，进教室也不脱下。夏天穿短裤，还一定要穿长筒袜，走路时，微仰着头，深一脚浅一脚，样子怪怪的。

⊙司法总长王宠惠生性吝啬，家里不聘厨师，早餐随便吃点，午、晚饭则到朋友家去蹭。其揩油的方法有四种：一、下午公事忙完后，到某位朋友家中，坐到六七点不走，主人只好留他吃饭。此时他还假装客气："时间尚早，还是回家吃吧！"主人再三挽留，他就不客气地说："有啤酒吗？有酒我就在这里吃。"二、在朋友家待到用餐时刻，若朋友未开口留他吃饭，他就邀请朋友出去上馆子吃，并表示他请客，主人不好意思，便会留他在家中用餐。三、若朋友当真与他一同上馆子，那么吃完付账时，他就会走在最后，让别人掏钱。四、朋友吃完先走，留他付账，他便一拍口袋，大喊道："你们回来，我忘记带钱了！"此四法屡试不爽。

王宠惠

⊙阎锡山鉴于早年树敌太多，怕遭人暗算，所以诸事皆很小心：他的厨师从不换人，喝的水也从家里带出来，不随便喝外头的水。为了喝水方便，数十年军旅生涯，他身边都有位副官专门替他背水瓶。

⊙胡适不仅把怕老婆当做口头禅，而且还喜欢收集世界各国怕老婆的故事和有关证据。有位朋友从巴黎捎来10枚铜币，上面铸有"P. T. T"的字样，胡顿生灵感，说这三个字母不就是"怕太太"的谐音缩写吗？于是他将铜币分送好友，作为"怕太太协会"的证章。

马占山

⊙抗战期间，马占山、邓宝珊、朱绶光和22军军长高双成同驻榆林，四人皆有戏瘾、牌瘾、鸦片瘾，于是轮流坐庄请吃请喝、打牌抽鸦片，若碰到其中一位过生日，还要拉出22军剧团开台唱大戏。马占山因先前打猎时枪支爆炸伤了手，行动不便，特定做了一个木尺，以防错过牌局。

⊙刘坤一少时家境贫寒，经常吃了上顿没下顿。一天友人请客，美酒佳肴，颇为丰盛。只可惜客人太多，刘坤一担心吃不饱，便假装在两足之间捉虱子，把臭袜子举在空中，连连抖落。尘垢飞落到盘碗之中，座客无人再敢下筷。刘坤一遂独自大嚼一顿，果腹而去。

⊙袁世凯之子袁克文每次南游，都要典当俱尽，又不愿开口求人，于是卖字换钱。他曾在《北洋画报》上登出广告一则："联屏、直幅、横幅整纸每尺二元，半纸每尺一元。折扇每件六元，过大、过小别议。以上皆以行书为率，篆倍直，楷、隶加半，点品别议。先润后书，亲友减半，磨墨费加一成。"

⊙辜鸿铭喜欢妻子淑姑的小脚，每当无聊时，辜就让她脱掉鞋子，然后低下头，如闻花香；而写作需要灵感时，他就会将淑姑叫进书房，让她把玉足放到事先准备好的凳子上，时捏时掐，自得其乐，一时文思泉涌，妙笔生辉。辜曾对人津津乐道说："前代缠足，实非虐政，我妻子的小脚，乃我的兴奋剂也。"康有为为此送过辜一张"知足常乐"的横幅，辜说："康有为深知我心。"

⊙林纾年轻时怕见女人，看见就躲。在苍霞洲读书时，有个姓庄的妇人色技双绝，非要见他，结果林吓得落荒而逃。

⊙章太炎最喜欢吃带有臭味的卤制品。画家钱化佛是章府常客。一次，钱带来一包紫黑色的臭鸡蛋，章见后大喜，慷慨问道："你要写什么，只管讲。"钱立时向章索要"五族共和"四个字。后来，钱又不断带来苋菜梗、臭花生等臭物，换得题字一百多张。钱将这些字裱好，挂于自家店中，以每条十元售出，小赚了一笔。

苏曼殊法师和苏曼殊施主

⊙1916年11月，苏曼殊在给刘半农的信中说："胸膈时时作痛……雪茄当足一月之用。"

◎一本正经

⊙蒋介石任黄埔军校校长时，对自己要求甚严：喝白开水；发型和士兵相同；除了开会以外，不穿皮鞋；吃饭都在大食堂；早起巡视。蒋校长的早起最让顾祝同等人伤脑筋，因为他们贪睡，经常为此挨骂。直到后来抗战时期，蒋介石要打电话给第三战区司令长官顾祝同时，都会特别交代侍从晚一点，因为怕顾还没起床。

粤军时代的蒋介石。

⊙郁达夫应邀演讲文艺创作，上台在黑板上写了“快短命”三个大字，台下听众不明所以。郁于是说：“本人今天要讲的题目是《文艺创作的基本概念》，黑板上的三个字就是要诀，‘快’就是痛快，‘短’就是精简扼要，‘命’就是不离命题。演讲和作文一样，也不可以说得天花乱坠，离题太远，完了。”从在黑板上写字到说完话，用时不到两分钟，正合乎“快短命”三原则。

⊙1915年11月，袁世凯对美国《独立周刊》记者说：“你们的杂志一定有能力让美国官方和人民深刻地明白：说我赞同恢复帝制，希望成为皇帝的论调，并不是由我的朋友，而是由我的敌人虚构的。”

⊙1936年，鲁迅为三闲书屋出版的《死魂灵百图》写广告，称其“纸墨皆良”，“读者于读《死魂灵》译本时，并翻此册，则果戈理时代的俄国中流社会情状，历历如在目前，介绍名作兼及如此多数的插图，在中国实为空前之举。但只印一千本，且难再版，主意非在贸利，定价竭力从廉。精装本所用纸张极佳，故贵至一倍，且只有一百五十本发售，是特供图书馆和佳本爱好者藏庋的，定购似乎尤应从速也”。堪比如今之书商宣传语。

右起：孙科、戴季陶、蒋介石、宋美龄、于右任。

⊙1934年，蒋介石在南昌发起“新生活运动”，宣扬“礼义廉耻，国之四维，四维不张，国乃灭亡”，以及“忠孝仁爱信义和平”。有好事者曾撰一副对联嘲讽此事。上联：一二三四五六七（意“忘八”），下联：忠孝仁爱礼义廉（意“无耻”）。

⊙林森有个同乡在河南大学任教，一日去拜访，恰巧这教授不在。林森小坐片刻，临行时给其家人留下名片，说:“没有事，我散步过此，听说你们在这里，顺便瞧瞧。”家人一看，赫然元首也。

⊙49军军长王铁汉号称“铁汉将军”，可刚一出关，即被狠揍。国务会议上，孙连仲问：“你们两个军，共军两个纵队外加一个独立师，你们人和他们差不多，他们的武器不如你们，怎么40多个小时就全垮下了？”铁汉将军打了一个立正，说：“我们两个军还没拧成一股力量，就被共军穿插隔开了，不然怎么也能多打一阵子。”

⊙1912年6月，黎元洪复任总统。一日聚餐，黎大诉苦水，说总统不是人当的，上个月他又赔垫了3万多元，一年就需赔30多万，煤矿股票与盐票利息全赔进去了，长此以往，真不得了。冯玉祥忍不住脱口而出：“总统是旅长出身，怎有这么多钱？”黎说：“存的啊！”冯玉祥又问：“旅长每月不过数百两银子，怎么存那么多？”黎听罢，顾左右而言他。

⊙在保定陆军军官学校担任校长时，蒋百里将军给学生上课，先不讲，在黑板上写一个题目：一个人打十个人怎么打？让学生们讨论。学生们瞠目结舌，无言以对。半晌，百里将军从容讲道：一个人打十个人的法子，便是一个一个地打，打了一个再打一个。

蒋经国苏联名字为尼古拉·维拉迪米洛维奇·叶利札罗夫同志。

⊙据美国外交家陶涵所著《蒋经国传》记载：在1926年中山大学的学生名册上，妮芝达诺娃（冯玉祥的女儿冯弗能的苏联名字）是叶利札罗夫（蒋经国）之妻。1927年，蒋经国向孙逸仙大学校党委会写下自白书，宣布与冯弗能脱离夫妇关系，并批评冯思想有问题：“她想对我加工（改造思想），我也曾对她加工。”

⊙袁世凯回京后，曾对隆裕皇太后发誓说：“某为大清总理大臣，焉能赞成共和！欲使余欺侮孤儿寡妇，为万世所唾骂，余不为也！”武昌起义一月后，袁世凯手书黎元洪，宣称：“如能承认君主立宪，两军即可息战，否则仍以武力解决。”南方数省相继独立后，袁世凯说：“余甚稳健，对于革命党决不虐视。”

⊙洪宪帝制积极运行之时，许多人都上表劝袁世凯早日登基，唯王士珍始终不肯在劝进书上签字，筹安会激进分子对他恫吓，他也不当一回事。有一次，雷震春又找他聒噪，王端坐在太师椅上，眼皮抬也不抬，淡然地说：“自己人嘛！不要来这一套。”

⊙梅贻琦话少，更少下断言，素有“寡言君子”之称。学生曾戏作打油诗一首，描述梅校长说话谦逊含蓄的情形：“大概或者也许是，不过我们不敢说；可是学校总认为，恐怕仿佛不见得。”

⊙1947年4月，第73军呈报：战斗中将关防丢失，请予补发望准是荷。陆军总司令部徐州司令部第一处批曰：怎么没丢了你们的脑袋？

⊙严独鹤去探访一位写白话诗的朋友，适逢朋友不在，严便在房里等候，猛然发现书桌上有一首未完稿的白话诗，题为《咏石榴花》，当中一段为：“越开越红的石榴花，红得不能再红了。”严觉得好笑，便提笔接写两句：“越做越白的白话诗，白得不能再白了。”

⊙胡适曾写过一首题为《朋友》的白话小诗：“两个黄蝴蝶，双双飞上天。不知为什么，一个忽飞还。剩下那一个，孤单怪可怜。也无心上天，天上太孤单。”五四运动期间，校长蔡元培经常离校，校务就委托胡适管理。校外的社会活动，蔡也多请胡适代表出席。故此，黄侃笑说胡适是“一只绕着蔡元培上下翻飞的黄蝴蝶”。

⊙1921年4月21日，来自德国的露娜小姐在洛阳见到吴佩孚后，一见倾情，无奈吴却并不领情。回国之后，露娜小姐写信对吴大帅下了“最后通牒”：“吴大帅，我爱你，你爱我吗？”吴佩孚看后大笑不止，提笔在原信上批了四个大字：老妻尚在。命译员将此信发回。

⊙1929年，成舍我因在其主办的《世界晚报》上揭露军阀暴行，被张宗昌逮捕。成舍我夫人便求曾任北洋政府总理的孙宝琦保救。经孙说情，成得免一死，由张的副官持名片送回，名片上写“送去成舍我一名，请查收”。孙于是回曰：“收到成舍我一名。”

⊙陈果夫临死前曾总结一生：住繁华都市多年，未曾入妓院、舞场、赌场之类，为无聊之消遣；管钱终始不将钱作为私有，或为金钱所管，反之，愈不爱钱；读书未曾为书本所囿，或自以为知足；管人事不捉弄人，不私于人，更不自用私人；做官未曾作威作福，营私或运用政客，作固位之想及幸进之图，始终保持平民本色；接近商业工作，自己做到不做生意，不与人谈私利；办党务不作植党之想，办教育亦然；生病能摆脱烦恼，始终抱乐观与进取之心。

⊙冯玉祥向吴佩孚报告，说河南干旱严重，得想办法解决。吴取出六枚制钱，连掷数次，然后告诉冯玉祥："雨明天就会下，旱象可立即解除。"冯问："卦上有没有说明天几点钟下雨?"吴肯定地说："下午两点多。"第二天直到下午三点，雨还是没下。冯于是质问吴："怎么没下雨?"吴不慌不忙地说："谁讲的，雨正在下呢！在西北方的莫斯科。"冯闻言哭笑不得。

⊙1927年宁汉分裂期间，陈公博与谭延闿聊到当前局势，陈说："现在大局可真不得了。"谭回应道："天下没有不了之事，不了的总得了的。"陈问："那将何以了之呢?"谭说："到了之的时候，自然会了之的。"陈又问："如没有了之的时候呢?"谭慢条斯理道："只要你认为是了之的时候，就是了之的时候了。"陈事后叹道：要从谭延闿的话中找出某事的答案，简直比登天还难。

⊙冯玉祥查营，发现一站岗哨兵抱着枪睡觉。冯十分生气，便把对方叫醒，准备军棍伺候。开打前，冯玉祥先把他训了一顿，说"玉不琢，不成器"，训完要那哨兵解释这句话的意思。哨兵听成了"遇不着，不生气"，于是解释说："总司令遇不着我，就不生气了。"冯闻言一愣，继而哈哈大笑，一顿军棍也就此免了。

⊙戴季陶想到美国读书，请示孙中山意见。孙说："老了，还读什么书。"戴再三要求，孙便从抽屉里拿出一枚银元，说："这你拿去做学费吧。"戴季陶说："先生跟我开玩笑吧?"孙说："不，你到虹口去看一次电影好了。"

⊙北伐成功后，蒋介石请丁惟汾出任山东省政府主席。丁拒绝，理由是不能破坏中国传统政治上"鲁人不治鲁，湘人不治湘"的成规。没过多久，蒋介石又请他担任交通部部长，丁又拒绝，说："我不论跟什么人都懒得交通，还当什么交通部部长呢!"

⊙民国建立后，胡汉民任广东都督。他哥哥胡清瑞的女婿孙甄陶前往拜访，并请求在都督府中给他安排一个职务，被胡汉民以“人事不宜”为由婉拒。孙甄陶不死心，又写信请求当某事务所的所长。胡汉民回信称：“所长必有所长，你有何所长可任所长？”

⊙莱芜战役中，第28集团军总司令、第二绥靖区副司令官李仙洲兵败被俘。陈诚讥讽说：“带了五六万人，就是让共产党捉鸭子也得捉几天嘛!”

⊙清华在岳麓山建新校舍，潘光旦与冯友兰、施嘉炀等人去观看。其旁有农业学校，校有蚕室，占据清华新址一角，拟出让，清华打算把这当做土木工程系的教员宿舍。潘光旦笑着问施嘉炀：公等何日可下蚕室？冯友兰喟然曰：“是真所谓文章误我，我误妻房!”（按：古意“蚕室”代指宫刑牢狱）

⊙学生祝贺叶公超荣膺“驻美大使”，叶微微一笑，附耳低声说：“别提了，是赔本儿生意!”

⊙第二次直奉战争时，吴佩孚策反张宗昌。张回吴一电，文称：“你反曹（曹锟），我就反张（张作霖），咱们一起当王八蛋。”

⊙1940年12月30日，孔祥熙在一次训话中谈到货币问题时，他说：“刚才委员长说：‘沦陷地方多，税收短少，战费大增，财政上要多想办法。’我答复他：‘不怕物价飞腾，我只在票币上加个圈圈，10元就变成100元，不过花点印刷费而已。我保证中国决不会像美国的绿背纸币和德国的马克那样糟糕。’至于多开财源，我就交给你们去想办法，只要提得好，无不重赏。”

⊙金岳霖主讲逻辑学，有学生感到这门课十分枯燥，便问金教授：“你为什么要搞逻辑?”金答曰：“我觉得它很好玩。”

⊙北洋时期，参谋总长张怀芝既不到部办公，也不发薪水。部员无事可做，整天下棋看报，喝茶聊天。过年时，张总长到部团拜，被部员包围索饷，群呼：快饿死了。张总长悠然答道：你们觉得肚子饿了，赶快把裤腰带煞煞就不饿了。

⊙抗战前，七君子被捕。在法庭上，审判长问王造时：“你们主张建立一个统一的抗敌政权，是不是要推翻现政府呢?”王说：“审判长先生，你把政府跟政权混为一谈了！政府，乃国家行政机关，是国家机构的组成部分。政权，则是指国家权力，亦即统治阶级实行阶级统治的权力，由军队、警察、法庭、监狱等暴力机构保证其实现……审判长先生，你所问的政权推翻某政府，这样的问题就是逻辑混乱，概念错误！”

⊙1948年，国民政府结束“训政”，举行全民大选。于右任书法闻名国内外，参选前遂连夜赶写了近千张“为万世开太平”的条幅，准备分赠国大代表，以示亲切并作拉拢。记者问他参选有何后盾，于答：“我有条子。”记者茫然，后恍然大悟，原来“条子”乃其赶写条幅是也。

⊙鲁迅在给《文艺连丛》做的广告词中说：“现在的意思是不坏的，就是想成为一种决不欺骗的小丛书。什么‘突破五万部’的雄图，我们岂敢，只要有几千个读者肯给以支持，就顶好顶好了。”

⊙郁达夫带王映霞到新加坡生活，对她说：“这里是一个新的所在，你没有什么人认识，我要和你在这里终老。”王闲不住，让郁达夫给她找工作，郁说：“你既觉得太闲空，不会去找些白米来数数？”

郁达夫与王映霞

⊙1946年，政协会议召开前夕，蒋介石对章伯钧、罗隆基放话说：除了国防部部长、外交部部长，要当什么部长都行！章说：“就是给我干国防部部长、外交部部长，我也不干！”罗则说：“我要当就要当外交部部长，我能讲一口呱呱叫的英语，保证能当一个呱呱叫的外交部部长！”

⊙1941年，日军对重庆发动大规模轰炸。张季鸾对王芸生说：“我们应该想个说法打击敌人，今天就写文章，题目叫《我们在割稻子》。就说，在最近十天晴朗而敌机连连来袭的时候，我们的农民在万里田畴间割下黄金稻子，让敌机尽管来吧，让它来看我们割稻子。抗战到今天，割稻子是我们第一等大事。有了粮食，就能战斗。”

⊙1938年4月2日，北大、清华和私立南开联合组成国立西南联合大学（校址在昆明）。三校既联合，又独立。为此冯友兰打了个比方：“当时的联大，好像是一个旧社会中的大家庭，上边有老爷爷、老奶奶作为家长，下边又分几个房头。每个房头都有自己的‘私房’。他们一般生活靠大家庭，但各房又都有自己经营的事业。”

⊙韩复榘演讲：“今天这里没有外人，也没有坏人，所以我想告诉大家三个机密：第一个机密暂时不能告诉大家，第二个机密的内容跟第一个机密一样，第三个机密前面两点已经讲了，今天的演讲就到这里，谢谢诸位。”

⊙汪曾祺刚到昆明时，电影院里放的都是美国电影，有一人坐在包厢的一角加以译解，叫做“演讲”。一次影片中有一个情节：约翰请玛丽吃饭。“演讲”的人说：“玛丽呀，你要哪样？”楼下观众中有一个西南联大的同学大声答了一句：“两碗焖鸡米线！”此本是玩笑话，不料“演讲”人认真了，立即把电影停住，把全场的灯打开，厉声问：“是哪个说的？”差点没打起来。

⊙陈兰彬出使美国，随从徐某不懂英文。一天，徐拿着一张英文报纸边走边看，使馆的一个翻译见后惊讶地问：“你什么时候学会看英文了？”徐说：“从来不懂。”翻译说：“你不懂怎么看英文报？”徐答曰：“我看不懂英文，可也看不懂你们翻译的东西，既然都看不懂，还不如看英文做做样子。”

⊙蒋梦麟自我评价说，平生做事全凭“三子”：以孔子做人，以老子处世，以鬼子办事。所谓鬼子者，洋鬼子也，指以科学务实的精神办事。

⊙梅贻琦从1931年起担任清华大学校长，直至在台湾去世，一直服务于清华，因此被誉为清华的“终身校长”。在他任校长之前，清华师生驱赶校长、驱赶教授是家常便饭，因此历任校长在任时间都不长。有人问梅贻琦有何秘诀，梅幽默地说：“大家倒这个，倒那个，就没有人愿意倒（霉）！”

⊙张之洞的胞弟张之渊，在任候补道时，因征大厘金被查办，吞金自杀。梁鼎芬的胞弟任湖北知县时，也因征大厘金亏空甚大而吞金自杀。一次张之洞与黄节庵说到家世，流涕不止，说“无弟可忆也”。这时，正好梁鼐芬求见，节庵说：“汝今有弟矣，梁鼎芬也。”

⊙叶公超任“驻美大使”时，主张“见大人，则藐之”。他曾对朋友说：“见了艾森豪（美国总统艾森豪威尔），心理上把他看成是大兵，与肯尼迪（美国总统）晤谈时，心想他不过是一个花花公子、一个有钱的小开而已。”

⊙整编第9师师长王凌云回忆，1947年攻至平度，发现解放军和百姓都已转移，墙上到处贴有“请吃西瓜”的标语。王不解，亦未留心。入城后，整9师被地雷炸死炸伤70多人。

⊙蒋作宾一次参加好友宴会，宴后他抢着付账，朋友突然大声说他没资格当东道主。蒋问何故。朋友说：“你取名‘作宾’，就是注定要当客人的，既做不了主人，当然付不了账。”

⊙中原大战后，蒋介石为显示宽宏大量，下令凡是参加反蒋活动的黄埔学生，只要悔过自新，一律既往不咎，还安排相应工作。事后发现，其中有十来个学生并没参加反蒋活动，只因失业在家，遂借此机会解决就业问题。

⊙整编第75师未按装备要求配发雨披，官兵每人持伞一把，逢雨中行军，冠盖云集，蔚为壮观，友军遂呼之为“伞兵部队”。

⊙直奉战争之前，直系的曹锟与奉系的张作霖已是儿女亲家。为了打消前锋大将吴佩孚的顾虑，曹亲自给吴打电报：“你就是我，我就是你，亲家虽亲，不如自己亲。”

⊙谭延闿初任师范学堂监督时，某日，学员午餐，饭菜欠佳，相率罢课。谭闻之，提笔急书一联贴于黑板上，联曰：“君试观世界何如乎！横流沧海，突起大风潮，河山带砺属谁家，愿诸君尝胆卧薪，每饭不忘天下事；士多为环境所累耳！咬定菜根，方是奇男子，王侯将相原无种，思古人断齑书粥，立身断在秀才时。”学生见后懊悔不已，从此立志攻读，不复作他想。

⊙吴稚晖十分幽默。清末科举时，吴曾中举人，后来他对朋友说：这个举人是我骗来的，因为我写的文章不长，但全部是用大篆写的，所以科举考官看不懂字，又觉得字写得很好，就把我录取了。

⊙李鸿章不懂外语，会见外国使节前，就临时学几句，每每奏效。一次见俄国使节，便想学几句俄语，结果俄语极其难学，李于是灵机一动，在纸扇上写了几句俄语的音译，以便应急。如“请坐——杀鸡切细”，“谢谢——四包锡箔”，“冷——好冷得哪”，“好——好老少”，“再见——达四维大理也”。俄人听后，居然连夸地道。

⊙盛世才亲审丁慰慈，查问他贪污多少卢布。丁不堪拷打，于是自诬说5万。盛嫌少，继续毒打，卢布数由5万升到10万、20万、30万，盛还是不满意。丁索性自诬拿了100万，盛又嫌多，于是丁又从90万、80万、70万一路往下降。直到体无完肤时，丁说出50万，盛这才满意，说："丁慰慈！你早说实话，不就少吃那么多苦头了吗？"

⊙1880年，李鸿章授意唐廷枢上奏清廷，要求修筑运煤铁路。为避免反对派的非议，特别在奏折中说明：这条铁道不设火车机头，以驴马拖载。清廷于是准奏。

⊙袁称帝之日，宴请各界代表，康士铎、乌泽声和汪健斋三人以"新闻界代表"的名义出席。袁世凯敬酒完毕，三人北面叩首，三呼万岁，只有汪健斋一人四呼万岁。出宫之后，康士铎、乌泽声连声骂他有失礼仪。

⊙1935年，66岁的前总理熊希龄与33岁的复旦教授毛彦文结为夫妇，老少配遂成人们揶揄的话题。暨南大学校长郑洪年送贺联说："儿孙环绕迎新母，乐趣婆娑看老夫。"毛彦文的同学陈昭宇送贺联说："旧同学成新伯母，老年伯作大姐夫。"还有一人更损，送联说："熊希龄雄心不死，毛彦文茅塞顿开。"

⊙曹锟贿选总统前，手下为了讨好曹锟，斥资三万元，把一个叫金牡丹的伶人送给曹锟做姨太太。曹锟贿选时，跟议员们讨价还价，有议员就把金牡丹抬了出来，说：曹大帅出价太低，堂堂议员的一张选票，难道还不及一个戏子？

⊙张勋复辟，只带了十营兵马进京，大部队当时还在徐州。出发前，张勋对部属张文生说：宣布复辟之后，再调四十营兵马开赴北京。事成，张勋发电报给张文生，只说"速运花四十盆来京"，以免泄密。结果却真收到四十盆花，气得张勋连连说："坏了坏了！这小子也抽我的梯子！"

⊙1913年，湖北都督府改组，饶汉祥从内务司长升到了民政部长，他在就职布告中说："汉祥，法人也。"意为奉行的是法家思想，结果被人误会成法国人，传为笑谈。后来章太炎曾作一副对子："黎元洪篡克定位，饶汉祥是巴黎人。"

⊙1948年9月，华东野战军攻克济南。第二绥靖区司令官、山东省政府主席王耀武化装后潜逃，在解放军眼皮底下走出了济南。然而王在途中上厕所时，习惯性地掏出白纸，被警惕性极高的老乡当场识破，并将其扭送到当地政府。

⊙杨度筹建筹安会时，文人墨士多奔走杨氏之门。杨度一一安排差事，后见来者日多，心遂厌之，于是在会客室门上写一条，曰："待新君践祚，仆任内阁总理，再为诸君谋吃饭地也。"

⊙整编第26师在山东剿共，曹副师长把坦克、重炮摆在第一线给步兵壮胆儿，适逢雨雪天气，这些大铁疙瘩既跑不得又打不得，直接当了俘虏。有了前车之鉴，马师长遂将剩余的七辆坦克派上城墙，专作巡逻之用。

⊙刘湘的"海军"是买的一艘普通小轮船，然后焊上一些铁板做装甲，再装上两门陆军用的小钢炮。因为吨位小，马力也不足，所以只要打过一炮，船身就要倒退一大截，想开下一炮，还得重新起锚调整位置。张必果为此写诗道："好个巴渝大兵船，由渝开万才七天。一切设备都齐整，外有纤藤两大圈；若非拉滩打倒退，几乎盖过柏木船；布告沿江船夫子，浪沉兵船要赔钱。"

奕䜣总是一副忧郁的样子。1884年3月13日，他被嫂子慈禧罢免一切职务，留旗查看。无怪乎外国报纸登出他要自杀的消息。

⊙1884年5月2日，美国《芝加哥每日论坛报》发出了一篇震撼性的报道："中国前总理恭亲王（奕䜣）自杀身亡"。报道还回顾了这位中国"总理""两起三落"的政治生涯，给予了他很高评价，并且拿美国国务卿西华德来作陪衬，"据说，每当西华德谈起中美关系，为了强调自己的权威性，总是说'恭亲王与我共同认为……'"彼时，52岁的恭亲王还好好地活着呢。

⊙曾昭抡忙于工作，很少回家。有一次回到家里，保姆甚至不知道他是主人，竟把他当客人招待，见其到了晚上还不走，虽觉奇怪却无可奈何。

1915年袁世凯登基前夕的天安门“大典筹备处”。

⊙袁世凯欲举行阅兵礼，地点选在天安门外。天安门外道路两旁原是前清的朝房，市政公所实施拆毁后成了一空地，但后续工作没跟上，尘土堆积，地面坑洼不平。于是袁急忙派人铲平。孰料此工程极其艰巨，不得已，阅兵仪式只得改期。

⊙黎元洪当选副总统以后，让秘书饶汉祥给袁世凯回一封感谢通电。饶觉得副总统这名字太白，不够文雅，就从古籍里挑出一个词来，在电稿里称“元洪位备储贰”，成为哄传一时的笑话。

⊙章太炎16岁那年，受父命参加“童子试”，当时试卷的试题为：论灿烂之大清国。

⊙白崇禧曾这样对参加围剿红军的手下讲话：“现在给你们两个团的兵力，你们要给我带四个团的人员和装备回来，记住不许伤一个人，不许丢一条枪！”

⊙柯劭忞酷爱读书，几至入魔。一年和舅舅李季侯乘车去河南禹州，结果车掉到河里，李当场淹死，柯爬到车顶后遇救。回家后，柯见父亲案头放着一部书，拿起来就看，将遇险之事抛诸脑后。其父遂问其舅，柯对曰：“死矣。”手仍不释卷。父大怒，夺其书掷他，呵斥道：“尔舅身故，是何等事！乃竟不一言，书呆子之呆，一至于此耶！”

⊙光绪戊申八月，袁世凯五十生辰，在东安门外北洋公所大开寿筵。时有某名士想巴结袁，遂献一寿联云：“戊戌八月，戊申八月；我佛万年，我公万年。”前联谓袁于戊戌八月政变得势，后联兼颂西太后。至十月，慈禧死，袁亦随之罢官。有好事者遂将此联改为：“戊戌八月，戊申十月；我佛今年，我公明年。”

⊙段霖茂的整编第57师被包围在沙土集，大势已去，顾祝同仍要其坚持，段大骂：我已经完蛋了，还坚持个屁！随即砸毁报话机，猛吞一口酒，拿起手枪要自杀。特务营长卢作邦一把夺掉段的手枪，拿着此枪拖段突围，结果：营长顺利突围，段师长被俘。

⊙直罗镇战役后，红十一团连夜追敌，在王家村附近休息。第二天清早准备出发，王平将军到山沟边小便，隐约听到有人骂了一句，向沟下一望有动静，立即命令部队把沟包围起来，抓出一个营长外加两三百士兵，缴到不少捷克造新枪。原来这些人在树丛中隐蔽，没想到王的小便撒在了他们头上。

⊙1916年，段祺瑞在家设宴款待陆荣廷。酒至半酣，段向众宾客介绍说，陆荣廷的枪法神准，并请陆表演一番。陆表示年轻时练枪，曾拿河里的游鱼作射击对象，于是走到庭院中，对着一缸金鱼向众人说："先打那条凤尾的。"只听"乒"的一声，鱼死缸碎。那缸鱼乃段的心爱之物，等客人走后，段大骂陆荣廷"野性难驯"。

⊙区寿年兵败，乘坦克逃跑，被截停。解放军占士劝其投降，区正色曰："快带我去你们的司令部，我和粟裕司令是朋友。"语毕遭殴。搜身时，区长官身上一没枪二没刀，就是贴身藏着一张国防部统一印制的战地通缉令，上面赫然就是他的朋友粟裕的名字和照片，险些又被群殴。

⊙顾维钧乘火车旅行，卧铺车厢中有个黑人专替旅客擦皮鞋，顾于是将鞋子交与对方。第二天起来，顾开门穿鞋，发现皮鞋两只都是左脚，遂找黑人来问，孰料对方竟叹息道："今天发生太多奇怪的事了！刚刚还有一位客人的皮鞋，两只居然都是右脚，实在太不可思议了！"

⊙黄花岗起义前，谭人凤从香港赶到广州，正碰到黄兴在分发武器，于是立即表示要加入行动，并向黄兴索取枪械。黄说这是敢死队，他年纪大了，最好别加入。谭闻言大怒："难道你们敢死，我就怕死吗？"黄只好给他配枪。谭不懂枪械，摆弄中突然走火，子弹射向屋顶，吓了大家一跳。黄见状说："谭胡子不行！"谭只好把枪乖乖交还给黄兴。

⊙军务署骑炮兵司发错了一件公文，署长方天和副司长郑瑞之间发生了如下对话，令人忍俊不禁。方："糊涂！怎么这样的糊涂！"郑："赶快发一公文把它追回来。"方："追，追它……"

⊙白凤翔投日后，某次与李守信见面，晚上脱衣睡觉时，李见白身上挂着两支20响大肚匣子、五支勃朗宁，连同子弹若干，至少有20多斤。李惊得吐舌，遂劝其卸下武装。白勉强卸下三支，身上仍留着一支20响、三支勃朗宁才肯睡下，苦笑着说："我已背了几十年，身上已磨出趼子，全解下来松了巴唧的反而睡不着觉。"

末代皇帝溥仪夫妻照

⊙1931年，文绣通过律师向溥仪提出离婚。经双方律师交涉，由溥仪付给文秀5.5万元赡养费。溥仪被迫答应离婚后，为挽回颜面，于1931年9月13日在京、津、沪报纸上刊登"上谕"一则："淑妃擅离行园，显违祖制，撤去原封位号，废为庶人，钦此。"

⊙杨度有个妹妹名杨庄，既贤且慧，是有名的才女。她嫁给王闿运第四子王文育，深得公婆欢心。某次夫妻吵架后，杨庄向哥哥哭诉。杨度于是写信说："夫妇之道，同于君臣，合则留，不合则去。"杨庄如得圣旨，遂主动要求离婚。王闿运听说儿媳妇要走，急得六神无主，语无伦次地请杨庄不看僧面看佛面，无论如何给他这张老脸一个面子，并且说："你若真不做我儿媳妇，那么做我女儿总可以吧！"

⊙张爱玲去世后，香港电影节筹备回顾单元，展出她编剧的电影。新闻发布会快结束时，进来一位女记者，抢到话筒说：请问这位张爱玲女士在现场吗？全场哗然，主持人：她来不了。记者：那你们能帮忙约个专访吗？主持人：无能为力。记者：我们在内地有几百万读者，可以帮她好好宣传一下的。

◎疙瘩·芥蒂

老袁的总统卫队，果然是中西结合，排场大。

⊙溥仪在《我的前半生》中说，袁世凯在中南海时，吃饭要奏军乐。每当军乐声响起，总管太监张谦和就说："简直钟鸣鼎食，比皇上还神气！"

⊙1912年10月10日，北洋政府内务部举办追祭礼，国务总理赵秉钧代表袁世凯读祭文，只以"时会既开，国风丕变，帝制告终，民豪聿见"等几句话，忆述民国肇建的过程，肯定了诸位先烈终结帝制之功，对辛亥革命几乎不提。

⊙1912年9月13日，《民立报》社长于右任在《答某君书》一文中，说到同盟会内部孙中山与宋教仁两派之争："今日为党声嘶、嘴肿、奋斗而未已……不意当南京政府时，本党中一种人挟旧日之恨，拼命攻击，声言非驱逐宋某出同盟会不可。竟因反对宋君，废去国务总理。自宋内务总长未通过后，弟见中山，谓政府初成立，何苦先使同盟会分裂，中山谓我当调和。及其后宋做法制局长，亦岌岌不能自存。复因宋系社中人，遂波及于我。"

⊙1923年上半年，鲁迅、周作人兄弟一起在八道湾居住。7月14日，鲁迅在日记中说："是夜始改在自室吃饭，自具一肴，此可记也。"7月18日，周作人给鲁迅写了一封信："鲁迅先生：我昨日才知道——但过去的事不必再说了。我不是基督徒，却幸而尚能担受得起，也不想责难——大家都是在可怜的人间，我以前的蔷薇的梦原来都是虚幻，现在所见的或者才是真的人生。我想订正我的思想，重新入新的生活。以后请不要再到后边院子里来，没有别的话。愿你安心，自重。"一周后，鲁迅离开八道湾。

⊙有人说钱钟书《围城》中的"三间大学"，影射的是钱曾经任教的西南联大，书中的高松年影射的是外文系主任陈福田和外文系教授吴宓。吴曾是钱的老师，二人因此反目。而书中诗人曹元朗的原型则是叶公超。若干年后，有人向叶公超问起钱钟书在联大的情况时，叶公超回答说，他不记得钱钟书曾在那里教过书。

⊙曾国藩是"洋务派"，但骨子里仍存有士大夫的传统情感。1872年，他在日记中写道："内人病日危笃，儿辈请洋人诊视，心甚非之而姑听之。"足见当时内心之冲突。

⊙蒋百里在日本陆军士官学校毕业时，成绩全校第一，日本天皇向其亲赠佩刀，使得一向瞧不起中国人的日本学生大为恼火，认为这是奇耻大辱。此后，该校便将中日学生分开授课、考试，某些课程还不传授给中国学生，以免再出现日本人不愿看到的尴尬局面。

⊙袁世凯很宠爱五姨太杨氏。杨氏是天津人，虽然相貌平常，但很会管家，袁世凯逐渐把家政大权都交给五姨太，到后来连元配于氏都有点怕她。

⊙早在1906年冬天，同盟会内部就国旗问题发生过冲突。孙中山主张用青天白日旗，但黄兴认为青天白日旗的形式和日本太阳旗相近，"以日为表，是效法日本"，主张用井字旗，以"示平均地权意"。孙中山坚持不让，二人几乎为此决裂。而章太炎到死，只愿以他支持的五色旗覆盖，不承认青天白日旗。

⊙黄侃反对胡适提倡的白话文。一次在讲课中赞美文言文的高明，举例说："如胡适的太太死了，他的家人电报必云：'你的太太死了！赶快回来啊！'长达十一字。而用文言则仅需'妻丧速归'四字即可，只电报费就可省三分之二。"

袁世凯五姨太全家福

⊙1913年，袁世凯就任正式大总统，在长达万余字的《莅任宣言书》中，袁提及辛亥革命的只有寥寥数语，说“武昌事起，为时势所迫，身当其冲”，用春秋笔法，简单勾勒了自己从武昌起义出山到上位临时大总统的过程。

⊙1913年1月8日，宋教仁在湖南都督谭延闿主持的国民党湖南支部欢迎会上发表演说。据《长沙日报》在《国民党湘支部欢迎宋教仁先生大会纪事》中的报道，宋教仁当时谈到了自己与谭人凤、陈其美、黄兴、孙武、居正、黎元洪、袁世凯对辛亥革命的贡献，却绝口未提孙中山。

⊙黎元洪钟意薛观澜，想把女儿黎绍芬嫁给他。薛认为黎之女儿太过西化，未同意，最后娶了袁世凯之女袁仲祯，黎元洪为此很是气恼。

⊙学部侍郎乔君问辜鸿铭："您所发的议论，皆是王道，但是为什么不能在今天实行呢?"辜回答："天下之道只有两种，不是王道，就是王八蛋之道。孟子所谓：'道仁，仁与不仁而已矣。'"

⊙刘文典去见蒋介石，戴着礼帽身着长衫，昂首阔步走进老蒋的办公室。老蒋见后，一脸怒气，劈头问道："你是刘文典吗?"刘文典听蒋如此不客气，脱口说道："字叔雅，文典只是父母长辈叫的，不是随便哪个人叫的。"

陶成章，光复会创始人，后被陈其美指使蒋介石等人暗杀。

⊙陈其美好色，一次向陶成章提议，让他把从南洋带回的华侨捐款分些给他。陶严词拒绝，说："你好嫖妓，上海尽有够你用的钱，我的钱要给浙江革命同志用，不能供你嫖妓之用。"

⊙刘珍年在应对21师"泰顺"哗变的军法审判时说："全营哗变，营长当然要负主要责任，部队的团长、旅长也要负一定的责任，你们说要我个师长也承担责任，我没话说。不过再往上追究，我是委员长的直属部下，那么蒋先生也要负起自己的责任!"法官听到翻白眼。

⊙陈散原不喜欢别人称他为"西江派"，对胡翔冬说："人们都说我的诗是西江派的诗，其实我在四十岁前，根本没看过西江派的诗，众人如此说，真是冤枉啊!"胡对曰："人们还说我的诗是学的你的手法呢，那我岂不是更冤?"

⊙1937年，罗尔纲的《太平天国史纲》出版后，曾拿给胡适看。胡厉声斥责，说罗这部书"专表扬太平天国。中国近代自经太平天国之乱，几十年来不曾恢复元气，却没有写，有失史家公正"。又说："做历史家不应有主观，须要把事实真相全盘托出，如果忽略了一边，那便是片面的记载了，这是不对的。你又说五四新文学运动，是受了太平天国提倡通俗文学的影响，我还不曾读过太平天国的白话文哩。”

⊙1921年，郁达夫在日本留学时，有次听当时日本政界赫赫有名的“党政之神”，曾任文部大臣、司法大臣、东京市市长等要职的尾崎行雄演讲。当听到他把辛亥革命后的中国仍叫做“清国”时，郁达夫站起来，用流利的日语说：“请问尾崎行雄先生，你怎么能把辛亥革命以后的中国仍然称做清国呢？是不知道中华民国这个事实，还是故意这样称呼？”尾崎行雄哑口无言，被迫道歉。

⊙谭鑫培的戏风靡北京，各大学多有谭迷。一天课间休息，教师们闲话谭的《秦琼卖马》，胡适插话：“京剧太落伍，用一根鞭子就算是马，用两把旗子就算是车，应该用真车真马才对。”在场者都静听高论，无人插话，突然黄侃长身立起，说：“适之，适之，那要唱武松打虎怎么办？”

⊙黄侃病逝后，钱玄同曾作文纪念：“与季刚（黄侃字）自己酉年（1909）订交，至今已二十有六载，平日因性情不合，时有违言。惟民四、五年间商量音韵，最为契合。二十一年之春，于余杭师座中一言不合，竟至斗口。岂期此别，竟成永诀！”

⊙章太炎一向讨厌伍廷芳。伍廷芳死后，其子伍朝枢拜访章太炎，说：“先父身体康健，只因总理（指孙中山）蒙难，奔走湘粤，操劳过度，遂致病倒，十天之中，须发皆白……”章插嘴道：“伍子胥一夜须白过昭关，君家早有先例。”伍朝枢又说：“火葬如在欧美，极为寻常。惟在中国，尚属创见。”章笑道：“我国古已有之，武大郎就是火葬。”次日，章太炎送去一副挽联：一夜白髭须，多亏东皋公救难；片时灰骸骨，不用西门庆花钱。

⊙章太炎与陈独秀闲谈，说起文学，陈独秀举出几位出身苏皖的学士，言语间颇以身为苏皖人自豪，后来说到湖北，陈不屑地说：那个地方没出过什么大学者。话音刚落，隔壁房间的湖北人黄侃跳出来大声说：“湖北固然没有学者，然而这不就是区区；安徽固然多有学者，然而这也未必就是足下。”一句话噎得陈独秀哑口无言。

⊙一位外国人问辜鸿铭：“为什么中国的方言那么多？”辜鸿铭反问道：“为什么欧洲的语种那么多，而中国土地广大，人口众多，实等于全欧洲！中国的语言虽然不统一，可是中国的文字数千年是统一的。”

左起：蒋梦麟、张伯苓、梅贻琦。

⊙1937年在长沙临时大学时，蒋梦麟、张伯苓、梅贻琦三位校长巡视学生宿舍。看见房屋破败，蒋校长认为不宜居住；张校长却认为学生应该接受锻炼，有这样的宿舍也该满意了。于是蒋说："倘若是我的孩子，我就不要他住在宿舍里！"张针锋相对："倘若是我的孩子，我一定要他住在这宿舍里！"

⊙"一二·一"惨案发生后，傅斯年在西南联大教授会议上说：当局要学生尽快复课，不然，蒋介石要派霍揆彰武力解散联大，把学生编入青年军，借此向联大教授施加压力。冯友兰对傅斯年开玩笑说："你原来是个学生头头，专门跟学校当局闹别扭，现在别扭闹到你头上来了，真是'请看剃头者，人亦剃其头'。"

⊙"一二·一"惨案发生后，当局要求复课，学生要求满足条件才能复课。在1945年12月17日的教授会议上，傅斯年要求学生限期复课。闻一多反对说："这样，何不到老蒋面前去山呼万岁！"傅气得大骂："有特殊党派的给我滚出去！"

⊙熊十力与梁漱溟争吵。熊伶牙俐齿，梁木讷寡言，于是扭头就走。然熊十力仍不解气，大叫："想走？"说着一下扑过去，往梁背上捣了三拳，大骂道："笨蛋！笨蛋！"

⊙中原大战后，陈诚赴日考察。某日，一日军官问他："你那么年轻就当了将军，是不是你们中国的将军都很好当？"陈反问："你们天皇也很年轻，是不是也很好当？"日寇大怒，言其竟敢作弄天皇，遂上告外交部，引来一场外交纠纷。

⊙一位新应聘来北大的英国教授，在教员休息室看见长袍马褂的辜鸿铭，拄着根手杖，坐在沙发上运气，遂向侍役打听这个拖着一根pigtail（猪尾巴）的老头是什么人。辜听说他是教英国文学的，便用拉丁文与其交谈，该教授应对颇为勉强，不免尴尬。辜叹息道："连拉丁文都说不上来，如何教英国文学？唉！唉！"拂袖而去。

⊙林语堂主创的刊物《人间世》，走的是《论语》谈幽默的老路子。左盟看不惯林语堂提倡的那一套幽默，于是开骂，说论语派那帮人是"闲人"。鲁迅骂得最凶，攻击林语堂文学上的趣味主义和自由主义，并说幽默文学是"麻醉文学"。

⊙1928年1月，由郭沫若、蒋光慈等人创办的《文化批判》、《太阳月刊》等刊物开始撰文围攻鲁迅，说"鲁迅终究不是这个时代的表现者"，"阿Q时代已经过去，我们再不要专事骸骨的迷恋，而应该把阿Q的形骸与精神一同埋葬掉"!

⊙鲁迅和林语堂两人曾同住在上海北四川路横滨桥附近。一次鲁迅不慎把吸剩的烟头扔在了林语堂的帐门下，烧掉了蚊帐一角。林语堂将火扑灭后，心中十分不悦，便厉声责怪鲁迅。鲁迅觉得他小题大做，便还嘴道："完全烧了便怎样？一共也不过五块钱罢了！"二人大吵之后绝交。

右起：黎沛华、史沫特莱、宋庆龄、鲁迅、林语堂。

⊙针对一些无聊的国产电影，鲁迅曾当头棒喝："现在的中国电影，还很受着'才子加流氓'式的影响……看了之后，令人觉得现在倘要做英雄，做好人，也必须是流氓。"

⊙黄侃对胡适说："胡先生你口口声声说要推广白话文，我看你未必出于真心。"胡闻言不解，问道："黄先生此话怎讲?"黄答："如果胡先生你身体力行的话，大名就不应叫'胡适'，而应改为'到哪里去'才对啊!"胡听后无言以对。

⊙黄侃在北大课堂上说："胡适之说做白话文痛快。金圣叹说过，世界上最痛的事，莫过于砍头；世界上最快的事，莫过于饮酒。胡适之如果要痛快，可以去喝了酒再仰起脖子来给人砍掉。"

⊙辜鸿铭给祖先上供叩头，外国人嘲笑他说："这样做，你的祖先就能吃到供桌上的饭菜了吗?"辜鸿铭马上反唇相讥："你们在先人墓地摆上鲜花，他们就能闻到花的香味了吗?"

⊙1919年，胡适海外学成归国，任教北大，并发起新文化运动。黄侃生平最得意的学生傅斯年也倒向了新文学阵营，黄侃自此每次上课，总要骂一通胡适方才过瘾。

⊙在伦敦电车上，几个英国人看到长衫马褂、留着长长辫子的辜鸿铭，觉得好玩，便出言侮辱。当时辜鸿铭手里正拿着一份《泰晤士报》，于是把报纸掉头来看，那几个英国人更来劲了，说："看，那个中国小子连字都不认得，还看什么报纸?"辜用纯正娴熟的英语对曰："你们英文才26个字母，太简单，不倒着看根本没意思!"英人大骇，灰溜溜地跑了。

⊙胡适的《中国哲学史大纲》，仅完成上半部，下部久未完成。黄侃便在中央大学课堂上笑说："昔日谢灵运为秘书监，今日胡适可谓著作监矣。"学生们不解，问其原因。黄侃道："监者，太监也。太监者，下面没有了也。"

⊙张宗昌早年在张作霖手下混事。一次，张作霖委托郭松龄整肃军队，郭想拿张宗昌开刀。在视察张的部队时，二人话茬不对，郭张口便骂，操娘之声不绝于耳。谁知张宗昌毫不生气，说：你操俺娘，你就是俺爹了！随即下跪，弄得郭松龄满脸通红，整肃之事不了了之。

⊙鲁恭敬被杨秀清处死，洪秀全知道后很生气，把杨秀清召来问道："兄弟你处治鲁恭敬这逆臣，兄长我事先一点也不知道，这样的话，我以后还如何统一天国主权呢?"杨回答："天父看兄长你太操劳了，担心你得病，偶尔命令臣弟我办事一次，何必大惊小怪呢?"洪秀全只好一笑了之。

⊙四川万县师范学校的校长钟正懋是章太炎的弟子。有次，袁世凯对钟说："你老师和我过不去，你去劝一劝。中国向来有两块万岁牌，一块是大成至圣先师，一块是当今皇帝，太炎为何不让一块给我?"

伊藤博文

⊙辜鸿铭送给伊藤博文一本刚出版的《论语》英译本。伊藤乘机调侃道："听说你精通西洋学术，难道还不清楚孔子之教能行于两千多年前，却不能行于20世纪的今天吗?"辜鸿铭答道："孔子教人的方法，就好比数学家的加减乘除。在数千年前，其法是三三得九，如今20世纪，其法仍然是三三得九，并不会三三得八。"伊藤一时语塞。

⊙李石曾与胡适两人为死敌，李想搞臭胡，于是把胡向宣统请假的一个条子公之于世。那条子上写："臣胡适，今天有事，不能请安。"

⊙1928年，张静江任浙江主席后，住西湖边"来音小筑"。一天，张和他的姻亲周觉言语冲突，相互拍案大骂。周说："大家都是阊门（苏州）街上嫖客出身，彼此彼此，不要神气活现。你有什么本领，还不是亮见亮!"

⊙李烈钧抑郁无聊之时，常去永安公司夜总会跳舞解闷。有次突然发现儿子李槟城正与一舞女热舞，而那女子恰巧是他平素的相好，于是愧怒交加，立刻将李槟城召来训斥，不料李槟城理直气壮地回嘴道："你跳得，我跳不得?"李烈钧气得哑口无言。

⊙马君武怀疑宋教仁倒向袁世凯，二人发生争执，宋教仁打了马君武一耳光，马君武奋起还击，重伤宋教仁左眼。胡汉民在《自传》一书中记有此事："宋以是质马，而亟批其左颊，马还击，伤宋目。宋入病院，旬日始愈。"

宋教仁（上） 马君武（下）

⊙北伐战争前，张继劝孙传芳与蒋介石合作。孙善激辩，张未能说服，便对孙道："你不像一个军人，很像一个政客。"孙听后反唇相讥："我不是政客，我最反对政客。我的儿子，也不让他当政客。政客全是朝三暮四、迎新送旧的妓女般下流东西，我是一个地地道道的军阀。"

⊙北京大学史学系教授邓之诚，祖父是曾任云贵和两广总督的邓廷桢，说话西南口音浓重。他极不喜欢白话文，学生试卷中凡用"的"之处，他一律改成"之"。一天，他用西南官腔说道："同学们，千万要听明白，城里面有个姓胡的，他叫胡适，他是专门的胡说。"

◈戚戚焉

方先觉

⊙1944年8月8日，方先觉在衡阳苦撑47天，突围、自裁均失败后，为数千伤兵计，举旗投降（抗战中唯一投降的黄埔系将领）。几个月后，方先觉在军统衡阳站的接应下回归。1945年国民党代表大会上，喊杀方先觉之声不绝于耳。退到台湾后，方也是无处可躲，无地可辩护。1968年退役后，方先觉抱着蒋校长的膝盖痛哭，于蒋校长一声叹息中落发为僧。

⊙1945年4月，联大学生准备大搞纪念"五四活动"，国民党云南党部赶忙让昆明三家电影院赠送5月3日、4日2800张电影票给学生，以干扰破坏集会。地下党立即贴出"大字报"，称：免费票是国民党省党部用公款买的。于是有学生当场撕票，工学院学生还用数学公式加以说明："电影票钱=一斤猪肉=大学生的灵魂！"吴晗则总结说，在意大利，墨索里尼曾对捕捉他的人说："别杀我，我会给你一个王国。"在中国却是："别开会，我会给你一张电影票。"

⊙许世英平生不吸烟，不喝酒。某日他与王宠惠闲谈，王宠惠指着手中的雪茄说，自己吸了一辈子的烟，这点星星之火，烧掉了好几栋房子与好几部汽车。许世英闻言接口道："我从来不吸烟，但至今仍然没有房子，也没有汽车。"说罢，二人拊掌大笑。

⊙1937年，袁克定在颐和园租房子住。张伯驹与他时有往来，见其饭菜只是窝头、咸菜而已，但他依然正襟危坐，胸带餐巾，俨然当年"皇储"模样，遂写诗云："池水昆明映碧虚，望洋空叹食无鱼。粗茶淡饭仪如日，只少宫詹注起居。"

⊙陈布雷死后，黄少谷送挽联："一手文章扶国运，终宵忧乐系苍生！"

⊙1914年6月23日，北京政府内务院颁布《劝诫剪发规程六条》，规定：凡政府官员、职员不剪发者停止其职务；凡车马夫役不剪发者，禁止营业；凡商民未剪发者由警厅劝令剪除；凡政府官员的家属、仆役未剪发者，其官员要负劝诫之责。

⊙蒋梦麟常因办学经费不足和政府拖欠教职员薪水而困扰。1919年，北大欠了一家建筑公司的款项，对方来讨，蒋梦麟予以搪塞。后来建筑公司没办法，就在中秋节前，每天派人到蒋梦麟家里去讨债。蒋梦麟无奈，只好逃到西山躲避。

⊙1936年5月9日，陈融在广州请客。宴后，胡汉民与潘景夷对弈。前两局一胜一负，战平，但胡意犹未尽，坚持再下一局。进入残局后，胡想用“卧槽马”逼出对方老帅，不料对方突架仕角，炮打了胡的一只车。胡登时脸色苍白，突发脑溢血倒下，昏迷三天后病逝。

⊙毛却非曾被关在海军凤山来宾招待所。这里在日据时期因怕美军轰炸，外面筑有很高的掩体。每个房间最多只能住八人，非常拥挤，要翻身时，需得一起喊“一、二、三”。

⊙1918年5月20日，江苏江宁县进行众议员选举。全城公立学校停课一日，第一、第二两区投票所，有一群小学生奉命排队前往投票，从前门走进去，从后门走出来，然后再折回前门进去投票，如此反复循环多次。

⊙冯友兰的文章，气势恢弘而意义深远，为时人所乐道。1943年，他曾给蒋介石写信，要求政府收拾人心，开放政权，实行立宪。蒋看信后“为之动容，为之泪下”，即刻表示愿意实行立宪。

⊙汪精卫到南京做了行政院长，见到从前一同反蒋的人，对他说自己好比消防队队员，是被主人叫来“打短工”的。覃振劝汪，没必要那样替蒋介石“背黑锅”，汪说：“我既已跳下茅坑，就臭到底吧。”

⊙吴稚晖一生三次对人下跪：1902年向中国驻日公使蔡钧长跪，求他担保九名自费留日学生入成城学校；未果。1924年向小他一岁的孙中山下跪，求他宽容陈炯明；未果。1939年，吴稚晖得知汪精卫欲投降日本，曾经痛哭流涕、长跪不起，请求汪不要有愧于国家和民族；亦未果。

⊙张竞生在一次演讲中说到赛金花："她一个烟花女子，尚知民族大义，曾救北京于危难之中，这样的侠骨柔肠，我们不妨自己问一问，比得上吗？"

⊙慈禧在得到李鸿章病危的奏报后，"为之流涕"，她伤感地说："大局未定，倘有不测，这如此重荷，更有何人分担。"第二天，听到李鸿章病死的消息后，慈禧"震悼失次"，随从人员"无不拥顾错愕，如梁倾栋折，骤失倚恃者"。

⊙蒋介石曾这样要求他手下的将领："认清历史，效法曾胡（曾国藩、胡林翼）。"

⊙1928年1月28日，蒋介石在日记中写道："午餐后假眠，后往下关迎三妹，到后知其皮肤病甚剧，精神亦衰弱，心甚不安，悔不该与其祯梗也。"婚后前三年，蒋、宋二人经常吵架，宋吵架后就回上海娘家，蒋必温言劝回。蒋在另一则日记中写道："彼甚以不自由为病，复劝余以进德，心颇许之。"

⊙1923年12月30日，孙中山在《在广州对国民党员的演说》中说："我们革命党推翻满清，把人民由奴隶的地位超度到了主人的地位；现在做了主人，不但不来感激，因为暂受目前的痛苦，反要来漫骂。常有人说：'我们从前是很安乐的，自革命之后，国乱民穷，要有真命天子出世，或者清朝复辟才好，民国真是没有用呵！'"

1923年12月21日，孙中山到广州岭南大学演说，希望学生"立志做大事，不可存心做大官"。图为孙中山、宋庆龄在该校步行时的情景。

⊙1937年6月，张慧剑在北平采访早已过气的大军阀吴佩孚，写了一篇采访记："他说他笺注《春秋》、《左传》，已经完成了四分之一。他大骂杜注，他夸奖着这部书在军人教育上的作用，我知道他是自比关岳的，我听他批评《左传》的许多幼稚的见解，不免惊奇，然而同时却感觉到一种极大的安慰，以如此理解支持着自己人生的吴佩孚，总不会屈膝事虏的吧……以后我是静听吴氏

发挥其三教同源的新学说，至于四十分钟之久。我压制着我的感情，不再说一句刺激吴氏的话。”

⊙毛泽东曾经充满敬意地对美国记者埃德加·斯诺说：“邵飘萍对我帮助很大。他是新闻学会的讲师，是一个自由主义者，一个具有热情理想和优良品质的人。”

⊙费孝通曾谈到自己与潘光旦在做人上的差异：“我这一代人可以想到，要在人家眼里做个好人，在做人的问题上要个面子。现在下一代人要不要面子已经是个问题了。我这一代人还是要这个面子，所以很在意别人怎么看待自己。潘先生比我们深一层，就是把心思用在自己怎么看待自己。这一点很难做到。这个问题很深，我的力量不够，讲不清楚，只是还可以体会得到。”

⊙胡适评价梁启超说：“使无梁氏之笔，虽有百十孙中山、黄克强（黄兴），岂能成功如此之速耶？近人诗‘文字收功日，全球革命时’，此二语唯梁氏可以当之无愧。”

⊙梁启超在《李鸿章传》中说：“自李鸿章之名出现于世界以来，五洲万国人士，几于见有李鸿章，不见有中国。一言蔽之，则以李鸿章为中国独一无二之代表人也。”又说：“读中国近世史者，势不得不曰李鸿章，而读李鸿章传者，亦势不得不手中国近世史，此有识者所同认也。故吾今此书，虽名之为‘同光以来大事记’可也。”

⊙康有为主张创造“大同世界”，然康圣人第一次见到黑人时，却被惊得目瞪口呆。晚上回到住处，心中兀自起伏难平，于是提笔写道：“然黑人之身，腥不可闻……故大同之世，白人黄人，才能形状，相去不远，可以平等。其黑人之形状也，铁面银牙，斜颔若猪，直视如牛，满胸长毛，手足深黑，蠢若羊豕，望之生畏。”

1916年，徐悲鸿为老年康有为画的像。

⊙隆裕皇太后签发大清王朝最后一道上谕——《退位诏书》。她死后，《中国日报》曾撰文说："己丑年嫁光绪帝为嫡后，秉性柔懦，失西后欢，尤与光绪感情不洽，抑郁深宫二十余年。既无可誉，亦无可讥。惟清廷退位，后力居多，将来共和史中亦不失有价值之人物也。"《亚细亚日报》撰文说："隆裕太后去岁，不为亲贵浮言所动，力主共和，实为有造民国。今一日崩御，我五族国民，当同情哀悼。"

晚年的隆裕

⊙赛珍珠的《大地》获得诺贝尔文学奖后，中国文学界反应很冷淡。鲁迅说："她所觉得的，还不过一点浮面的情形。""她亦自谓视中国如祖国，然而看她的作品，毕竟是一位生长中国的美国女教士立场而已。"茅盾批评过赛珍珠的小说歪曲了中国农民的形象。胡风批判赛珍珠把握不了中国农村的经济结构，不能揭示中国农民悲剧命运的根由，忽略了中国与帝国主义间的矛盾，而去美化外国人。

⊙1905年，日俄战争以俄国失败告终。实业家张謇据此说："日本的胜利和俄国的失败，是立宪主义的胜利和专制主义的失败。"

⊙1921年，紫禁城养心殿装上第一部电话，电话局并送一电话本。出于好奇，溥仪拨通了胡适的电话。胡乍接电话激动不已，二话不说就去拜见了溥仪。回来后，胡又连夜给溥仪的英语老师庄士敦写了一封信，说："我不得不承认，我很为这次召见所感动。我当时竟能在我国最末一代皇帝——历代伟大的君主的最后一位代表的面前，占有一席位！"

⊙谭嗣同死后，其夫人李闰自号为"臾生"，暗合谭嗣同绝命诗中的"忍死须臾待杜根"之意。

⊙1885年，清外交官曾纪泽在伦敦《亚洲季刊》上发表了《中国先睡后醒论》一文，称中国当时是"似入酣睡，固非垂毙"。

⊙司徒雷登从1919年起任燕京大学校长、校务长，1949年8月离开中国。他的遗愿之一，就是将自己的骨灰送回中国，并安葬在燕京大学校园内。可惜这一心愿未能实现。

⊙司徒雷登的父亲是美国到中国的第一批传教士，母亲也是美国人。司徒雷登出生在杭州，从小说的是杭州话，到11岁才回到美国上学，当时同学们都嘲笑他是个不会说英语的“土八怪”。因此，司徒雷登常说自己“是一个中国人更多于是一个美国人”。

⊙刺杀宋教仁的刺客武士英说：“当时（他们）曾经许我一千块钱，但是我只拿得三十元。”

⊙唐宝玥死后，1920年，顾维钧经人介绍，与“亚洲糖业大王”黄仲涵的女儿黄蕙兰在纽约相识，并于同年10月11日在伦敦完婚。婚礼后次日，国联行政会议在日内瓦召开，顾维钧作为国联理事必须参加，因此，他们的新婚之夜是在去日内瓦的火车上度过的。

⊙1926年11月12日，蒋介石接到陈洁如一封来信，大为光火。是日，他在日记中写道：“得洁如书，知其迁赁月租七十二元华屋，不胜恚恨。奢靡趋俗，招摇败名，年轻妇女，不得放纵也。”1931年1月11日，蒋介石在日记中写道：“爱妻（宋美龄）明日欲回沪，彼此无限缱绻，甚不愿舍。夫妻日久更爱，信矣。”

⊙张伯苓办私立大学时，到处托钵化缘，就连军阀的钱也要。他说：“用军阀的银子办教育，就如同拿大粪浇出鲜嫩的白菜是一个理儿。”

⊙甲午战争后，李鸿章对自己的幕僚、曾国藩的孙女婿吴永一说：“我办了一辈子的事，练兵也，海军也，都是纸糊的老虎，何尝能实在放手办理？不过勉强涂饰，虚有其表，不揭破犹可敷衍一时。如一间破屋，由裱糊匠东补西贴，居然成一净室，虽明知为纸片糊裱，然究竟决不定里面是何等材料，即有小小风雨，打成几个窟窿，随时补葺，亦可支吾对付。乃必欲爽手扯破，又未预备何种修葺材料，何种改造方式，自然真相破露，不可收拾，但裱糊匠又何术能负其责？”

⊙谢泳说，半个世纪以后，人们可以这样解读当年胡政之的死：“在一定的意义上，胡政之的死，就是《大公报》的死，胡政之的离去，意味着这份‘中国最好的报纸’开始谢幕，在随后的岁月里，《大公报》这个名字仍在，但我们还是要说，《大公报》已经死了。”

⊙因物价飞涨，政府发给联大教授一种价格低平的“公米”票，凭票领米。然而管放“公米”的人往往会凭借权力百般刁难，等到教授们花费许多时间、气力把米领到手，却发现米质粗糙得难以下咽。

⊙1912年1月16日，袁世凯在北京东华门丁字街遭到同盟会京津分会的炸弹暗杀。袁的卫队死伤数十人，袁幸免于难。1月25日，袁世凯通电支持共和。2月12日，袁世凯逼清帝逊位。

胡蝶

⊙传言“九一八”前夜，张学良正与电影明星胡蝶翩翩起舞。吴佩孚听后作诗道：“棋枰未定输全局，宇宙犹存待罪身。醇酒妇人终短气，千秋谁谅信陵君。”

⊙廖磊奉命率第七军尾追红军，却始终与红军后卫部队保持两天行程，最后追到贵州的都匀、独山一带便干脆不追了。红军摆出进攻贵阳的姿态，蒋介石亲赴贵阳督战，急电廖磊星夜来援。不料廖磊复电说：“容请示白副总司令允许，才能前进。”老蒋叹息道：“这真是外国的军队了。”

⊙孙殿英的参谋文强在《文强口述自传》一书中回忆：孙殿英说他将慈禧入殓时的一只翡翠西瓜，托雨农（戴笠）赠给了宋子文院长。慈禧口里含的一颗夜明珠，托雨农转赠给了蒋夫人（宋美龄）。宋氏兄妹收到他的宝物之后，引得孔祥熙部长夫妇眼红，他又选了两串朝靴上的宝石送去才算了事。

⊙陈炯明弥留之际，次女碧摇询问家事遗嘱，陈苦笑曰：“吾家事无可语者。”随即兴奋地抬手比画，似索要纸笔。家人取来后，陈手僵硬，不能作书，其状甚惨。

⊙梁启超说：“晚清思想界有一彗星，曰浏阳谭嗣同。”

⊙1888年，醇亲王奕譞一度病危，自以为不久于人世。当慈禧太后与光绪皇帝去看望他时，他的政治遗嘱只有四个字：“毋忘海军。”同时将当年（1886）检阅北洋舰队时慈禧所赐的一块如意，交给光绪。

⊙1927年“四一二”事变后，蒋经国在苏俄发表公开信谴责其父：“蒋介石的叛变并不使人感到意外。当他滔滔不绝地谈论革命时，他已经逐渐开始背叛革命，当张作霖和孙传芳妥协，蒋介石已经结束了他的革命生涯。作为一个革命者，他死了，他已走向反革命并且是中国工人大众的敌人。蒋介石曾经是我的父亲和革命的朋友。他已经走向革命阵营，现在他是我的敌人了。”

⊙冯国璋的续弦夫人周砥，原是袁世凯家的女教师。周嫁冯后，将冯的一切举动均通过婢女密报袁世凯。袁死前曾感慨道：“予豢养左右数十年，高官厚禄，一手提拔，事到今日，无一人不负予！不意一妇人，对我始终报恩，北方文武旧人，当愧死矣！”

刘步蟾

⊙邓世昌死后，光绪帝垂泪撰联：“此日漫挥天下泪，有公足壮海军威。”清廷还赐给邓母一块用1.5公斤黄金制成的“教子有方”大匾。李鸿章在《奏请优恤大东沟海军阵亡各员折》中为其表功，说：“而邓世昌、刘步蟾等之功亦不可没者也。”

⊙助手宝鋆死后，恭亲王写过一首七律：“只将茶蕣代云觥，竹坞无尘水槛清。金紫满身皆外物，文章千古亦虚名。因逢淑景开佳宴，自趁新年贺太平。猛拍栏杆思往事，一场春梦不分明。”后来又把“猛拍栏杆思往事”一句删除，改成了“吟寄短篇追往事”。

⊙王照说：“中国之大，竟寻不

出几个明白的人，可叹可叹!”

⊙名报人徐铸成曾说：“邵飘萍、黄远生诸先生富有采访经验，文笔恣肆，而不长于经营。史量才、张竹平、汪汉溪诸先生工于筹计，擘画精致，而不以著述见长。在我所了解的新闻界前辈中，恐怕只有胡政之先生可称多面手。后起的如成舍我辈，虽然也精力充沛，编辑、经营都有一套，但手面、魄力，似乎都不能与胡相比。”

⊙蔡元培门生满天下。先生性和易，少言笑，而时有风趣之语，北大同学会在京成立，每逢五月四日必盛宴同学，奉蔡先生为上座，年年如此。先生颇苦之，一次戏语邻席曰：“吾辈此日真成吃‘五四’饭矣！”一座哑然。

⊙翁瑞午说话口无遮拦，有一次当着别人的面开陆小曼的玩笑：“你们晓得吗？小曼可以称为海陆空大元帅。因为王赓是陆军，阿拉是海军少将，徐志摩是飞机上跌下来的，搭着一个‘空’字。”陆小曼听后无言以对。

⊙1944年，闻一多在西南联大刻印出售，以应对当时的通货膨胀。儿子闻立鹤责问父亲：这是不是在发国难财？闻一多沉思半晌，说：“立鹤，你这话我将一辈子记着。”

⊙护国军起，袁世凯召来秘书张一麐，让他起草撤销帝制的文告，并对张一麐说：“吾今日始知淡于功名、富贵、官爵、利欲者，乃真国士也……我历事时多，读书时少，咎由自取，不必怨人。”

⊙杨度挽袁世凯联：共和误民国，民国误共和，百世而后再评此狱；君宪负明公，明公负君宪，九泉之下三复斯言。

⊙1899年，己亥交储之时，经元善串联商界名流与新党官员一千二百三十一人“公湊电资”，以上海电报总办的名义，向总理各国事务衙门与全国发出了这样一封电报：“昨日卑局奉到二十四日电旨，沪上人心沸腾，探闻各国有调兵干预之说，务求王爷、中堂大人公忠体国，奏请皇上力疾临御，勿存退位之思，上以慰皇太后之忧勤，下以弭中外之反侧。宗社幸甚，天下幸甚。”此举被赞为“飞电阻谏，电动全球”。

⊙梅贻琦在任命西南联大各学院院长、系主任时，偏向清华，于是引起北大师生不满。一日，蒋梦麟有事到蒙自文法学院，北大诸教授说起联大的种种不公平，一时群情激奋，纷纷表示要分校独立。钱穆发言时力排众议，说："国难方殷，大家应以和合为贵，他日胜利还归，各校自当独立，不当在蒙自争独立。"蒋梦麟说："今夕钱先生一番话已成定论，可弗在此问题上起争议，当另商他事。"一场风波就此平息。

⊙民国时期，梁启超两度出任阁员，先任司法总长，后任财政总长，但均无建树。时人说："任公（梁启超号）当财长，任内未能兴一利，革一弊。"周善培说："任公有极热烈的政治思想、极纵横的政治理论，却没有一点政治办法，尤其没有政治家的魄力。"

⊙"一二·一"惨案发生后一周，傅斯年由重庆来昆明，处理联大师生的罢课事件。傅斯年见到关麟征，第一句话就是："你杀了我的学生们，比杀了我的儿女更让我心痛。"

⊙慈禧太后去世后，蒋作宾在他所管辖的陆军部里积极从事"汰旧换新"工作。他的目标是将清军军官全部换成曾经出国留学或在国内新军校毕业、具有新思想、积极热忱的年轻人。可惜这项计划才推行到一半，辛亥革命便爆发了。事后，蒋作宾说："辛亥革命如果晚几年发生，后来的情况也许会大不相同吧！"

⊙鲁迅遗言：一、不得因为丧事，收受任何人的一文钱；二、赶快收殓，埋掉，拉倒；三、不要做任何关于纪念的事；四、忘记我，管自己的生活——倘不，那真是糊涂虫；五、孩子长大，倘无才能，可寻点小事情过活，万不可去做文学家或美术家；六、别人应许给你的事物，不可当真；七、损着别人的牙眼，却反对报复，主施宽容的人，万勿和他接近。

⊙20世纪20年代，杭州有剧团演出《光绪痛史》。康有为特地前往观赏，看到台上一个演员所饰者，正是戊戌变法中的自己。看完戏后，康感慨万千，特赋绝句抒愤：君臣鱼水庶明良，戊戌维新事可伤。廿五年来忘旧梦，无端傀儡又登场。犹存痛史怀先帝，更复现身牵老夫。优孟衣冠台上戏，岂知台下即真吾。

⊙林白水说："新闻记者应该说人话，不说鬼话；应该说真话，不说假话!"

⊙袁世凯死时，曾大叫"杨度误我"！为此杨度写挽联自辩："共和误中国，中国误共和；千载而还，再评此狱。君宪负明公，明公负君宪；九原可作，三复斯言。”

⊙李鸿章死后，严复写联说：“使当日尽用公言，成功必不止此；若晚节无以自见，士论又当如何?”

⊙1931年9月17日，杨度因患胃溃疡病逝于上海租界。临终前，他曾自挽一联以明志：“帝道真如，如今都成过去事；医民救国，继起自有后来人。”

袁世凯葬礼

⊙1916年6月6日，袁世凯死。蔡锷送挽联：“辛亥革命，你在北，我在南，野心勃勃，难容正人，惧我怕我，竟欲杀我；海内兴师，上为国，下为民，雄师炎炎，义无反顾，骂你笑你，今天吊你。”

⊙1927年5月5日，梁启超在家书中说：“我实在讨厌政党生活，一提起来便头痛。因为既做政党，便有许多不愿见的人也要见，不愿做的事也要做，这种日子我实在过不了。若完全旁观畏难躲懒，自己对于国家实在良心上过不去。”

⊙汪精卫投敌，吴稚晖说：“卿本佳人，奈何做贼。”噎得汪精卫三天吃不下饭。

⊙甲午战争之后，袁世凯奉旨在天津小站督练新军。刚干了一年，监察御史胡景桂便参奏袁世凯“嗜杀擅权”“克扣军饷，诛戮无辜”，以及用人“论情面大小食鬼遗多寡”等多条罪状。袁得此消息，十分懊恼，以至于“两旬来心神恍惚，志气昏惰，所有夙志，竟至一冷如冰。军事实无心详述”。

⊙郭嵩焘出使英国一年后，曾在日记中写道：“三代以前，独中国有教化耳，故有要服、荒服之名，一皆远之于中国而名曰夷狄。自汉以来，中国教化日益微灭，而政教风俗，欧洲各国乃独擅其胜，其视中国，亦犹三代盛时之夷狄也。中国士大夫知此义者尚无其人，伤哉！”

⊙陈布雷自杀前对王芸生说：“我如同一个已经出嫁的女人，只能从一而终了。”

⊙邓广铭临终前对女儿说：“我死了以后，给我写评语，不要写那些套话，‘治学严谨、为人正派’，用在什么人身上都可以，没有特点。”

⊙甲午海战失败后，李鸿章感叹道：“吾被举国所掣肘，有志焉而未逮也。”

⊙齐如山支持京剧明星梅兰芳把“国剧”发扬到国外，第一站去的是日本。当时，中国驻日本的代办公使搞了个盛大酒会，安排梅兰芳在酒会后演出节目。各国大使全都慕名前来，日本内阁更是倾巢出动，连总理大臣都到场了。然而，这个酒会花费的几千元钱外交部却不给报销。直到后来外长换人，这笔开销才得以解决。

⊙光绪推行新政，李鸿章洞悉东西各国情形，然而他所在的直隶，对新政却不“感冒”。张之洞督两湖，百端具举，却未尽人意。于是时人评曰：“张南皮（张之洞）闭目而奔，李合肥（李鸿章）张目而卧。”

⊙光绪二十一年，梁启超会参加试。副考官李文田对其试卷极为欣赏，决定录取，怎奈最后被正考官徐桐否决了。李遂在试卷上批了一句“还君明珠双泪垂”，以示惋惜。

◎文明的冲突

⊙1840年6月2日，英军入侵，两艘舰船驶入沈家门港口。官兵见后慌乱，张朝发却不以为然，说："夷船被风吹来，常有之事，无足惊讶。"后来有人报告夷船越来越多，张朝发急忙找下属商议对策，一个官员恍然大悟地说："广州禁烟，夷船被迫来此，此处将成贸易大码头，我等将加俸了。"

⊙1859年，法国钦差回国后，曾经寄送给清廷一部电报机作为礼品。然而恭亲王奕䜣却"以为无用相却"，又送还给人家。

⊙义和团仇视一切与洋人有关的东西，有用洋物者，如纸烟、小眼镜、洋伞、洋袜，必杀无赦。曾有六位学士路遇义和团，因身边带有铅笔一支、洋纸一张，便被乱刀拿下。还有一家因有一根火柴被搜出，结果一家八口全部被杀。

中西方技术在中国的碰撞（1905）。

⊙李鸿章接受美国记者采访，当问及他对美国的什么最感兴趣时，李说："我对我在美国见到的一切都很喜欢，所有事情都让我高兴。最使我感到惊讶的是20层或更高一些的摩天大楼，我在清国和欧洲都从没见过这种高楼。这些楼看起来建得很牢固，能抗任何狂风吧？但大清国不能建这么高的楼房，因为台风会很快把它们吹倒，而且高层建筑如果没有你们这样好的电梯设备也很不方便。"

⊙1900年7月，义和团进攻聚集在宋家河教堂的教民。先是用炸药包炸毁围墙攻入，杀死了所有修女，然后对困在教堂中的1000名男女老少施以焚烧，最后只有50人从窗口逃出。

庚子事变时，被义和团拆毁的火车站与火车头。

⊙辜鸿铭说："中国人的礼貌虽然不像日本人的那样繁杂，但它是令人愉快的。""日本人的礼貌是一朵没有芳香的花，而真正的中国人的礼貌则是发自内心，充满了一种类似于名贵香水般奇异的芳香。"

⊙义和团闹得最凶的时候，李鸿章曾到香港向英国港督卜力打探："我听说如果义和团把北京的所有公使全杀了，那么列强就有权进行合法的干预，并宣布'我们要立一个皇帝'。如果是这样，你们将会选择谁?"并暗示卜力：如果列强决定用一个汉族统治者来代替满族统治者，他本人是愿意的。卜力回答说：列强"大概会征询他们所能找到的中国最强有力的人的意见，看怎样做最好"。

袁大总统的八字牛角须　冯国璋、张勋、阎锡山（从上至下）均是此流行胡须。

⊙欧洲大战初起，德国雄风一世，威震世界。袁世凯于是一切师承德制：练兵步法改用德御林军步伐，选将也都用留德陆军学生，就连诸子的制服也仿效德国亲王的陆军制服样式，家教请的是德语教师，甚至袁世凯连胡子都模仿威廉二世的八字牛角须。

⊙在《中法北京条约》签约仪式上，法国特使葛罗男爵表现得很绅士。恭亲王事后向咸丰皇帝报告说："法夷较英夷更为恭顺。"

⊙1841年3月中旬，英军进攻广州。清军炮台守将与英军密商，说："你不放炮，我也不放炮，谁都不要放炮。我可以放六次空炮，给皇帝留个面子，然后各自走掉。"

⊙1881年，中国第一条铁路——唐胥铁路通车，并使用了中国制造的第一台机车头——"龙号"蒸汽机车头。通车没多久，清廷便以"机车直驶，震动东陵，且喷出黑烟，有伤禾稼"为由，下令禁止使用机车头，换之以驴马拖载，时人称为"马车铁路"。

⊙李鸿章在英国伦敦赴某贵族宴会，席间咳嗽，即随手取座前盛香槟的小玻璃杯，吐出浓痰一口，复置座前，举座皆惊。

⊙鸦片战争之前，许多人认为洋人吃的是牛羊肉磨成的粉，食之而不化，没有中国的茶叶、大黄就会"大便不通而死"。林则徐刚到广州时，断定英人不敢轻易开战，否则，中国只需禁运茶叶、大黄，英人定会大便干燥，不战而降。

⊙李鸿章访美时，对西方媒体说："只有将货币、

劳动力和土地都有机地结合起来，才会产生财富。清国政府非常高兴地欢迎任何资本到我国投资。”

⊙《李鸿章家族》一书中说：李鸿章不但请来美国驻天津领事馆毕德格教儿子学习洋文，他自己也学。毕德格曾为李鸿章“用中文朗读了不下八百部英文、法文和德文的书籍”，在女儿孩子的喂奶问题上，李鸿章在信中这样吩咐：“乳姆既可，啜食一年后，照西法喂牛乳。”

⊙李鸿章到德国拜会铁血首相俾斯麦，得意地说，有人恭维他是“东方俾斯麦”。俾斯麦沉吟片刻，说：“你是‘东方俾斯麦’，我自己却难望得到‘欧洲李鸿章’的称号。”

20世纪初骑“洋车子”的情侣，从此红盖头没了，代之手表、钻戒等。

⊙1903年4月13日《纽约时报》登载了一则电讯，其中说到张之洞送儿子出国留学的事：“张之洞自费将儿子送往美国留学，并让他与新任驻美公使梁诚先生一同赴美。3月4日从上海发来的消息称，此举引起当地舆论密切关注，并使当地那些达官贵人大为震惊。一般认为，这是国家有希望的进步迹象。”

⊙1841年，杨芳作为参赞大臣赴广州防剿英军，看到英军炮火几乎炮炮皆准，认为其中定有邪术，于是想出一条“以邪破邪”的妙计：遍收民间马桶、妇女用的秽带载于竹排之上，以抵抗英军进攻，结果惨败。时人写诗嘲讽曰：“粪桶尚言施妙计，秽声传遍粤城中。”

⊙英法联军协助清廷攻破太平军占领下的宁波后，《中国邮报》报道说：“（官军）于数小时内所破坏的较之叛军占领宁波五个月内破坏的要多得多。”《香港日报》也发表评论说：“再没有比联军从太平军手里夺取宁波的行动更荒谬、更无理、更不义的了。我们应该公正地把英国皇家兵舰丢弃的永垂不朽的可耻行为载于史册。”《泰晤士报》也承认：“毫无军纪的联军和中国官方雇用的洋枪队在宁波进行了大规模的破坏，遭到西方商人和中国官方的一致抱怨，不得不安排他们撤离。”

⊙太平天国治下的南京城人口很少，且女人和男人的比例约为2∶1。妇女们徒步或骑马，公开地在大街上招摇过市，身上无不穿着用精美的苏州丝绸做成的漂亮服装。一外国人见此写道："天王的部下似乎在他们得胜后的大屠杀中极具慧眼地把漂亮女人全部留了下来。我们几乎看不到老妪和女童，尽管有相当数量的男童。"

⊙李鸿章赴英女王御宴时，因为杯中咖啡太热，便倒入小碟内，一口一口呷而食之。座中皆贵客，无不掩口窃笑。女王是主人，唯恐这位中国上宾难堪，于是自己也倾咖啡于小碟内，照样举呷以陪李。

⊙在英国，李鸿章特意前去祭奠了戈登墓。戈登家人很是感激，便将一只爱犬相赠。此狗曾在英国的竞犬会上获得过第一名，乃名贵之物。回国后，李鸿章给戈登家人复信，以示礼貌，中有"厚意投下，感激之至，惟是老夫耄矣，于饮食不能多进，所赏珍味，感欣得沾奇珍，朵颐有幸"，云云。

戈登

⊙孙中山在伦敦时，有一天在操场打球。《泰晤士报》一记者霍氏与其相识，故意挥球直击孙的面门，还开玩笑说："这是英国人的打人法。"孙上前把霍氏拦腰抱住，放在膝盖上打其臀部，笑曰："这是中国人的打人法。"

⊙李鸿章喜欢抽烟，而西方国家在正式场合，特别是有女宾在场的情况下，是不允许抽烟的。李鸿章出席比利时国王的宴会，比之国王也很讨厌他抽烟，但为了"销售"比利时枪炮，便灵机一动，对众人说："李总督不在此列。"

⊙1896年3月，钦差大臣李鸿章赴俄国庆贺沙皇尼古拉二世加冕。俄国皇后向李鸿章伸出手来，李鸿章不知是吻手礼，以为皇后在向他索要礼品，急忙将慈禧太后送给他的一枚钻戒放在皇后手上。皇后将戒指戴上之后，说了声"谢谢"，再次将手伸出来。李认为皇后太过贪心，而自己又无其他礼物可送，只好愣愣地站着，情形十分尴尬。

⊙1861年，有感于近20年来夷务工作一再出现的怪现象，郭嵩焘说："吾尝谓中国之于夷人，可以明目张胆与之划定章程，而中国一味怕。夷人断不可欺，而中国一味诈。一切以理自处，杜其横逆之萌，而不可稍撄其怒，而中国一味蛮。彼有情可以揣度，有理可以制伏，而中国一味蠢。真乃无可如何。”

⊙1910年，伍廷芳出使美洲回来，向清廷上书《奏请剪发不易服折》，未获批准。伍遂在上海召开剪发大会，以身为率，剪去辫子。

1908年，伍廷芳在芝加哥，辫子还在。

⊙1874年，李鸿章上奏清廷，提出建设铁路的好处。他在奏折中说：“火车铁路，屯兵于旁，闻警驰援，可以一日千数百里，则统帅当不至于误事。”遭到朝中反对派的抵制，他们的理由是：“开铁路，山川之灵不安，即旱潦之灾易召。”

⊙1865年，英国利富洋行驻上海的头头雷诺，沿着川沙厅（今上海浦东）小岬到黄浦江口金塘灯塔间，偷偷建起一条专用电报线路，长21公里，电线杆227根。彼时洋人嚣张，寻常百姓见了都绕着走。而官府见这帮人有恃无恐，以为必有后台，也不敢上前询问。全中国第一条电报线就这样建成了。

1901年2月，丹麦大北电报公司在上海—吴淞之间敷设陆线（七股线）。

⊙1863年，英、法公使向清廷建议引入电报，但清廷对此毫无兴趣。当时的三口通商大臣崇厚就认为，电报这玩意儿“于中国毫无益处，而贻害于无穷”。甚至有谣言说那一根根杆子戳在地上，专门吸地气和死人魂魄，然后顺着线传到英吉利、法兰西，供洋人吸食。并说洋人食地气，如我民之吸鸦片，是上瘾的。

⊙甲午海战前，负责监听中方通信的日本电信课长佐藤爱磨成功地破译了清廷密码，而清廷对密码泄露全然不知。

⊙1841年5月，奕山战败，却在奏折中虚报战事大捷，而且语句离奇有如神话：“当观音山火药库中弹起火时，忽见一位白衣女神，展袖扑火，顷刻熄灭之。英军炮火猛攻之时，天忽降倾盆大雨，浇哑了英军大炮。”

⊙1843年，魏源的《海国图志》出版，国人无人问津，印刷数只有千册左右。1851年，日本海关在检查一艘中国商船时，翻出了三本《海国图志》，如获至宝，先后印刷了15版，且价格一路走高。1859年，价格比最初飙升了三倍之多。1862年，日本维新人士高杉晋作来到上海，吃惊地发现，在日本畅销的图书《海国图志》，在大清国竟然已成绝版。

⊙为了让慈禧支持铁路建设，1888年，李鸿章在中南海内，策划修建了一条由法国人全额出资赞助的，长为1500米的微型铁路，与之配套的还有一台小火车头和六节小车厢。慈禧大开眼界，开始支持铁路修建。不久，慈禧开始讨厌机车声响，遂实施改革，由太监们拉着车厢在轨道上缓缓滑行。

◇风雅

杨杏佛一家

⊙杨杏佛鼻大，胡适曾作诗嘲之，曰："人人有鼻子，独君大得凶。直悬一座塔，倒挂两烟囱。亲嘴全无分，闻香大有功。江南一喷嚏，江北雨濛濛。"

⊙王瑶听说陈平原不会喝白酒，摇头说："搞文学而不会喝酒，可惜，可惜！"他早年有一篇名文《文人与酒》，其中引杜甫诗"宽心应是酒，遣兴莫过诗"，认定"酒中趣正是任真地酣畅所得的'真'的境界，所得的欢乐"。

⊙汪曾祺回忆说，吴宓先生讲"红楼梦研究"，经常有后来的女生没有椅子坐。他看到后，马上就去旁边的教室搬来椅子，等学生都坐好，才开始讲课。吴先生此绅士之举，颇受到一些男生的追捧。

⊙1926年，张友鸾与同学崔伯萍完婚。张恨水因为他俩与《西厢记》中张君瑞和崔莺莺的姓氏巧合，于是填了一阕词，其中有"银红烛下双双拜，今生完了西厢债"之句，暗合得天衣无缝，遂传诵一时。

⊙1927年10月19日，天津《益世报》公布了蒋介石追求宋美龄的一封情书："余今无意政治活动，惟念生平倾慕之人，厥惟女士。前在粤时，曾使人向令兄姐处示意，均未得要领。当时或因政治关系，顾余今退而为山野之人矣，举世所弃，万念灰绝，曩日之百封战疆，叱咤自喜，迄今思之，所谓功业宛如幻梦。独对女士才华容德，恋恋终不能忘，但不知此举世所抛之下野武人，女士视之，谓如何耳？"

⊙1907年，陕西留学生党松年等人在东京创办《秦陇》杂志，请张凤翙写稿。张拒绝说："你们这些醋桶子用笔杆子革命，我们军人革命，要用枪杆子。"党遂一笑了之。

⊙1928年5月13日，梁启超在家书中说："我有极通达、极健强、极伟大的人生观，无论何种境遇，常常是乐观的。"

⊙杜威、胡适和蒋梦麟三人曾到北平西山游玩，无意中看到一只屎壳郎推着一个小小的泥团上山坡。它先用前腿来推，然后又用后腿，接着又改用边腿。泥团一点一点往上滚，快到上面时忽然滚回原地，屎壳郎则紧攀在泥团上翻滚下坡。然后从头做起，重新推着泥团上坡。胡适和蒋都说：它的恒心毅力实在可佩。杜威却说：它的毅力固然可嘉，它的愚蠢实在可怜。

⊙20世纪30年代初，鲁迅的三闲书屋印行文艺书籍，为此他还打了一份广告："敝书屋因为对于现在出版界的堕落和滑头，有些不满足，所以仗了三个有闲，一千资本，来认真绍介诚实的译作，有益的画本，货真价实，童叟无欺。宁可折本关门，决不偷工减料。买主拿出钱来，拿了书去，没有意外的奖品，没有特别的花头，然而也不至于归根结蒂的上当。编辑并无名人挂名，校印却请老手动手。因为敝书屋是讲实在，不讲耍玩意儿的。"

梁实秋，冰心说他最像花一样的男子，鲁迅痛斥他为一条走狗。

⊙梁实秋曾写《谈麻将》一文，但其本人并不擅长打麻将。好友酣战，他总是作壁上观。为此他解释说："我不打麻将，并不妄以为自己志行高洁。我脑筋迟钝，跟不上别人反应的速度，影响到麻将的节奏。一赶快就出差池。我缺乏机智，自己的一副牌都常照顾不过来，遑论揣度别人的底细？既不知己又不知彼，如何可以应付大局？打牌本是娱乐，往往反寻烦恼，又受气又受窘，干脆不如不打。"

⊙1941年前后，吴宓住在玉龙堆联大教授宿舍，多人共居一室，难免相互干扰。吴宓与陈省身住里间，外间很乱，通宵打桥牌、抽烟更是常有的事。吴宓为此很是苦恼，他在11月18日的日记中写道："晚8:00寝，而诸人在堂中斗牌吸烟，致宓直至夜半不能入寐。烟刺宓脑齿并痛，苦闷极矣！"

⊙辜鸿铭曾对学生约法三章："第一，我进来时，你们要站起来，上完课我先出去，你们才能出去。第二，我向你们问话或你们向我提问，你们都要站起来。第三，我指定背的书，你们都要背，背不出的不能坐下。"

⊙1884年，恭亲王奕䜣被罢免，丁韪良于6月1日为《哈泼斯》杂志撰文，忧心忡忡地说："斯巴达曾经在两位国王的共同统治下实现和谐，罗马也曾在两位执政的共同领导下走向成功。如今，恭亲王已经被打倒，获得胜利的这两位'教育程度低下的女性'（按：指两宫太后慈安和慈禧），能领导好中国吗？"

⊙蒋梦麟说："有人说北京大学好比梁山泊，我说那么我就是一个无用的宋江，一无所长，不过什么都知道一点。古语所谓'家近通衢，不问而多知'。我在大学多年，虽对各种学问都知道一些，但总是博而不专，就是这个道理。"

⊙1918年，梅贻琦与韩咏华订婚，消息被韩咏华的同学陶履辛得知，急忙跑来对韩咏华说："告诉你，梅贻琦可是不爱说话的呀。"韩咏华说："豁出去了，他说多少算多少吧。"

⊙吕碧城在12岁时写了一首词："绿蚁浮春，玉龙回雪，谁识隐娘微旨？夜雨谈兵，春风说剑，冲天美人虹起。把无限时恨，都消樽里。君未知？是天生粉荆脂聂，试凌波微步寒生易水。浸把木兰花，谈认作等闲红紫。辽海功名，恨不到青闺儿女，剩一腔毫兴，写入丹青闲寄。""诗论大家"樊增祥看后惊叹不已，断不敢相信"夜雨谈兵，春风说剑"的词章竟出自一个小女孩之手！

⊙梁实秋回忆说，抗战时卢前在北碚的国立礼乐馆掌管礼组，于是他便戏问卢前："吾闻之，'修身践言，谓之善行，行修言道，礼之质也。'先生何行何道，而敢言礼？"卢前嘿嘿一笑，回道："你不知吗，'礼失而求诸野'？"由此，卢前把自己居住的几间陋室题作了"求诸室"。

⊙唐兰和照料他的女孩子有了感情，为她写了好多诗词。他对此从不讳言，反而抄出来请中文系的教授、讲师们传看，都是"花间体"的。罗常培看过后说："写得很艳！"

⊙石评梅曾为情所困，她在日记中写道："情感是个魔鬼，谁要落在他的手中，谁便立刻成了他的俘虏。"在诗中写道："心头的酸泪逆流着，喉头的荆棘横鲠着，在人前，都化作了轻浅的微笑。"

⊙1920年5月，在法国小镇蒙达尼，蔡和森、向警予宣布结合，其结婚照为二人同读一本打开的《资本论》，他们还将恋爱中互赠的诗作收集出版，题为《我们一起向上看》。当时，人们把他们的结合称为"向蔡同盟"，堪比"刑场上的婚礼"中的陈铁军、周文雍。遗憾的是，仅仅六年之后，"向蔡同盟"便宣告解体了。

⊙陆小曼给徐志摩写的挽联十分伤心。上联是："多少前尘成噩梦，五载哀欢，匆匆永诀，天道复奚论，欲死未能因母老。"下联为："万千别恨向谁言，一身愁病，渺渺离魂，人间应不久，遗文编就答君心。"

⊙在一个讨论汉字注音符号的大会上，一个名叫王照的学者与吴稚晖争论得面红耳赤，情急之下突然破口大骂："老王八蛋，只知道嬉皮笑脸。"众人大惊，以为必将引发战争，孰料吴却哈哈一笑，说："哎呀，你弄错了吧，姓王的不是我，我姓吴。"

⊙蔡元培平易近人，常与学生打成一片。一次他与学生座谈，问在场学生："一加一等于几?"学生们不明就里，以为此问必有高深，皆不敢贸然回答。过了很久，才有一个学生鼓足勇气说："先生，一加一等于二。"蔡元培当即大笑，说："对嘛。一加一就等于二嘛。你们这样崇拜甚至迷信偶像，竟然连真理都不要了。"

⊙郭沫若、郁达夫为文热情奔放。达夫好于文中连用"啊啊"二字，沫若则善用"哟"字，如"妻哟"、"仿吾哟"之类，取二君作品验之，则随处可见。吴稚晖笔调辛辣，亦有一习惯，喜于文中连用"呸呸呸"三字，读之声容并茂。于是有好事者乃作一诗调侃三公，末二句是："各有新腔惊俗众，郁啊郭哟稚晖呸。"

⊙吴稚晖曾作过一首俚歌描绘性事："血气方刚，切忌连连；二十四五，不宜天天；三十以上，要像数钱；四十出头，教堂会面；五十之后，如进佛殿；六十以上，好比拜年；七十以后，解甲归田。"

⊙某次课期，王湘绮先生出赋题，某生赋中有"船中一支曲，曲中是何人"

二语。先生批曰："是耒阳人。"学生不解，遂问其故，答曰："耒阳驶船人喜吹小笛，此生殆写实非用典。"

⊙1875年，章太炎六岁。一日雨天，父亲章浚在家邀请了十余位文人、亲友，边饮酒边吟诗词。一老先生酒兴上来，情趣盎然，令小太炎应景诵诗一首。小太炎略作思考答诵："天上雷阵阵，地下雨倾盆；笼中鸡闭户，室外犬管门。"

⊙1922年，萧楚女担任《新蜀报》主笔，以"楚女"之名发表文章，受到读者青睐，一时间，求爱信如雪片般飞来。见此情形，萧楚女遂在报上刊登启事，曰："本报有楚女者，绝非楚楚动人之女子，而是身材高大、皮肤黝黑并略有麻子之一大汉也。"

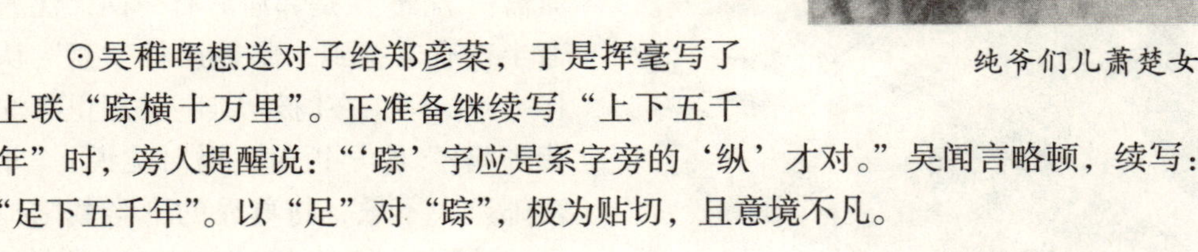
纯爷们儿萧楚女

⊙张謇读私塾时，老师出上联："月沉水底。"张对曰："日悬天上。"老师又出上联："人骑白马门前去。"张应声作对："我踏金鳌海上来。"

⊙吴稚晖想送对子给郑彦棻，于是挥毫写了上联"踪横十万里"。正准备继续写"上下五千年"时，旁人提醒说："'踪'字应是系字旁的'纵'才对。"吴闻言略顿，续写："足下五千年"。以"足"对"踪"，极为贴切，且意境不凡。

⊙冯自由回忆说："中山（孙中山）毕生不嗜烟酒，读书之余，间与人下象棋，然习之不精，好取攻势而懈于防守，故易为敌所乘，余与胡汉民何香凝等皆尝胜之。外国纸牌尤非其所好，然颇精于三十年前盛行之广东天九牌，乙巳以前居横滨时，每与陈四姑（陈香菱）、张能之夫妇玩之。"

⊙章太炎有手钞秘本数十册，蝇头小楷，极精善，皆汉、魏以前最好文调。故其作文，渊雅古茂。一日，太炎为人作文，末有"是真命也夫，君子"之句。刘成禺说："先生虽套用四书'吾知勉矣夫，小子'，实从先生秘本中得来。"太炎怒目相视。

⊙吴稚晖的书斋起名为"寄"，并曾作妙文"寄序"，其中有两句说："虽有佳丽，未由缱绻。"意思说进入老年，精力衰退，虽有佳丽在旁，也是无能为力了。

⊙陈衡哲给胡适写信称先生，胡适回信说：“你若‘先生’我，我也‘先生’你。不如两免了，省得多少事。”陈女士回曰：“所谓‘先生’者，‘密斯特’云也。不称你‘先生’，又称你什么？不过若照了，名从主人理，我亦不应该，勉强‘先生’你。但我亦不该，就呼你大名。还请寄信人，下次寄信时，申明要何称。”胡适回：“先生好辩才，驳我使我有口不能开。仔细想起来，呼牛呼马，阿猫阿狗，有何分别哉？我戏言，本不该。下次写信，请你不用再疑猜，随你称什么，我答应响如雷，决不再驳回。”

黄遵宪

⊙黄遵宪在一首咏轮船的诗中，前面大写女子盼夫早归之思，说虽有轮船火车犹嫌太慢，然后笔锋一转写道：“去矣一何速，归定留滞不？所愿君归时，快乘轻气球。”（按：诗中的轻气球指的是飞艇）

⊙潘光旦任教清华大学时，和沈茀斋（沈履）是邻居。有一回，沈茀斋半夜有电报到，邮差误将“斋”认作“齐”字，在门外大叫：“屋里有沈茀齐吗？”吃早饭时，潘对沈说：“昨夜邮差大不敬，将尊兄的下半截割掉了。”同桌吃饭的人大笑不已，冯友兰几笑到喷饭。

⊙读联大时，朱德熙与何孔敬谈恋爱，两人带着干粮去大观楼茶馆休闲。朱德熙教何孔敬唱昆曲，一唱就是一天。此后二人更是一人吹笛，一人吟唱，遂成夫妻间的乐事。

⊙冯友兰祖上有一辈是习武的，遗留下来许多兵器。他小时候常同堂兄弟们拿出来玩，所以养成一种收藏旧兵器的爱好。在联大时，冯友兰授课之余，不是舞文弄墨，而是舞刀弄枪搞收藏。新中国成立以后，冯友兰将其收藏的各式兵器619件，全部捐给了历史博物馆。

⊙联大学术自由，对学生的管理也比较宽松。汪曾祺曾这样回忆自己的大学经历：考入大学，我经常逃课，有时，深更半夜，我端坐大树的树枝之上，对着明月吹笛，一度被视为联大学生中的另类。

⊙黄遵宪曾写过一首咏物诗，可以拿来作谜面："朝寄平安语，暮寄相思字。驰书迅已极，云是君所寄。既非君手书，又无君默记。虽署花字名，知谁箝纸尾。寻常并坐语，未遽悉心事。况经三四译，岂能达人意！只有斑斑墨，颇似临行泪。门前两行树，离离到天际。中央亦有丝，有丝两头系。如何君寄书，断续不时至？每日百须臾，书到时有几？一息不见闻，使我容颜悴。安得如电光，一闪至君旁！"答案很简单：电报。

⊙梁思成与林徽因在北海快雪堂松坡图书馆约会，徐志摩常去凑热闹。梁思成不悦，便在门上了贴了一张纸条，上写："Lover want to left alone"。（情人不愿受扰）

⊙张继拜访林森，对方恰巧不在，只好留下一张纸条离去。次日，他收到林森一张小笺："公临我不获，罪甚罪甚，返寓见留言，喜极喜极！覆草请速来，勿却勿却！入夜谋一醉，乐乎乐乎！"张继提笔回道："来沪先造府，唐突唐突！坐了冷皮凳，不快不快！既约我小饮，算数算数！勿作再亡羊，至祷至祷！"

⊙王瑶曾为《清华纪念刊》写过一篇"自我介绍"，传诵一时："迩来垂垂老矣，华发满颠，齿转黄黑，颇符'颠倒黑白'之讥；而浓茗时啜，烟斗常衔，亦谙'水深火热'之味。惟乡音未改，出语多谐，时乘单车横冲直撞，似犹未失故态耳。"

⊙张謇好作谐语，出言成趣。科举时，他曾戏邻座某君："君名场蹭蹬，盖屁股未尝红肿耳！"某君不悦。张说："你没听说过板子头上出状元的话吗？我小时候逃学，老师必定让我脱了裤子，用鞭子打我屁股，挨打次数不在庚子赔款数目之下。"某君听后饭喷。

⊙卢前体胖，1936年，张恨水、张友鸾、卢前、左笑鸿等几位友人相聚，酒过三巡，张友鸾忽然大谈扑克牌之奥秘。左笑鸿说，扑克牌最高分为"同花顺"，于是仿效王渔洋的"郎似桐花，妾似桐花凤"吟出："又是同花，又是同花顺。"张恨水立即接过去说："冀野（卢前字）辞藻无伦，而身体肥硕，可赠以词：'文似东坡，人似东坡肉。'"席上恰有一盘"东坡肉"，一语双关，举座闻之大笑。

⊙梁实秋、罗隆基等人偷看胡适日记，胡先是笑容满面地说："你们怎可偷看我的日记？"之后严肃地说，"我生平不治资产，这一部日记将是我留给我的儿子们唯一的遗赠，当然是要在我死后若干年才能发表。"

⊙郭沫若生性浪漫，把女人和爱看得比生命还重要，他与田汉通信说："花呀！爱呀！宇宙底精髓呀！生命的源泉呀！"

⊙梅贻琦的儿媳、北大退休教授刘自强回忆："他的情趣是那种很单纯的……一种很特别的幽默感。""那时候校长住在清华园甲所。我有一次去他那儿，梅太太病了，我就看见他到前面的小花园里，摘了一朵他自己种的花，紫色的，不知道叫什么名字，到梅太太的卧室去送给她。"

⊙冯玉祥学作新体诗，有《妇女》一首，曰：可怜的妇女！被缚的妇女！何时才得解放你？嘴唇染得真红啊！脸面擦得好白啊！金耳坠宝石坠那样长，走起路来叮叮当当响，好似骆驼颈挂上了铃铛。高跟鞋，度数大，跌筋斗，不怕吗？你的行动比缠足更苦吧！镶宝石的手镯辉煌，镶钻石的戒指耀光，上下衣服一片薄纱，看透了真美人——肉麻。你不是求平等吗？你不是想自由吗？为何这样自我捆缚？这是男子的玩物；更是女性的自杀！我盼望你！向真解放的路上挣扎。

胡先生高大威猛，丁玲小鸟依人。

⊙季羡林回忆："丁玲的出现，宛如飞来的一只金凤凰，在我们那些没有见过世面的青年学生眼中，她浑身闪光，辉耀四方。济南的马路坑坑洼洼，胡先生（胡也频）个子比丁玲稍矮，而穿了非常高的高跟鞋的丁玲'步履维艰'，有时要扶着胡先生才能迈步。学生们看了觉得有趣，就窃窃私语说'胡先生成了丁玲的手杖'。"

⊙林语堂是"幽默大师"，他曾举释迦、基督之言来阐释幽默的精义，说："我们人都是有罪的，但我们也都是可以被宽恕的。"

⊙苏曼殊有一次给柳亚子写信，

落款为“写于红烧牛肉鸡片黄鱼之畔”，柳亚子看后，不禁莞尔。

⊙抗战胜利后，上海有某穷教员，住一亭子间，以卖稿为副业，而仍不得温饱，乃自作一联云：“伤心亭子间中，黯淡电灯，替学生改么呢的了；埋首故纸堆里，凄惨稿费，为举家供柴米油盐。”读之凄然。

⊙清华校长梅贻琦和韩咏华夫妇到冰心家中度周末。梅见桌上有一首宝塔诗，是冰心为调侃夫婿吴文藻所作，诗中说吴文藻是一个傻姑爷，并说“原来教育在清华”。梅贻琦看后，妙笔一挥，续写两句：“冰心女士眼力不佳，书呆子怎配交际花。”在座学者看后哈哈大笑，冰心只好自认“作法自毙”。

冰心与吴文藻

⊙有署名昭陵叟者，作《教书苦》新乐府一章云：“教书苦，教书苦，舌焦唇敝，搜肠枯肚，兀兀终日，无问寒暑。一年新俸几何多，仰事俯蓄而无补。既不如老农，又不如老圃，复不如行商，更不如坐贾。妻寒不能暖，儿饥不能抚。有钱之人嗤以鼻，邻里乡村羞与伍。况复末世趋颓风，今日人心已不古。教育居然有派系，不论人才论门户。洁身自好遭排挤，曲事逢迎得称许。怀才慎勿露锋芒，恐防校长猜疑汝。今年未了患明年，明年教书在何所？君不见大学教授亦闹穷，纷纷还闻解聘中。”语语辛酸，不忍卒读。

⊙20世纪20年代，上海泥城桥开了一家叫“四而楼”的酒馆。很多人不明白“四而”是啥意思，就去请教时任上海公学校长的胡适。胡对此也是百思不得其解，但碍于脸面，遂亲自前往“四而楼”小酌，寻机向主人探问究竟。主人说，楼名取自《三字经》的“一而十，十而百，百而千，千而万”，故曰‘四而’，是为了图个一本万利的彩头。胡听后几欲晕倒。

⊙章太炎曾在北京《顺天时报》上刊登《征婚告白》，提了五个条件：一要湖北人；二要大家闺秀，性情开放；三要通文墨，精诗赋；四是双方平等；五是夫死可嫁，亦可离婚。结果无人应征。革命胜利后，章太炎再次征婚并提出如下标准："人之娶妻当饭吃，我之娶妻当药用。两湖人甚佳，安徽人次之，最不适合者为北方女子，广东女子言语不通，如外国人，那是最不敢当的！"

⊙蒋廷黻问公认的汉代史权威杨树达先生："杨教授，你能给学生和我正确扼要地讲一讲汉代四百年间都发生过什么事，汉代重要的政治、社会和经济变化如何吗？"杨面有难色，表示自己从未想过这些问题，书中没有讨论过。

⊙蒋光赤因为自己的作品不被理解发牢骚，说："外国作家常得女读者来信赞赏，但中国女读者从不晓得写信给作家。"

⊙抗战期间，西南联大时常要"跑警报"（躲避空袭）。有人在院子里挖了一个坑，上面盖上一块很厚的木板，人可入坑躲避。陈寅恪因而作了一副对联：见机而作，入土为安。

⊙沈从文第一次登台授课，慕名而来的学生甚众。他抬眼望去，见黑压压一片人头，心里陡然一惊，呆呆站立近十分钟才开口，而预定一小时的授课内容，也在忙迫中十多分钟讲完，再次陷入窘迫。无奈之下，沈拿起粉笔在黑板上写道："我第一次上课，见你们人多，怕了。"下课后，学生议论纷纷："沈从文这样的人，半个小时竟也讲不出一句话来。"胡适听闻后笑着说："上课讲不出话来，学生不轰他，这就是成功。"

◎命运乎

⊙民国时期，上海滩最红的旦角是有“伶王”之称的梅兰芳，男扮女装；最红的生角是孟小冬，女扮男装。遂有好事者促成他们合演了《四郎探母》、《游龙戏凤》，男女角色颠鸾倒凤，二人也由戏生情，因情入戏，成就了一段民国绝恋，为世人赞叹。

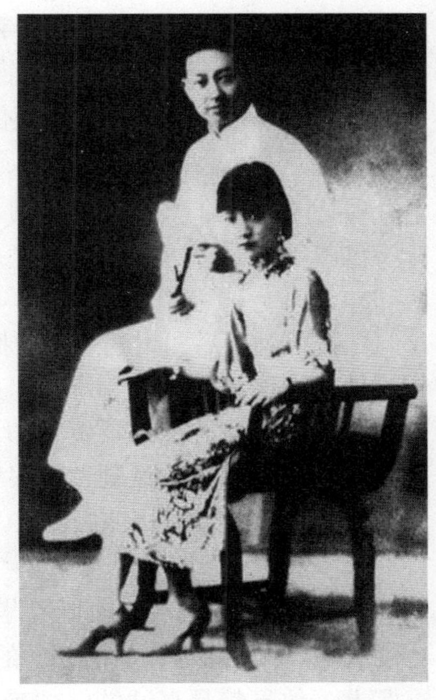

梅兰芳与孟小冬，下图孟小冬比何润东还帅。

⊙张作霖的六太太马月清是穷苦人家出身，小时候被卖到天津的一家妓院做艺妓。张作霖到天津时，看中了马姑娘。张看中马月清并非因其貌美，而是因为她生得“福相”。

⊙1889年4月，荒尾精向日本参谋本部递交了一份《复命书》。这份报告认为：清国的“上下腐败已达极点，纲纪松弛，官吏逞私，祖宗基业殆尽倾颓”。而中日两国“唇齿相保、辅车相依”，清国一旦不保，日本势将进退维谷。“清国之忧即日本之忧也”，因此，日本应该先发制人，抢在列强前头。

⊙张作霖曾在帅府内为他的五太太寿懿盖了一座小青楼，与他的大青楼相对。皇姑屯事件后，张作霖就是在小青楼里走完了生命的最后几天。

⊙邵飘萍对家人说：“张作霖用30万买我，这种钱我不要，枪毙我也不要！”后来他被张作霖枪毙。

⊙胡林翼晚年任湖北巡抚。一次路过长

江，正好见到湘军水师浩浩荡荡逆流而上，鼓着风帆乘风破浪。胡林翼很自豪，感觉非常提气。这时，突然有一艘英国的火轮船迅速超越了湘军水师，激起的波浪还把湘军的一条船掀翻了。胡林翼一个跟头从马上摔下来，醒来第一句话就是："天要变了。"

⊙吕碧城给袁世凯担任机要秘书时，常与高僧谛闲和尚谈禅。谛闲和尚对她说："欠债当还，还了便没事了；但既知还债的辛苦，切记不可再借。"吕碧城感悟颇深，后来于1930年在瑞士皈依佛门，法名曼智，自号圣因法师。

⊙1908年，在革命气氛影响下，西安街上民谣四传："不用掐，不用算，宣统不过两年半。"

⊙抗战胜利后，梁鸿志被关押在楚园。孙曜东认为他必死无疑，因为曾有人告诉他，说梁鸿志"长着一对'猪眼'，这种人相书上说过，头要'过铁'"，即要被杀头。孙对此深信不疑，却不知"猪眼"何意。十年后，孙被发配到安徽的茅岭农场养猪，方才见到"猪眼"，原来猪眼看人是用眼角从下往上"斜挑"着看，与梁鸿志看人情状神似。

⊙1909年8月28日，美国驻华公使馆代办费莱齐说：中国过快的政治改革将可能失控，"袁世凯和慈禧太后的宪政改革正在由摄政王加以筹备，在执行预备立宪上，他显然是真诚的。的确，很有可能他感到无力逆潮流而动，相信缓慢地往前走，试图减少一些风险。但对中国引入代议制的不安，不仅限于保守派，一些最开明的官员，由于了解中国人的性格，也担心宪政运动很可能失控"。此前，日本人伊藤博文也曾说：中国过快的政改将导致帝国的颠覆，革命将在三年内发生。

⊙段祺瑞被免职后，国会通过的新总理李经羲不肯到任，声言须十三省督军盟主张勋同来才能就职。于是黎元洪发出邀请张勋进京"调停国事"的总统令。段祺瑞得知后，对幕僚曾毓隽说："黎此举必上当也。"

⊙说起刘师培，黄侃曾慨叹道："有清一代有三个天才，都是36岁就去世。前清有孔广森，中间有戴望，晚清有刘申叔（刘师培）。可惜可惜。"

⊙甲午战起，北洋水师身陷危局。大敌当前，"来远"号和"威远"号两舰舰长却照常上岸嫖妓，二舰于当晚即被日军鱼雷击沉……

⊙1891年，东京湾防卫司令官东乡平八郎应约上“定远”舰参观，发现中国水兵在两尊主炮炮管上晒裤子。东乡回国后对同僚说：“其藐视武装若此，终不堪一击也！”

⊙1926年10月3日，徐志摩与陆小曼在京结婚，央请梁启超证婚。梁当着满堂宾客，把新郎新娘狠狠训了一顿，第二天还写信给女儿梁令娴，说：“我昨天做了一件极不愿意做之事，去替徐志摩证婚。他的新妇是王受庆（王赓）夫人，与志摩恋爱上，才和受庆离婚，实在是不道德至极……我又看着他找得这样一个人做伴侣，怕他将来苦痛更无限，所以想对那个人（陆小曼）当头一棒，盼望她能有觉悟，免得将来把志摩弄死，但恐不过是我极痴的婆心罢了。”

⊙第8师参谋长施有仁说：吐丝口覆灭的73军和整46师，把番号的两个字加起来，都是推牌九的鳖十。孟良崮覆灭的整74师，番号两个字加起来也只得一点，假若赌牌九找到他们这些点，哪有不输光的道理。再看看我们54军，5加4是九点，第8师不用说是八点，36师3和6加起来是九点，焉有不胜之理？

⊙1912年“双十”节，袁世凯授予孙中山、黄兴等七人“大勋位”，黄兴当即复电谢绝。随后袁世凯派人将勋章、授勋令与陆军上将的委任状一起送到上海，同时送去的还有几件礼物和两匹英国种的枣骝玉点马。黄兴将所有东西退回，单单留了那两匹马。儿子黄一欧问何故，黄兴说：“因为将来我还要打仗的。”

黄兴

⊙张作霖的四太太许澍阳家里很穷，跟母亲相依为命，一次清早到井边打水，被张作霖撞见并看上。许澍阳进帅府后，一心追求上进，努力学习文化，并且非常重视子女的教育，后来共和国的海军参谋长张学思就是她的儿子，另一个儿子张学曾后来也做了联合国官员。

⊙徐世昌曾请人替女儿算命，得出“主大富贵，当为后”。如是，则将来的外孙就是皇帝。为了达到这个目的，徐积极撮合女儿嫁给溥仪，同时派人与张勋商议复辟，以便将来出任“辅政王”，如此便能以辅政王兼国丈的身份独揽朝纲。可惜他的如意算盘被张勋识破，并抢得先机。

⊙郭绪栋在吴佩孚未发迹时对其有恩。郭回乡时，吴保举郭做山东盐运使，郭嫌小，说："难道我就不够当一任省长吗？"于是吴又保荐郭做省长。郭继续提要求："我不做省长则已，要做就在山东本省露脸，这才光宗耀祖。"吴于是又大费周折地为其谋到山东省长之位，结果郭还没到任，便一病不起，伸腿离世了。

⊙1916年正月十五，当了十五天皇帝的袁世凯正在吃元宵。有三位姨太太为了"妃"、"嫔"之称，当着他的面争论起来。袁世凯长叹一口气，说："别闹啦！你们都要回彰德，等着送我的灵柩一块儿回去吧！"说完回办公室去了。

⊙张勋发动复辟前，与康有为扶乩问吉凶，乩语出现杜甫诗句"落花时节又逢君"。但何时为"落花时节"呢？于是又乩出李白诗句"江城五月落梅花"。张掐指一算，1917年农历五月在阳历6月底与7月间，遂决定于7月1日发动复辟。及至失败后，张勋想此次见到了溥仪，"又逢君"是没错的，可没考虑"落梅花"的下场，怪自己对神意未能充分领悟，致有此失。

⊙为和宋美龄结婚，蒋介石让陈洁如暂时离开中国五年。为使陈同意，蒋在佛前立誓："我发誓，自今后五年起，必恢复与洁如的婚姻关系。如若违反，祈求我佛将我殛毙，将我的南京政府打得粉碎。如果我不对她履行我的责任，祈求我佛推翻我的政府，将我放逐于中国之外，永不回来。"

⊙唐继尧幼孤，相传其宗祠有池，唐未生前，池有青蛙，于天气晴朗时，常出池塘跳跃陆地，金碧头角，峥嵘异常，人以为罕，亦不之扰。迨唐生时，池水雷鸣，蛙即不见，由是遐迩相传：唐为神蛙再世，异日必非凡品。

⊙黄兴出生于同治十三年九月十六日，阳历为10月25日。纵观黄的一生，重要经历都与10月有关：生于10月，病逝在10月，革命大业成功于10月10日的武昌首义，得病也是在10月10日，可说是极为巧合。

⊙西安事变后，宋美龄冒险去西安营救蒋介石。蒋见到宋时，把早上读到的《圣经》中的一段念给她听："耶和华将会有新作为，将令女子护卫男子。"

⊙黄侃常言："五十之前不著书。"1935年，黄侃五十岁生日，章太炎亲赠一副对联：韦编三绝今知命，黄绢初成好著书。无意中暗合了"绝命书"三字。当年10月8日，黄侃因饮酒过量吐血而死。章太炎一语成谶，悔痛不已。

⊙张之洞任湖广总督时，某次将入京公干，僚属设宴于黄鹤楼为其饯行。梁鼎芬得知后，反对其赴宴，并解释说："黄鹤楼绝不可去！前人崔灏不是有诗谓'黄鹤一去不复返，白云千载空悠悠'吗？若去了，岂不暗指您此番赴京，再也不能回任？"张之洞听后点头，遂决定不赴此宴。

张之洞

⊙一位友人曾对李叔同说："曼殊一出家，你们这些开伤感主义风气之先的文人，就更认定人生是悲剧，是苦空无常。"1918年6月，苏曼殊死后第17天，李叔同在杭州虎跑寺削发为僧，号弘一大师。

⊙张作霖的五太太寿懿，父亲是黑龙江将军寿山，为寿山侧室所生。寿山死后，母女受排挤。母亲王氏很要强，就把希望寄托在女儿身上，省吃俭用供女儿读书，希望她有一天出人头地。寿懿很争气，在中学里品学兼优，被学校选中在毕业典礼上发言。正巧张作霖光临毕业典礼，之后没多久就把寿小姐娶进府里。

⊙吕碧城因被舅父严凤笙责骂而离家出走，等她功成名就时，她舅父却"因事被劾去职"，袁世凯甚至还让他协助外甥女参与筹备创办女学事宜。严无地自容，却也只好"忍气权从"。吕碧城后来在回忆中写道："余之激成自立以迄今日者，皆舅氏一骂之功也。"

◇兄弟袍泽

秋瑾（上）吕碧城（下）一个将中性的阳刚、一个将柔弱的华贵演绎到极致。

⊙秋瑾遇难后，无人敢为其收尸，吕碧城冒着极大风险安葬了好友。看守清军得知收尸者正是“绛帷独拥人争羡，到处咸推吕碧城”的吕碧城时，也只好作罢。之后，吕又在纽约、芝加哥等地的报纸上连载《革命女侠秋瑾传》，使得秋瑾的传奇故事传遍五湖四海。当时直隶总督袁世凯按说应该逮捕吕，但是一直没有动手。

⊙西南联合大学成立后，张伯苓、蒋梦麟、梅贻琦三人组成常务委员会，共同负责学校行政。张伯苓深知此种情况极易产生矛盾，因此就将管理职权全部交给蒋、梅二人，自己则前往重庆南开中学。他对蒋梦麟说：“我的表你戴着”，意即“你代表我”。后来，蒋梦麟也另兼他职。于是，西南联合大学的具体事务都由梅贻琦一人掌管。

⊙1916年8月，孙中山先生来到浙东。陈去病辞去浙江省府秘书之职追随左右。孙先生感慨道：“从我游者二三子外，唯吴江陈子去病与焉……以十年袍泽，患难同尝，知去病者，宜莫余若。”

⊙袁世凯被罢官后，只有杨度和严修等数人到车站送行。袁说：“二君厚爱我，良感，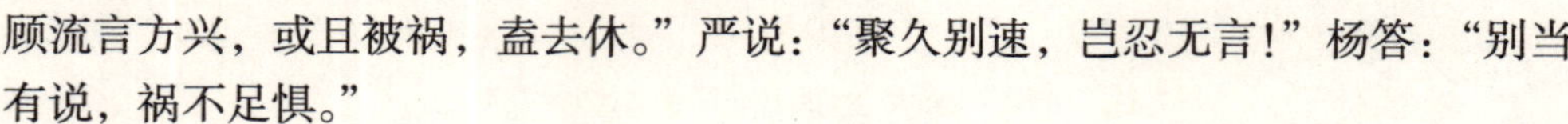
顾流言方兴，或且被祸，盍去休。”严说：“聚久别速，岂忍无言！”杨答：“别当有说，祸不足惧。”

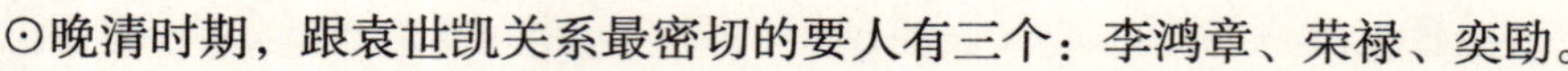
⊙晚清时期，跟袁世凯关系最密切的要人有三个：李鸿章、荣禄、奕劻。

⊙袁世凯称帝时期，革命党与反对帝制派群集上海，而复辟党与清室遗老们也以上海为中心反袁。两派于是宴会来往，俨然一家。李梅庵评论说："昔赵江汉与元遗山，相遇于元都，一谈绍兴、淳熙，一论大定、明昌，皆为之呜咽流涕，实则各思故国，所哀故不相侔。吾辈麇淞沪，复辟排满，处境不同，其不为李骞期则同，皆不赞成袁氏帝制自为也，吾辈其金、宋两朝人乎！"

福建事变时，谭启秀（左一）、蔡廷锴合影。

⊙谭启秀与蔡廷锴是广东罗定老乡，自从1929年调至蔡手下，不论是淞沪会战还是福建事变，谭数度顶起老乡长官。福建失败后蔡被流放海外，谭依然陪伴左右。

⊙汤玉麟脱离张作霖后，重新干起土匪的老本行，张几次叫他回去都不肯。有一天张作霖过生日唱戏，其中有一出关羽和张飞的《古城相会》。老张看了忽然泪下，众人问故。张说："人家兄弟失散了还能相会，咱弟兄一去就不回来了！"这话传到汤玉麟耳朵里，汤大为感动，遂主动回队。

⊙杜月笙应八路军驻沪代表潘汉年的要求，将从荷兰进口的一千套防毒面具，赠送给晋北前线的八路军将士使用。他还曾弄到了一批通信器材、装甲保险车等，送给中共将领。

⊙为了让梅兰芳到欧美国家去访问演出，齐如山费了三个月工夫写就一本名为《中国剧之组织》的书，然后又找最好的画师画了几百幅有关的图片，从剧场、胡须、扮相、脸谱到舞谱、兵械、乐器等，一应俱全。时任燕京大学校长的司徒雷登对此也全力支持，他找来十几位教授，帮助齐如山将中文名词译成英文。

⊙大律师秦联奎曾在杜月笙开办的赌场玩耍，结果连输四千大洋。秦悻悻离开时恰被杜月笙看见，杜问清秦的身份后，立即托人将这四千大洋如数奉还，并传话说："当律师的靠摇笔杆、用心血、费口舌为生，没有多少钱好赚，我不能赢他的钱。"秦联奎十分感激，从此成为杜忠实的法律顾问。

⊙张发奎在美国时，一位名叫雅仑的医生用一只传家之宝的酒杯盛满白兰地对张说："在我有生之年，如你能打败日本，我情愿把这杯子送给你。"抗战胜利后，雅仑果然托人将酒杯交给了张发奎。

⊙1879年5月28日，李鸿章在天津会见了美国前总统、南北战争英雄格兰特陆军上将，对其所持名贵手杖爱不释手。格兰特说："中堂既然喜欢这根手杖，我本当奉送。但这根手杖是我卸任时，全国工商界赠给我的，这代表着国民的公意，我不便私自转赠。等我回国，征得大家同意后，才奉寄致赠。"李鸿章说："不必不必，我不过随便玩玩而已。"1896年，李鸿章访美，格兰特已过世十年，其妻朱莉娅设宴款待李鸿章时，向出席者讲述了丈夫与李鸿章的交往和友谊，以及这根手杖的故事。然后，她问大家："诸位是否同意把这根手杖转赠给李先生？"出席者一致鼓掌赞同，朱莉娅于是当众双手举杖，奉赠给李鸿章。李鸿章深受感动，回国后，视同至宝，须臾不离身。

⊙1900年，神腿杜心武赴日本留学，认识了宋教仁，两人交识甚厚。后经宋教仁介绍，杜心武参加了同盟会，并做了孙中山的保镖。杜心武并非每天跟随孙中山，主要是在有重要会议时，由他组织人手于会场内外负责保卫工作。

⊙宋教仁被刺杀后，黄兴写挽联：前年杀吴禄贞，去年杀张振武，今年又杀宋教仁；你说是应桂馨，他说是洪述祖，我说确是袁世凯。

⊙国民政府教育次长兼国立中央大学校长顾毓琇，曾将一柄装饰华贵的宝剑赠与梅汝璈。梅汝璈深深鞠躬，双手过顶接剑，说：“‘红粉送佳人，宝剑赠壮士’。可惜我非壮士，受之有愧。”顾毓琇说：“你代表四万万五千万中国人民和千百万死难同胞，到这侵略国的首都来惩罚元凶祸首。天下之壮烈事，以此为最。君不为壮士，谁为壮士！”

⊙吴佩孚早年家境贫寒，却是个大烟鬼，一次误入烟馆“雅座”，被里面一个有头面的乡绅翁钦生一脚踹了出来。吴佩孚当营长时，在自己地盘碰到了翁钦生，遂挽之回营吃饭，并请其带信回家，还替他买了车票，送其上车。翁钦生回到蓬莱后，逢人就夸赞吴佩孚的气度。后来吴当了大帅，翁钦生投靠，还得了个不小的职位。

⊙东三省总督徐世昌久闻孙禄堂武功绝伦，1907年，徐聘孙为幕宾，同往东北。1918年，孙禄堂创立了孙氏太极拳，徐世昌便将孙请入总统府，任武宣官。

⊙1898年，恭亲王奕䜣在临终前紧握光绪皇帝的手，叮嘱他要小心康、梁等打着改革旗号实现政治野心的“广东小人”。

⊙戴季陶在日本同蒋介石同嫖共赌，终生与蒋关系密切。

⊙1876年5月27日，文祥病逝。恭亲王奕䜣赋诗一首，悲歌道：“从今别有盈杯泪，不向湘江哭屈平。”

⊙1946年7月19日，南京政府首都高院对周作人进行公审。周在辩诉状中称：“学校南迁，教授中年老或因家庭关系不能随行者，有已故之孟森、冯祖荀、马裕藻及被告四人，由校长蒋梦麟特别承认为北大留平教授，委托保管校产。”当时周作人被称为“巨奸”，有人为其作证即被指控有汉奸嫌疑，但蒋梦麟还是慨然为其出具了证明。8月13日，高院院长赵琛致函蒋梦麟，说蒋出具的证明文书未填年次，“是否即为台端手笔，无从悬揣。”次日，蒋梦麟复函，再次确认上述事宜。

⊙1914年元旦，钱玄同接到章太炎一张明信片，开首有“此何年”三字，以下又有“吾将不复年”之句。玄同因其语焉不详，虑有意外，翌日前去探望，推门即有酒气扑鼻，章正于房中边喝酒边挥毫泼墨，惬意悠然。

⊙邓文仪任蒋介石的侍从秘书。蒋喜怒无常，常迁怒于他，而他毫无怨色，还对人说：“谁能离得开自己的领袖呢，在他身边是在他身边，不在他身边也还是在他身边，这便是所谓精忠的那个精字。”

⊙1921年，中国共产党第一次全国代表大会召开前夕，为解决会议代表住宿问题，董必武曾找黄侃帮忙。黄于是写信给当时在上海法租界博文女子学校任校长的夫人黄绍兰，让毛泽东、董必武等十名代表以“北京大学暑假旅游团”的名义，住宿在博文女子学校。

⊙吴佩孚未发迹时，曾得到郭绪栋的赏识，吴佩孚飞黄腾达后，对这位恩兄念念不忘。在洛阳开府时，除曹锟的使者外，所有中外宾客，吴都不曾亲自迎送，唯独对郭绪栋礼遇有加。郭有大烟瘾，吴有禁烟令，于是吴特下手谕：“只许郭公过瘾，不准僚属破戒。”

⊙有人跟胡适说了这样一个故事：有一次，张作霖和杨宇霆为一件事争论起来，张生气了，随口秃噜一句“妈个巴子”。杨噌地一下站起，说：“你骂谁！”张知口误，马上作揖赔罪，说：“这是咱的口头话，一个不留心溜出来了，敢是骂谁！”胡适评论说：“这个故事很美。”

⊙1915年，章太炎因反对袁世凯而被幽禁在北京钱粮胡同某宅院内。黄侃闻悉，曾两次进京探望，后来索性以“研究学问”为名，搬入章太炎被禁处。但未过多久，黄便被警方逐出。黄侃当时气愤至极，曾以绝食表示抗争。

⊙甲午中日海战期间，北洋大臣李鸿章致电南洋大臣刘坤一：“无理可讲，无法可挡。”刘回电：“无兵可调，无饷可筹。”

⊙张之洞七十大寿，樊云门写了篇两千多字的文章贺寿，其中说到张之洞为官四十余载，每有所作为，便遭到同僚们的诋毁，张很是赞同。当张之洞读到“不嘉其谋事之智，而责其成事之迟；不谅其生财之难，而责其用财之易”一段时，捋着胡须说：“云门知我！”

黄郛（左）与蒋介石在日本留学时的合影。

⊙1911年武昌起义爆发后，陈其美、黄郛、蒋介石三人共谋大事，意气相投。三人于上海打铁浜互换兰谱，结为“盟兄弟”，并誓约：“安危他日终须仗，甘苦来时要共尝。”从此每当蒋介石遇到难关时，黄郛都会奋不顾身地为盟弟分忧“担丑”——“济南惨案”这个卖国的黑锅就是黄替蒋背下的。

⊙蒋梦麟和陈独秀尽管政见不同，但当陈独秀遇到危险时，蒋仍会挺身而出。一天，警察厅一位朋友给蒋来电话，说：“我们要捉你的朋友（指陈独秀）了，你通知他一声，早点跑掉吧！不然大家不方便。”蒋梦麟于是赶紧和一个学生跑到陈的住处，叫他马上逃走。陈遂在李大钊的陪同下，坐骡车从小路逃往天津。当二人逃到山中一座古庙后，李大钊写了一封信给蒋，说：“夜寂人静，青灯如豆。”

⊙齐白石成名后，仿制他的假画随处可见。梅兰芳有个朋友花二百两银子买到一幅《春耕图》，高兴得不得了。梅兰芳有次和齐白石提及此事，齐白石很好奇，想弄清楚那是自己何时画的，就托梅兰芳把画借来。他一眼就看出是赝品，于是便将假画留下，另画了一幅《春耕图》还给对方。

⊙吴宓说：“寅恪（陈寅恪）虽系吾友，而实为吾师。”

⊙1925年，高君宇在参加党的“四大”时，与时任黄埔军校政治部主任的周恩来相识相交。当高君宇得知周恩来一直暗恋天津达仁女校的教师邓颖超，却一直怯于表白时，便自告奋勇充当使者，特意赶去天津，将周恩来的求爱信亲自交给邓颖超，最终促成了一对革命伴侣，传为佳话。

⊙鲁迅逝世时，周作人正在北大上课，得知消息后，他当即悲痛地告诉学生：“鲁迅去世，下一节课暂时告缺。”

⊙张之洞对王闿运说：“我为博学，君为鸿词，合为一人，始可应博学鸿词考试。”王闿运答道：“若必如此，又从何处得同考之人？（按：博学鸿词简称词科，也称宏词或宏博，为科举考试制科的一种。）

⊙严复任安徽高等学堂监督时，主持预备班学生的淘汰考试。在复查学生试卷时，严发现一篇佳作被汉文教习斥为“悖谬”，只给了40分。严对此文极为欣赏，遂动笔为之稍加润色，即成一篇上乘之作，之后他又自己出钱，发给该生10元奖励。他甚至还因为自己的女儿太小，不能许配给该生而深为遗憾。

⊙李鸿章把恭亲王奕䜣当做英明领导，而把醇亲王奕譞当做知音和战友。每当李鸿章的改革遭遇阻击或挫折时，恭亲王都是暗中保驾，而醇亲王则是公开护航，旗帜鲜明，态度明朗，毫不含糊。

⊙1922年，陈炯明于广州发动政变，孙中山被迫前往上海。吴稚晖专程从法国回国奔走于京、沪、粤间，劝陈悔过。

1909年，孙中山在伦敦与吴稚晖父子合影。

吴稚晖与蒋介石合影

⊙吴稚晖一生为蒋介石摇旗呐喊，出谋划策。蒋与粤系对峙时，吴曾把亲家胡汉民忽悠到南京囚禁。（按：胡汉民为广东人，粤系的政治代表）

⊙蒋梦麟与元配离异后，迎娶的是其莫逆之交兼同事高仁山的遗孀陶曾谷。1928年高仁山被奉系军阀杀害后，蒋梦麟对其妻陶曾谷照顾备至，二人互生爱意，坠入爱河。婚礼上，蒋梦麟在答谢宾客时说："我一生最敬爱高仁山兄，所以我愿意继续他的志愿去从事教育。因为爱高兄，所以我更爱他爱过的人，且更加倍地爱她，这样才对得起亡友。"

⊙徐光弼与魏斯炅是莫逆之交，徐将赛金花介绍给魏。魏说："甘蔗老头甜，越老越新鲜。"有好友劝魏，好端端的别做"剩王八"。魏自我解嘲道："剩下的都属于我，有何不可?!"

⊙秋瑾生前结拜了两个姐妹：徐自华、吴芝瑛，相盟"贵贱不渝，始终如一"。秋瑾死前几个月，三人曾一起游西湖，观岳王坟。秋瑾曾戏言：死后葬此，何等荣光。秋瑾死后，二人遵秋瑾遗愿，"卜地西湖西泠桥畔，筑石葬之"。

◎一语中的

⊙阎锡山对拥护袁世凯称帝的朋友们说："你们这是要把大总统往炉火里推。"

1912年9月17日，孙中山离北京视察华北铁路，18日抵山西太原，次日下午出席同盟会山西支部欢迎会，同与会者合影。与孙中山并坐穿军服者为阎锡山。

⊙马步芳一直保持半独立姿态，蒋系势力始终进入不了青海半步。1943年，何应钦电邀马步芳赴重庆"共商国是"，意欲兴师问罪。马遂携带大量黄金珠宝，结交打点权贵眷属，何应钦等人最初质难颇多，后来语调渐趋缓和。马步芳对随员说："明碰不如暗斗，哪个人能禁得起从老窝里挖！"

⊙蒋百里说："国家观念在中国人向来不够明强，作为一个国家的中央若非一代开国之时，亦往往力量不强。而保卫地方倒能发挥出较大的力量，因而有时一个新的有生命的力量常从地方（民间）兴起来。"

⊙有人评说袁世凯一生事业的得失，认为他无一事可取，"惟练兵是其所长"。严复则说袁世凯练兵数十年，净养了些骄兵悍将，"不独不能以之对外，即对内亦外强中干"。

⊙梁启超说："吾敬李鸿章之才，吾惜李鸿章之识，吾悲李鸿章之遇。"

⊙周作人说黄侃："他的国学是数一数二的。可是他的脾气乖僻，和他的学问成正比例，说起有些事情来，着实令人不能恭维。"

⊙林纾说："古文之不当废，吾知其理，而不能言其所以然。"

⊙辜鸿铭讥刺当局："中国当今做官的有三待：以匪待百姓，以犯人待学生，以奴才待下属。"

⊙辜鸿铭说："银行家是在天晴时硬把雨伞借给你，而在下雨时收回的人。"

⊙胡思敬在《国闻备乘》中说："光绪末年，小人阶之以富贵者捷径有二：一曰商部，载振主之；一曰北洋，袁世凯主之。"

⊙胡汉民与孙科不和，常对人说，孙科有三种脾气：第一，他是孙中山的儿子，有革命脾气；第二，他在国外长大，有洋人脾气；第三，他是独子，有大少爷脾气。而这些脾气，有时发作一两种，有时三种一起来，谁也受不了。

⊙郁达夫说："原来妓女和唱戏的伶人，是一种艺术品，愈会作假，愈会骗人，愈见得她们的妙处。"

⊙杜月笙说：吃是实功，赌是对冲，嫖是落空。

⊙张竞生说："试问这茫茫环宇内芸芸众生，有谁个敢出来称自己是正人君子？扪心自问，谁能无愧于天下，无愧于他人？有些人道貌岸然，满嘴的仁义道德，可他们满肚子的男盗女娼，瞒得了谁？"

⊙蔡元培主张男女平等，曾公开说："人为同类，宜不分男女，至于两性的差异，亦只有存乎床第之间，但最好是在关了房门以后再去发现。"

⊙《大公报》的创办人之一胡政之说："中国人办事，两人共事必闹意见，三人共事必生党派。"

⊙1930年双十纪念日时，何应钦说："辛亥革命懵懂算是挂上了一个民国的空招牌，并没有建设民国的实际，由推翻满清一点而论，固然算是成功。由全部革命的目的而论，究不能不谓为失败。"

⊙丁玲失踪后，沈从文曾写信给胡适，判断丁玲是被国民党抓去了。理由是：她又没钱，又不漂亮，不会受到普通的绑票。

⊙杜月笙说：不要怕被别人利用，人家利用你说明你还有用。

⊙黄侃说，读书前"要如一字不识人"，方能读书。又说读书人不能"杀书头"，意谓看书只看开头便罢。黄每读一书，不仅从头读至尾，而且还要详加批注。

⊙1916年6月6日袁世凯病死，由黎元洪继任总统。许多人拍手称庆，说"天下从此可以太平了"。严复则说："不行，黄陂（黎元洪是湖北黄陂人）德有余而才不足。"

⊙康有为、梁启超推动维新变法，许多人大加赞赏。唯独严复对其痛贬，他说："康热衷过甚，卒演成卖君卖友惨剧，而彼只身远窜，施施然以忠臣志士自命，堪云无耻之尤。梁则出风头之念有余，救国之心不足。"

⊙杜月笙说：花一文钱要收到十文钱的效果，这才是花钱能手。

⊙辜鸿铭说，要估价一种文明，必须看它"能够生产什么样子的人，什么样的男人和女人"。

⊙黄侃说："要知我买书的快乐，便在打开包一阅之时，比方结婚吧，不也就在新婚燕尔之时最乐吗?"

⊙雷海宗说："中国知识分子一言不发的本领在全世界的历史上，可以考第一名。"

⊙胡林翼语录：国之需才，如鱼之需水，鸟之需林，人之需气，草木之需土，得之则生，不得则死。才者无求于天下，天下当自求之。

⊙辛亥革命后，镇压熊成基起义的皖抚朱家宝，不但没有被动一根头发，反而摇身一变，坐上了皖省首任都督宝座。有人评说这类人是“清廷而在，则摇尾为奴；虏社既颠，则涂面革命”。

⊙谭延闿在国民党内以处事圆滑、八面玲珑著称，人称“药中甘草”和“伴食宰相”。宋子文不同意蒋介石追求其妹宋美龄，谭受蒋之托劝宋：“儿女婚事当不应多管，何况长妹，徒伤感，且落口实。”宋子文只得依从。

谭延闿

⊙洪述祖自知难免一死，便自作一挽联为己辩护：“服官政，祸及其身，自觉问心无愧怍；当乱世，生不如死，本来何处着尘埃。”

⊙1927年，唐生智的一个部下曾对冯玉祥说过这样的话：“张作霖、吴佩孚是旧军阀，蒋介石是新军阀。旧军阀腐败，容易打。而新军阀会拿什么主义来骗人，不好对付。”

⊙杜月笙说：做事要做到刀切豆腐两面光。

⊙1932年6月，汪精卫指责张学良假抗日，说：“去岁放弃沈阳，再失锦州，致三千万人民、数千里土地陷于敌手，敌气益骄，延及淞沪。今未闻出一兵、放一矢，却不断向中央索要军款，乃欲借抵抗之名，以事聚敛。”

⊙陈炯明说：“开国会为无聊之举，不过国家处此无可如何之时，除此别无他法，随波逐流为之耳。”

⊙袁世凯洪宪复辟后，有人以“洪宪”二字作一嵌字对联如下：洪水横流，淹没汉、满、蒙、回、藏；宪章文武，尽是公、侯、伯、子、男。

⊙辜鸿铭说：“要懂得真正的中国人和中国文明，那个人必须是深沉的、博大的和纯朴的。”因为“中国人的性格和中国文明的三大特征，正是深沉、博大和纯朴，此外还有灵敏”。

⊙杜月笙说：英雄不怕出身低，关键要有一个好脑子。又说：做人有三碗面最难吃：人面、场面、情面。

⊙名相士彭涵锋曾用三国人物比喻冯玉祥："貌似刘备，才如孙权，而志比董卓，诈如吕布，运只袁绍耳！"

⊙康有为在变法失败后流亡海外，1917年7月，又伙同张勋入京复辟，当时张以"武圣"自居，康则被视为"文圣"。复辟失败后，有人以康有为的名号撰联：国之将亡必"有"，老而不死是"为"。

⊙杜月笙说：对人必须诚恳，即使有人欺瞒我于一时，我总能以诚字来感动他，使他心悦诚服。我的处世之道，尽在一个诚字。

林森

⊙林森喜欢收藏古董，有人问他："你那些古玩，不少是假的吧？"林笑曰："反正再过几百年，也不就变成真的了吗？"

⊙杜月笙说：头等人，有本事，没脾气；二等人，有本事，有脾气；末等人，没本事，大脾气。

⊙马继援声称，在西北作战不卖力气，是因为"我们不能把陕北的共军消灭完，消灭完了蒋介石会把我们调到山西战场去"。

⊙京师有车夫四名，谚云："头一个洋洋得意，第二个不敢泄气，第三个昏天黑地，第四个不知哪里。"谈者以此比喻军机大臣。

⊙杜月笙曾对一个有文化的朋友说：你原来是一条鲤鱼，修行五百年跳了龙门变成龙了，而我呢原来是条泥鳅，先修炼了一千年变成了鲤鱼，然后再修炼五百年才跳了龙门。倘若我们俩一起失败，你还是一条鲤鱼，而我可就变成泥鳅啦。你说我做事情怎么能不谨慎呢？

⊙钱穆说："书生报国，当不负一己之才性与能力，应自定取舍，力避纷扰。"

⊙傅斯年说："一天只有二十一小时，剩下三小时是用来沉思的。"

⊙邹容在其著作《革命军》中说："有野蛮之革命，有文明之革命。""野蛮之革命有破坏，无建设，横暴恣睢，知足以造成恐怖之时代，如庚子之义和团，意大利加波拿里，为国民添祸乱。”

⊙张之洞问袁世凯练兵的秘诀，袁世凯说：“练兵事看似复杂，其实简单，主要是练成绝对服从命令。我们一手拿着官和钱，一手拿着刀，服从就有官和钱，不从就吃刀。”

⊙杜月笙说：沦陷时上海无正义，胜利后上海无公道。国民政府当你是尿壶。

⊙关于“会风”问题，冯玉祥早就写过一副对联：一桌子水果，半桌子茶点，知否民间疾苦；三点钟开会，五点钟到齐，是何革命精神？

⊙辜鸿铭说：“中国人最美妙的特质是，作为一个有悠久历史的民族，它既有成年人的智慧，又能够过着孩子般的生活——一种心灵的生活。”

⊙1922年，金岳霖在国内发表文章《优秀分子与今日的社会》，文中说：“我开剃头店的进款比交通部秘书的进款独立多了，所以与其做官，不如开剃头店，与其在部里拍马，不如在水果摊子上唱歌。”

⊙王瑶弥留之际，曾写过一段话给女儿：“我苦于太清醒，分析了许多问题，自以为很深刻，但不必说，不如痴呆好！”

⊙国学大师钱穆说：“由今看来，大家同情太平天国，认为是一个民族革命，但实际也不尽然。至少他们太不懂政治，他们占了南京十多年，几乎没有丝毫制度上的建树。”“他们国号太平天国，早可预示他们的失败。这样一个国名，便太违背了历史传统。正因为这一个集团里，太没有读书人。”

⊙杜月笙说：挨骂是假的，银子是真的。又说：小心得天下，大意失荆州。

⊙黄遵宪在美国观摩选举演讲后写道：“盘盘黄须虬，闪闪碧眼鹘。开口如悬河，滚滚浪不竭。”

⊙丁日昌说：“民心为海防根本。”

⊙1879年6月，丁日昌上奏清廷，对海防等问题提出十六条建议，并说，日本“三五年不南攻台湾，必将北图高丽（朝鲜）”。

⊙容闳提出要在中国发展“制器之器”的主张，即用机器生产近代军舰轮船和枪炮。丁日昌深表赞同，说：“一有制器之器，即可由一器而生众器，如父之生子，子之生孙。”

⊙1899年，慈禧准备废黜被幽禁在瀛台的光绪另立新帝，上海电报局总办经元善致电盛宣怀，希望盛能和他一起上书，谏阻此事。盛宣怀回了一封九个字的简短电报：“大厦将倾，非一木能支。”

⊙1912年10月3日，上海《申报》刊载《国民党竞争之暗潮》一文，说：“国民党中之旧同盟会，其人物之分系，原分为孙文、黄兴、宋教仁三派。”

⊙辜鸿铭说：“孔孟纵然披上猴皮，还是圣贤；猴子纵然穿起蟒服，仍是兽类。内心未变，外表变更，毫无关系。”

⊙鲁迅说：“凡是愚弱的国民，即使体格如何健全，如何茁壮，也只能做毫无意义的示众的材料和看客，病死多少是不必以为不幸的，所以我们的第一要着，是在改变他们的精神。”

⊙严复说：“尝谓中西事理其最不同而断乎不可合者，莫大于中之好古而忽今。”

⊙邓文仪说：“需要即是真理！行动即是理论！”

⊙张竞生说：“人生哲学，孰有重大过于性学？而民族学、风俗学等，又在在（处处）与性学有关。”

⊙梁漱溟说：“中国文化之伟大非他，只是人类理性之伟大。中国文化的缺欠，却非理性的缺欠，而是理性早启、文化早熟的缺欠。”

⊙曾国藩在家书中说：“吾辈读书，只有两事；一者进德之事，讲求乎诚正修齐之道，以图无忝所生；一者修业之事，操习乎记诵词章之术，以图自卫其身。”

⊙杜月笙说：杯中酒常满，桌上无虚席。又说：钱财用得完，交情吃不光。所以别人存钱，我存交情。存钱再多不过金山银海，交情用起来好比天地难量！锦上添花的事情让别人去做，我只做雪中送炭的事情。

⊙陈寅恪说："我侪虽事学问，而决不可倚学问以谋生，道德尤不济饥寒。要当于学问道德之外，另谋求生之地，经商最妙。"

⊙周佛海曾在文章中骂汪精卫："殷殷勤勤，诚诚恳恳，敷敷衍衍，糊糊涂涂。"

⊙杜月笙说：人活在世上要靠两样东西，胆识和智慧。我就是靠两只手、一身胆闯出来的。

⊙1931年，梅贻琦在清华大学就职演说时说："一个大学之所以为大学，全在于有没有好教授。孟子说：'所谓故国者，非谓有乔木之谓也，有世臣之谓也。'我现在可以仿照说：'所谓大学者，非谓有大楼之谓也，有大师之谓也'。"

⊙钱穆说："读书游山，用功皆在一心。"

⊙张之洞说："旧者因噎而食废，新者歧多而羊亡。旧者不知通，新者不知本。不知通，则无应敌制变之术；不知本，则有菲薄名教之心。'

⊙孙家鼐说："中学有未备者，以西学补之；中学有失传者，以西学还之。"

⊙袁世凯出山后，德国驻华大使认为："如果人们置袁世凯政府命运于不顾，让可以引导到一个混乱局面上去的一些未成熟的或超出这个目标的政治企图自由发展，则其危险将会更大。"

⊙梁启超说李鸿章"有才气而无学识，有阅历而无血性"。

⊙毛泽东说："溯源吾国民众的联合，应推清末咨议局的设立和革命党——同盟会的组成。有咨议局乃有各省咨议局联盟请愿早开国会的一举。有革命党乃有号召海内外起兵排满的一举。辛亥革命，乃革命党和咨议局合演的一出'痛饮黄龙'。"

山西都督阎锡山，从小丧母，寄居舅舅家。16岁随父在钱庄摸爬滚打，后至日本留学，成为同盟会最早会员，孙中山的忠实粉丝。无怪乎1912年孙辞职离京后，第一站就是山西。

⊙阎锡山有一次谈到年龄与健康的关系，说："人的身体到五十岁时，会觉得一年不如一年；六十岁时，就一月不如一月；七十岁时，是一日不如一日；而到了八十岁，就一时不如一时了。"

⊙辜鸿铭说社会大乱，主要是因为没有君主："比如说法律吧，你要说'法律'（说此二字时声音很小），没有人害怕；你要讲'王法'（声音提高八度，咬牙瞪眼兼拍桌子），大家就害怕了，少了个'王'字不行。"

⊙1923年10月9日，胡适写下这样一句话：一觉醒来曹锟已当选总统了。

⊙王国维说："无高尚伟大之人格，而有高尚伟大之文章者，殆未之有也！"

⊙汪精卫在沪西时，所盘踞地盘不大，因其雅慕袁世凯，遂有人作联云："国祚不长，八十几日袁皇帝；封疆何仄，三两条街汪政权。"

⊙李鸿章临死遗言："今日中国譬如人有重病，必静养元气，始可渐复，倘更跳踉大叫，其毙也速矣。"

⊙杜月笙说：人可以不识字，但不能不识人。前半夜想想自己，后半夜想想别人。又说：事不要做绝，要留有余地。君子我不怕，毛贼我不惹！

⊙袁世凯死后，北京流传一副对联：起病六君子，送命二陈汤。面上看，"六君子"和"二陈汤"都是中药名，实际上"六君子"指的是筹安会的杨度、孙毓筠、严复、刘师培、李燮和、胡瑛六人。"二陈汤"则指陕西的陈树藩、四川的陈宧和湖南的汤芗铭，他们原是袁的心腹，后来响应护国军倒袁。

⊙1876年9月，《烟台条约》签订。事后英国人说："这个文件既不明智也不实用，毫无意义，是一堆冗言赘语而已。"

⊙曾国藩说："李少荃（鸿章）拼命做官，俞荫甫（俞樾）拼命著书。"

⊙孙中山评价李鸿章："既无主义上的信念，又甚缺乏洞察大局的见识，并且年已老迈，对功名事业早已看透。"

⊙蒋百里编著的《国防论》成为抗战中中国军队的战略指导依据。在这部著作的扉页上，蒋写下这样一句话："千言万语化作一句话，中国是有办法的。"

⊙梁思成说："一个东方古国的城市，在建筑上如果完全失掉自己的艺术特性，在文化表现及观瞻方面都是大可痛心的。"

⊙徐世昌说："项城（袁世凯）为人，表面大开大阖，其实际先求千稳百当，方肯做去。"

⊙林森在捐给庐山牯岭路的石凳上，一律刻写"有姨太太的不许坐"。有不屑之人便说，我有姨太太，我偏坐，看谁管得了。胡适后来说，林森是借一张石凳阐述自己主张，要是站出来申明立场，就不是林森了。

⊙费正清说，袁世凯"一度于1909年被清廷革职还乡，这事反使他增加了声望"。

⊙顾维钧评论袁世凯说："他完全属于旧派。和顽固的保守派相比，他似乎相当维新，甚至有些自由主义的思想，但对事物的看法则是旧派人物那一套。"

⊙醇亲王奕譞给子孙们留下一条家训：财也大，产也大，后来子孙祸也大，若问此理是若何，子孙钱多胆也大，天样大事都不怕，不丧身家不肯罢；财也小，产也小，后来子孙祸也小，若问此理是若何，子孙钱少胆也小，些微产业知自保，俭使俭用也过了。

⊙李鸿章主张购置外国军舰，他上奏朝廷说："欲求自强，仍非破除成见订购铁甲不可。"有了"铁甲船数只，游弋大洋，始足以遮护南北各口"，"永无购铁甲之日，即永无自强之日"。

⊙傅斯年说："中国人'小时了了'的很多，大了，几乎人人要沉沦。"

⊙美国1913年出的《李鸿章回忆录》中，说到了义和团的隐患："据李鸿章说，他当时是两广总督，1900年年初他已经预见到中国将有一段时期因为义和团同外国的矛盾而成为社会主要问题，或者说北方将主要以拳头来对话。"

⊙梁启超谈及《马关条约》时说："当或者以和议之速成为李鸿章功，固非也，虽无鸿章，日本亦未有不和者也，而或者因是而丛垢于李之一身，以为是秦桧也、张邦昌也，则盍思使彼辈处李之地位，其结局又将何如矣。"

⊙美国驻华公使芮恩施这样评价段祺瑞："他不是一个政客，厌恶政治理论。他总是愿意把事情交给部下去处理，而部下往往使他采取一种他本来不愿采取的方针。"

⊙第二次直奉战争后，张作霖和冯玉祥拥戴段祺瑞任中华民国临时执政。幕僚曾毓隽对段说："我认为老总在如此形势下急于上台，好比是一张三条腿的桌子，一攻便倒。"段刚好手中有个茶杯，就说："这杯子固然是锔在一起的，我握在手里暂时可以不碎，若我放手便落地碎了。"

⊙严复评价黎元洪说："黎公道德，天下所信。然救国图存，断非如此道德所能有效。何则？以柔暗故！遍读中公历史，以为天下最危险者，无过良善暗懦人。下为一家之长。将不足以庇其家，出为一国之长，必不足以保其国。"

⊙段祺瑞下棋，最得意的手法，就是在对方空当里活上一块，并美其名曰：公园里搭建小房子。后来日本进军东三省，段对人说："建个小房子可以，但不能据为己有。"

⊙伊藤博文曾对李鸿章说："以袁世凯的才干，只当小差，难怪贵国缺人才。"

⊙1927年，梁启超的儿子梁思忠想终止在美国的学业，回国参加"北伐"，被梁启超制止。梁启超说："这种过度的热度，遇着冷水浇来，就会抵不住。"

⊙冯友兰说，所谓民主就是"少数服从多数"，实现民主的办法就是选举，"什么东西都不能压倒个人的人权，只有一个东西可以压倒，那就是'多数'"，

“如果没有真正的选举，那就并没有民主”。

⊙吴稚晖在民国时期多任虚职，他曾对族侄吴余庆说：“开大会，把我这个所谓‘元老’请上主席台，照相让我站在前排，很像无锡惠山泥人‘大阿福’，放在橱窗里摆摆样子。”

⊙抗战时期，蒋介石向“一代儒宗”马一浮请教治国之道。马说：“唯诚可以感人，唯虚可以接物。”蒋闻之愕然。

⊙九一八事变发生后，蒋梦麟与清华的梅贻琦等大学校长联名发表《告同学书》、《第二次告同学书》，提出“赤手空拳的群众活动只有荒废学业，绝非有效的救国方法”，并号召同学们：“马上复课吧！先尽我们的责任。”

⊙曾国藩说：“盛时常作衰时想，上场当念下场时。富贵人家，不可不牢记此语也。”

⊙王闿运在北京时，看到时局凌乱不堪，大小政客私心自用，而帝制之说也已是呼之将出。感慨万千之余，作一对联曰：民犹是也，国犹是也，无分南北；总而言之，统而言之，不是东西。

⊙郭嵩焘出使西洋，见各国风俗齐整，不似传闻，回国后逢人便说：“孔孟欺我也。”

郭嵩焘

⊙金岳霖在十几岁的时候，就觉得中国俗语“金钱如粪土，朋友值千金”在逻辑上有问题。他说，如果把这两句话作为前提，得出的逻辑结论就应该是“朋友如粪土”。

⊙唐德刚回忆说，抗战时，重庆物价上涨，马寅初曾发表批评他的“学生”蒋介石的演说。马说：“蒋介石是个军人，就欢喜叫‘稍息、立正’。这次他也要向物价叫

‘立正’，物价可就不干了。”听者哄堂大笑。

⊙张作霖死，张学良以二万金求散原（陈散原）为其父作墓表，散原拒之。后学良又以一万金乞章太炎，太炎欣然执笔。于是，世人皆知二人身价几何了。

⊙易顺鼎是光绪元年的举人，自小被誉为“神童”。他曾留下一句名言：人生必备三行热泪，一哭天下大事不可为，二哭文章不遇知己，三哭从来沦落不遇佳人。

⊙蒋梦麟在美国留学九年，对中西方文化深有体会，他说：“对本国文化的了解愈深，对西方文化的了解愈易。”

⊙刘半农在《中国文法通论》里，调侃过白话文中的欧化倾向。他举例说：“‘子曰：学而时习之，不亦悦乎？’就太老套了，‘学而时习之，子曰，不亦悦乎？’这好一些。但是最好说‘学而时习之，不亦悦乎？子曰’。为什么最好？因为欧化了。”

⊙冯友兰说：“英美及西欧等国人之所以是‘智、富、强’者，并不因为他们是英美等国人，而是因为他们是城里人；中国人之所以是‘愚、贫、弱’者，并不因为他们是中国人，而是因为中国人是乡下人。”

⊙黄侃说初学之病有四：一曰急于求解，一曰急于著书，一曰不能阙疑，一曰不能服善。

⊙冯友兰曾回忆他在上海中国公学求学时的感受：“进了商店，或者在马路上行走，如果不会说上海话，就会被骂为‘江北佬’。但如果你能说一两个英文单词，他马上就变得尊敬起来。”

⊙1862年2月8日，洪秀全的宗教教师罗孝全在《华北捷报》上发表声明，说：“我相信他（洪秀全）是个疯子，完全无法使一个杂乱不堪的政府正常运转。他同他的那些态度冷漠的王亦无法组织一个政府，无法与人民同享利益，甚至无法与旧的帝国政府相比。”

⊙蒋梦麟初到美国求学，见校园大门上有许多栩栩如生的男性裸体雕像，图书馆阅览室里也有希腊女神的裸体塑像，心里非常疑惑，不知道“为什么学校当局竟把这些‘猥亵’的东西摆在智慧的源泉”。一位伦理学教授对他说：“让女学生们多看一些男人的裸体像，可以纠正她们忸怩作态的习惯。”蒋后来说：“完美的思想寓于完美的身体。”

⊙蒋梦麟说：“我在大学中搞了几十年，经过许多风潮，发现了一个规律：一个大学中有三派势力：一派是校长，一派是教授，一派是学生。在这三派势力中，如果有两派联合起来反对第三派，第三派必然要失败。”

⊙有人说汪精卫一家是“连环怕”——儿子汪孟晋怕爸爸汪精卫，汪精卫怕老婆陈璧君，陈璧君又听儿子汪孟晋的话。

⊙1937年，蒋介石用两千余万元收买陈济棠的空军，平均每架比买新飞机还要贵三四倍，有人说不划算。蒋说：“你不会算账，这个买卖并不吃亏。我们买一架新飞机，只能抵他一架，现在把他的收买过来，我多一架，他少一架，当然一架要抵两架的价钱；况且训练一个空军人员，比买一架飞机的钱还要多，如收买他一个，我就多一个，他就少一个，自然一个要顶两个。”

广东空军

⊙辜鸿铭曾劝西方人，若想研究真正的中国文化，不妨去逛逛八大胡同。因为从那里的歌女身上，可以看到中国女性的端庄、羞怯和优美。对此，林语堂说：“辜鸿铭并没有大错，因为那些歌女，像日本的艺伎一样，还会脸红，而近代的大学女生已经不会了。”

⊙张勋复辟，徐树铮私下对幕僚说：“张勋是复辟脑袋，先让他去做，我们机会就来了。”

⊙1914年，袁世凯聘王闿运担任国史馆馆长，那时王已是八十三岁高龄。到北京就任时，有人问：“您年纪这么大了，何苦千里迢迢来做这个官？”王回答：“世上最容易的事，就是做官。我因年纪大了，什么都不能做，所以只好来做官啰！”

⊙孙殿英说：“赌博这玩意儿，并不是什么坏事。我可以从中看出每个人的性情，可以针对每个人的性情结交许多朋友，这些朋友能帮我很大忙，纵然有的不肯帮忙，至少也不至于说我的坏话。我是个粗人，没有真才实学，如果连这点子办法也没有，我凭啥混呢？”

⊙苏曼殊在南京时，曾帮助伍仲文翻译军制。伍仲文打趣说：“佛教徒以不杀生为戒，你怎么参与军务活动呢？是不是动了杀机呢？”曼殊回答说：“如能善用军制，可免上位者滥杀无辜百姓，这何尝不是大布施呢！”

⊙辜鸿铭说：“美国人是伟大的朴素的，但不是深奥的。英国人是深奥的、朴素的，但不是伟大的。德国人，尤其是那些受过教育的德国人，是伟大的、深奥的，但不是朴素的。因此他们都不能理解中国文化。纯正的中国人除了深奥、朴素、伟大外，更是精微的。”

⊙辛亥武昌起义后，内阁那桐辞职，曾举荐袁世凯代替自己。有人问那桐：“此举岂非速清亡耶？”那桐说：“大势今已如此，不用袁指日可亡，如用袁，复亡尚希稍迟，或可不亡。”

⊙直奉战争时，有人向曹锟进言，说大将王承斌是奉天人，有可能通奉。王得知后对曹锟解释说：“奉天是我的娘家，直隶是我的婆家，哪个出了门子的姑娘，能够顾娘家不顾婆家的？”

⊙军阀混战时期，刘珍年对部下说：“蒋、冯、阎都是军阀，他们之间的混战是十字街头狗咬狗，我们帮他们哪边都不光彩，所以我们在晋的代表和在南京的代表要多和他们接触，只需要向他们多要钱，多要东西！”

⊙辜鸿铭说：“中国古代的烈女子常为面子而死，那是因为她裸露的身体被不相干的男人瞧见。然而在西方，一个男子被扇了耳光而不提出决斗是失掉了荣誉，而不是面子。在中国，一位官老爷去逛妓院而被拒绝，他觉得受了辱，回府后便带了一干人马去报复，捉了窑姐不够还关了妓院，它预示又争回了自己的面子，但我们一般不能说它在捍卫自己的荣誉。”

辜鸿铭

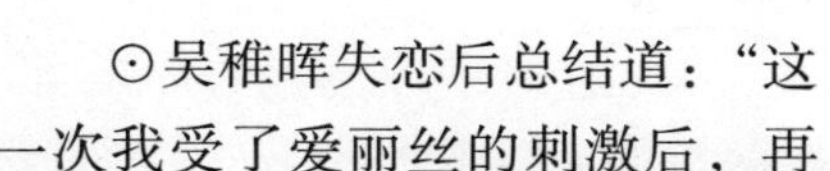

⊙吴稚晖失恋后总结道：“这一次我受了爱丽丝的刺激后，再去磅了一下，竟然体重减轻了十八磅之多。这时我体会到心理卫生的重要，婚姻不能全仗爱情，财富是决定一切的力量，我的财富不如人，只有知难而退。”

⊙时人当面称陈诚为“四干将军”，赞其能苦干、强干、硬干、快干；背地里则称他“三昌将军”，揶揄其连丢南昌、武昌、宜昌三地。

⊙辛亥革命一起，满清遗老纷纷出都，津、沪租界房价为之骤升。有人曾撰写一联云：“君在，臣何敢死？寇至，我则先逃。”

◎如许佳人

⊙茅盾与秦德君分手时，曾有四年之约。最初，茅三天两头写信，除表示挂念外，一直重复他们的四年之约，并说四年之后一定如约娶秦。四年之期将至，茅盾得知秦德君病危，于是写了一封信，说已搬家，但未写明新家地址，从此杳无音信。秦德君一怒之下，撕毁了两人的合影照，并烧毁了二人的所有信件。

⊙抗战时期，叶挺夫人李秀文与姐姐两人逃到罗定，由于经济拮据，只好到街上摆地摊卖旧衣服。一个小家碧玉无论生活境遇多么不如意，一直没有怨言，还要生一堆孩子，养两个老人，其忠贞和坚忍令人叹服。

叶挺一家

小家碧玉叶挺夫人

⊙陆小曼同徐志摩结婚后，怕他移情别恋，就对徐说："志摩！你不能拿辜先生茶壶的譬喻来做借口，你要知道，你不是我的茶壶，乃是我的牙刷，茶壶可以公开用的，牙刷是不能公开用的！"（按：辜鸿铭主张多妻，即一个茶壶可配上几个茶杯）但是陆很快就出轨了。

⊙1928年3月20日，陈洁如在给好友朱逸民的信中说："我自来美国后，只有写过一封信给介石，因我心中实在不忍作书与他，大半是我恐怕他们似鸳鸯般的夫妻发生冲突，所以我只能忍气吞声的。一口气只能闷在自己肚子中，我想除了你之外，恐怕没有人可知晓我心中的苦痛了。"朱逸民也曾在回忆录中写道："自蒋总司令执政至今，民众之恶怨，日益增多。以蒋总司令所行皆不道，一人沪地，便与宋美龄结婚，使天下之妇女皆恶入骨髓。"

⊙袁世凯的元配于氏是河南一个财主的女儿，娘家比较有钱，但本人文化程度低，也不大懂规矩礼节，早年因说过一句她是"有姥姥家的"，意思是有正经的娘家。结果惹得袁世凯大怒，因为袁是庶母所生，是"没姥姥家的"，遂从此不再与她同房，一直将她当"牌位"供着，长期冷落。

⊙1900年，赛金花在琉璃厂罗家大院内设立了采购粮秣办事处，为德军提供粮饷。为此，八国联军统帅瓦德西答应了她的两个条件：一、不能伤害无辜，不能随便杀人放火；二、保护北京的名胜古迹。

⊙蒋介石在溪口的丰镐房内看《资治通鉴》，"见毛氏与经国擅自城舍归，愤不可遏，与之拼命大闹"。蒋拳脚交加，毛乱抓乱咬，经国哇哇大哭。蒋在该天的日记中写道："余于毛氏平日，人影步声，皆足刺激神经。此次寻衅，竟与我对打，实属不成体统。决计离婚，以蠲痛苦。"

⊙袁世凯的三姨太金氏在临终前，对亲生儿子袁克文说了两件事：其一，她16岁刚进门不久就被大姨太沈氏虐待，把左腿打坏了，现在还伸不直。其二，金氏的父母原以为她嫁过去是做正室的，后来得知真相后极受打击，母亲投井自杀，父亲因悲痛过度也病死了。金氏说以前所以不提这些事，是为了维护袁世凯的名声。

⊙陆小曼自幼过惯了挥金如土的生活，与徐志摩结婚后积习难改，一个月要花去洋银五百至六百元。如此庞大的数字，一介文人徐志摩自然承受不了，只得在南京、上海各大学兼课，并拼命写稿，以贴补家用。然而杯水车薪，其所得仍不能跟上陆小曼的消费速度。

徐志摩与陆小曼

⊙1908年，慈禧死后，吕碧城填了一阕《百字令》登在《大公报》上："排云深处，写婵娟一幅，翠衣轻羽，禁得兴亡千古恨，剑样英英眉。屏蔽边疆，京垓金弊，纤纤手输去，游魂地下，羞逢汉雉唐鹅。"痛斥慈禧，说她割地卖国，死后见到吕后、武则天，一定羞愧难言。成为轰动一时的新闻。

⊙延安时期有人问丁玲最怀念什么人，丁说："最纪念胡也频，最怀念冯雪峰。"

⊙章太炎的夫人汤国梨在《太炎先生轶事简述》一文中，曾公开表明她看不惯黄侃极不检点的私生活，骂他"有文无行，为人所不耻"，是个"无耻之尤的衣冠禽兽"。

⊙张学良晚年在接受采访时说，母亲赵春桂的性情极其"刚硬"。他说母亲因为一点小事跟父亲吵架，自此后就再不肯和父亲讲话，孩子们劝也没用。张作霖那时已经发迹，但赵春桂的生活却相当清贫。赵一荻补充说："他妈妈睡的那个炕，连垫的褥子都没有，睡在铺草的砖上。"

⊙1923年，胡适和浙江女师学生曹佩生相恋，并将生米煮成了熟饭。胡遂向妻子江冬秀坦陈了一切，并提出离婚要求。江女士坚决不从，并持刀威胁，最后胡适不得不让曹堕胎，并送其到美国留学，这场风波才算平息。

⊙1909年，17岁的洪希厚按照当地洪张两姓联姻的习俗，嫁给了同样来自贫寒人家的张治中，并陪伴他直到1969年去世。张治中的儿子张一纯说："国共两党高官唯有两人一生只有一位夫人：共产党有周恩来，国民党有张治中。"

⊙吕碧城曾这样叙说她的情感历程："生平可称心的男人不多，梁启超早有家室，汪精卫太年轻，汪荣宝人不错，也已结婚，张謇曾给我介绍过诸宗元，诸诗写得不错，但年届不惑，须眉皆白，也太不般配。我的目的不在钱多少和门第如何，而在于文学上的地位，因此难得合适的伴侣，东不成、西不就，有失机缘。幸而手头略有积蓄，不愁衣食，只有以文学自娱了。"

⊙张作霖的第一位夫人赵春桂是财主赵占元的女儿，在张作霖未发迹时就跟了他，吃了不少苦。赵夫人是个贤妻，她不但照顾家里，还能调解张作霖与结义兄弟之间的关系，兄弟们都很服这个嫂子。遗憾的是，等到张作霖发达了，两人的情义就走到头了。

⊙张勋驻防南京时，以重金买得一秦淮艳妓，名叫小毛子，宠爱异常。后在天津又娶名伶王克琴为妾，小毛子愤而自尽。复辟事败后，王克琴亦卷财逃逸，不知所终。有好事者以此二妾为名，作一联云：往事溯从头，深入不毛，子夜凄凉常独宿；大功成复辟，我战则克，琴心挑动又私奔。

⊙1936年，时任北京大学校长的蒋梦麟迎娶陶曾谷女士，在北平举办婚礼，邀请胡适做证婚人。可是胡适的妻子江冬秀因为蒋梦麟为娶陶曾谷而遗弃元配，不赞成胡适为两人证婚，于是把大门一关，不让胡适出去。胡适不得已，最后跳窗"脱逃"，才赶到婚礼现场。

⊙1927年3月8日，国民政府组织20多万军民在汉口举行纪念"三八"国际妇女节大会，随后，军民举行声势浩大的游行。突然，名妓金雅玉等人赤身裸体，挥舞着彩旗，高呼着"中国妇女解放万岁"等口号，冲进游行队伍。在她们看来，"最革命"的妇女解放莫过于裸体游行。

⊙1915年，孙中山欲娶宋庆龄，遂写信给元配卢慕贞，申明离婚。卢夫人在回信上只写了一个字：可。

孙中山与分居多年的卢慕贞协议离婚后，1915年10月25日与宋庆龄在日本东京结婚。图为孙中山与宋庆龄结婚后在东京合影。

林语堂夫妇与三个女儿

⊙林语堂与夫人廖翠凤到雅典山上的卫城游览。看到那些古建筑，林语堂激动得兴奋不已。廖翠凤却说："啊唷！我才不要住在这种地方！买一块肥皂都要下山，多不方便！"

⊙张作霖娶第二任太太卢氏的时候，元配赵春桂很受打击，不过最后她还是忍了，对卢夫人也很好。张作霖进驻省城奉天后，赵夫人与他分居，自己在老家带着几个孩子过。有一次，她带着二儿子张学铭去找丈夫要钱，结果遭到冷遇。自此赵夫人宁可挨饿，也绝不再向张作霖开口。张学良11岁那年，赵春桂去世。张学良说："我妈妈快死的时候，我父亲来大哭。"

⊙张勋的复辟之谋曾对其妻曹氏说过，曹氏相劝，张不为所动。曹氏于是大骂，说："民国待你不薄，为何要冒这天下之大不韪呢！你就是不想自己，也不为子孙后代想想吗？你现在虽封忠勇亲王，我看你今后要成为平肩王。"张问平肩王何意，她大声说："你将来脑袋必不保，一刀将你头砍去，你的脖子和两肩不就一字平了吗？"

⊙民国时期任岭南大学中文系教授的冼玉清，自号"碧琅玕馆主"。她曾立志终身不嫁，并说一生"以事业为丈夫，以学校为家庭，以学生为儿女"。

⊙汪精卫当上国民政府主席和军委会主席之后，蒋介石一度很想和汪靠紧密些，就给汪精卫送了一个帖子，愿结为把兄弟。一天，汪精卫给蒋介石写信，开头写"介弟"二字。陈璧君看后大发雷霆："你愿意做他把兄，可是我不愿意做他的把嫂。"汪精卫不得不把那信撕了重写，再不敢在陈璧君面前称蒋介石为"介弟"。

⊙孙传芳极力反对女子穿旗袍。他认为那种衣服"太勾男人的眼珠儿，且女人露臂袒膀有伤风化，易招男人想入非非"。张每在街头看到年轻女子穿旗袍或裙子，便会紧皱眉头，转过身去，以示自己"非礼勿视"。虽如此，其姨太太们却不吃这一套。去杭州灵隐寺烧香拜佛，也堂而皇之地穿着旗袍。孙传芳只有摇头叹息的份儿，说："内人难驯，实无良策。"

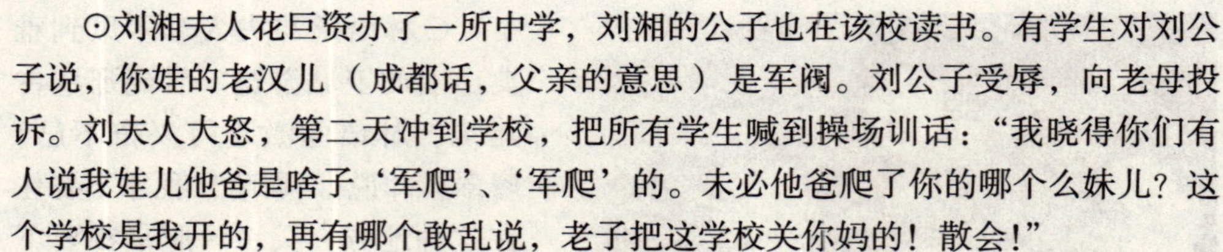

⊙刘湘夫人花巨资办了一所中学，刘湘的公子也在该校读书。有学生对刘公子说，你娃的老汉儿（成都话，父亲的意思）是军阀。刘公子受辱，向老母投诉。刘夫人大怒，第二天冲到学校，把所有学生喊到操场训话："我晓得你们有人说我娃儿他爸是啥子'军爬'、'军爬'的。未必他爸爬了你的哪个么妹儿？这个学校是我开的，再有哪个敢乱说，老子把这学校关你妈的！散会！"

◇"洋眼"看天

上图为袁大总统与各国公使合影。下图为身穿总统服的袁世凯。

⊙1915年12月12日，《纽约时报》有一则报道曾描绘过袁世凯的身材："矮小结实，有着粗脖子，身形微胖。"美国驻华公使芮恩施也曾描绘说："他身材矮胖，但脸部表情丰富，举止敏捷。"

⊙1911年12月6日，摄政王载沣辞职。当时《纽约时报》对此作了报道："皇太后今天发布了一份宣布年幼的皇帝的父亲载沣辞去摄政王一职的布告，签字者为内阁的成员。指出目前的政府不受人民欢迎，并且一个立宪的政府仍然没有被建立起来。布告中说摄政王觉得他的遗憾来得太晚了，他哭求辞去摄政王一职，同时也表达了他最真诚的放弃政治的愿望。由于被误导，他危害到了人民。因此他的辞职被接受。退休的摄政王每年将从皇室得到一笔总数为五万两（大约三万美元）的补贴。”

⊙英国人赫德在写给伦敦的信中，曾谈到对清朝政局的看法：“恭亲王表面上虽然和平，而暗地里却在反对进步，排斥外国人，并且主张战争。而七爷（醇亲王）和他的朋友反倒是主张和平和进步的——我有一半倾向于相信这是正确的解释。在中国有时须应用颠倒的法则。我想七爷如果控制着政府，很可能中国真正地能够进步。”

⊙1900年，英国人赫德在《双周评论》撰写了一篇题为《中国、改革和列强》的论文。其中讲述了一个毛驴的寓言：老人和男孩牵着毛驴去赶集，路遇一个主张改革的经济学家，教导他们说有驴不利用是一种浪费，于是老人上驴。另一个鼓吹儿童权益的改革者，斥责老人怎么忍心让孩子跟着驴跑，于是，换了孩子骑驴。第三个改革者责怪孩子，岂能让老爷爷踉跄步行？于是，一老一小同时骑驴。动物保护协会的人不干了，说最适当的方式就是牵着驴走。最后，老人、孩子和毛驴都掉到深沟里，而各位出主意的改革者们却束手无策。赫德的结论是：不要对中国的改革横加指责，“人们最熟悉的可能仅仅是自己所在的那个领域”。

赫德

⊙《剑桥中国史》评论说：“罗尔纲的《太平天国史纲》，现在仍然是最好的一部概论性著作。”

⊙《纽约时报》曾评论袁世凯：他认为娶妻妾多少是男人有无本领的标志，喜欢女子裹小脚，想当皇帝，骨子里不喜共和，仇视农民起义，在他身上也有混迹官场必不能少的一些传统恶习。

1896年8月，李鸿章访问英国期间，会见首相、外交副大臣寇松（右一）。此时李大人已经74岁高龄，却比两个国际友人还高。李大个子并非浪得虚名——一般认为李身高在183厘米左右，“六尺有余”。

⊙何天爵是一个美国传教士，也是一个驻华外交官。1895年，何天爵写了一本《中国人本色》。在书中，他对李鸿章是这样评价的：“他的仪态举止和思维方式更像一名战士，而不是政治家。他的身材要比一般的中国人高大，声音粗哑而充满饱满的精神，给人的感觉非常平民化，易于接近。”

⊙英国退役海军少将贝思福爵士在题为《细述中国》的报告中，叙述了他在1898年9月30日到1899年1月9日期间访问中国时的印象。报告中说：中国政府极其腐败、贫弱，朝令无常，不遵守条约税则。各地税务繁杂，内地关卡林立，关税、子口税、厘金等，名目繁多，无章可循，外国商人尽受其累。

⊙在1867年8月4日《纽约时报》的一篇报道中，曾说到了清朝的教育：“教育在清国人中普及的程度至少与英国不相上下。那些生活在清国社会最底层的苦力，即被人们蔑称为‘猪仔’的人，尚且能读和写。普通的民办私塾遍及大清国的每个角落，虽然父母送子女到这些学堂就读必须向它缴纳一笔额外的费用。在大清国有些地方现在已经设有公学，它在一定程度上是由政府资助的，这些学堂对穷人免费。再就是，在每个城市都为富人的孩子们开办有数不清的私立学堂。”

⊙贝思福爵士在他的报告《细述中国》中，说到清末中国的军事状况：“汉阳这个兵工厂由湖广总督管辖，工厂的设备是第一流的各种德制机器。我特别注意到许多现代化的铣床……在厂内我看到到处都是昂贵的重机械，打算用来制造12寸口径50吨重的克虏伯大炮，可是没有一部机器是装设完整的。我又目睹了大量制造火药的机器，也没有装设起来。”

⊙丁韪良说，“恭亲王的命运之星升起在黑暗的暴风雨中”，他靠着“超凡的才智和勇气”，“在皇室危难的关键时刻，不止一次地挺身而出”，“尴尬的局面愈发衬托出恭亲王的尊贵与镇定”。

⊙1872年9月15日，《纽约时报》登载了来自旧金山的一则电讯：“旧金山，9月13日电：昨天到达这里的三十名清国学生都非常年轻。他们都是很勤奋和优秀的小姐和绅士，容貌俊秀，要比任何在这之前曾到美国访问过的清国人都好看得多。有三名身为清国官员的教师陪同着他们。清廷拨出了一百万美元用于这些学生的教育。这批来此地接受教育的清国小姐和绅士受到了人们极大关注。因为先前一批清国学生在美国时曾受到基督教的熏染，所以这次将会在这批学生中严格传授孔子思想，让他们信仰儒教。另外，‘四书五经’和康熙皇帝制定的律令也将是他们常规课程的组成部分。”

⊙1906年4月24日，《纽约时报》刊载了一则来自上海的电讯：“《拉萨条约》已在北京签订。根据此约，英国政府承认大清国政府对西藏拥有主权。英国政府将不干涉西藏内部事务，除非其他列强采取了有碍大清国对藏主权的行动。同时，大清国政府将同意向印度开放西藏部分地区的市场贸易，铺设电报线路，并在将来可能制订的铁路修建计划时，优先考虑大不列颠政府的要求。此外，大清国政府同意向1903年4月抵达拉萨的英国上校扬哈斯本爵士及他率领的探险队赔付125万元探险费用。”

⊙1892年2月4日，《纽约时报》登载了一篇题为《光绪皇帝学英语》的述评。文章说：“今年20岁的大清国皇帝陛下（在大清国，人民称他为天子），目前正由两个受过英美教育的北京国子监学生负责教授英语，而这件事是由光绪皇帝颁布诏书告知全国的。”“光绪皇帝屈尊学习外语，是因为他和他的政治顾问们都认为，死死保住三千年前就形成的‘老规矩’的时代已经过去了，要应付当今列强，必须相应地改变国家制度。”“皇帝陛下周围的一些大臣甚至希望，大清国未来应该在文明国家的行列中占据一个适当的位置。”

⊙《剑桥晚清史》中说："从1870年随着李鸿章成为北洋通商大臣以来，自强新政的领导权就被这个强有力的人物所掌握。"

⊙1886年8月29日的《纽约时报》，摘登了香港《每日新闻》关于清朝皇帝选妃和侍寝的一些生活趣事："皇子15岁时必须结婚。如果确定为皇储，还要为他选太子妃。选立正式的太子妃前一年，宗人府要先为他选一位比他长一岁的宫女试用，教他学会怎样做丈夫。清帝就寝时，床边有八名宫女侍候，还有十六名从内务府传来的侍女在旁协助。她们的职责是服侍主子，不能打喷嚏、咳嗽、唾吐和发出任何声音。""每年春节，皇帝陛下和皇后都要共同主持一场宫内大宴。皇后坐在皇帝陛下的左边。这是一年中唯一一次全体妃嫔会聚的场合，皇帝能见到他所有的爱人，并对她们进行比较。"

⊙1900年8月20日，八国联军基本占领了整个北京城。俄国《新边疆报》记者扬契维茨基描述了他所看见的情景："傍晚，万籁俱寂，枪声早已停止，我重新登上城墙，眺望城市。在这个古城的上空，曾经从夜里两点到下午两点，到处纷飞着令人生畏的弹药：燃红的铅弹，钢铸的榴弹，甚至还有中国人民用生铁制成的古老的炮弹。在这寂静的古老城墙上和在这神圣京都的城墙下，人们的鲜血一直流淌了十二个小时。"

⊙袁世凯出山后，英国驻华公使朱尔典这样评价袁世凯："没有人比他更适合充当汉人与满清皇室之间的调停人角色了，他是汉人中最受人信任的代表人物。"

⊙法国人关于《中英北京条约》签约仪式的记载，与英国人的记载有所区别。他们将英国人在仪式上的傲慢无礼作为嘲讽重点，俨然把自己当做大清国的哥们儿："中国人总是按照他们的方式来理解优先权和礼仪，而且在这方面很小心，也很敏感……（额尔金）对中国亲王表现得傲慢、严厉和过分的放肆，弄得这位中国亲王异常激动不安，并在好几个场合中都流露出来。"

⊙1906年11月18日的《纽约时报》中，有篇《一个美国律师的观察》的文章，说到了清朝的法律："《大清律法》十分独特，处罚相当重，非同寻常。几个月前，上海郊区一名清国抢劫犯被裁决'站笼处死'，即把他关进站笼中，头伸出笼外，卡在一个洞中，不能动弹。然后，每天从其站立的石头堆中取走一枚石子，直到其颈项被笼口勒紧，窒息而死。此外，还有一种死刑叫'凌迟'，就是将犯人身上的肉一片一片割下，令他痛不欲生。处决强盗的方法一般是斩首。"

⊙1858年10月23日，《纽约时报》刊登了一组新闻专稿，其中说到了清朝的骑兵："这些鞑靼骑兵没有弓箭，但每人肩上都背着一杆火枪。他们的火药显得很粗糙，在他们的弹夹里除了子弹还有一些小小的铅块。每个人的长筒靴内都插着烟斗和扇子。"

辛亥前夕湖北孝感的清骑兵。

⊙1894年8月27日，李鸿章会见世界禁烟联盟执行秘书、英国人亚历山大。《伦敦每日新闻》记者约瑟夫对此进行了跟踪报道："他（李鸿章）以最强劲的语言声称，中国政府一如既往地强烈反对鸦片贸易……李总督最后明确宣称：'你们也许明白，如果你们停止毒害我的人民，我们就会立即禁止他们获得鸦片。'我（约瑟夫）告诉他，英国议会已经通过投票，将指定一个专门委员会来华调查鸦片是否真的像有人指控的那样有害时，他气愤地回答：'荒谬绝伦！'似乎十分的愤怒和蔑视，缓和了一下语气又说：'任何人都知道，鸦片是有害的。'当我起身告辞时，他仍很善意地用热情的语言赞扬了英国公民为使中国摆脱鸦片所表现出来的仁慈。"

⊙一位外国记者曾这样回忆戴笠："一个隐面人，总是藏在房间的暗处，其他人则处于一览无余之下。"另一位记者则说："从一方面看，二战中没有一个人形象要比他更黑；而从另一方面去看，又没人比他更白。几乎所有的人都被他锐利的目光所震慑。"

⊙法国《费加罗报》记者罗蒂在八国联军攻占北京两个月后来到中国，他在文章中写道："几个褴褛的乞丐，战栗在蓝色的破衣之下；几条瘦狗，食着死尸，如我们在路上领教过的一样……经炮弹、机关枪光临过的北京，留下的仅有颓垣败瓦而已……一切皆颓坍了，但欧洲人的国旗，飘扬在各处墙上。"在天坛，他写道："这个往昔庄严肃穆的地方，现在任由野蛮人的马队驰骋。英国人派来的攻打中国的上万名印度兵，在那里扎营。他们的马蹂躏着一切，草地上全是马粪。”

⊙1909年6月4日，《纽约时报》在一篇通讯中说：“1908年，美国从清国进口总价值为10 545 423美元。其中茶叶1 954 891美元，生丝超过500万美元。”

⊙美国政治协会首任会长、袁世凯的宪法顾问古德诺，曾在理论上支持袁世凯的复辟。他在北京居住了一年半之后，便严肃而肯定地说道：“中国缺乏它要表现的自由民主所应具备的法制、个人权利，甚至连纪律都没有。因此，专制应该继续下去，直到它发展出对政治权威有更大的服从、对社会合作有更大的力量、对私人权利有更大的关注之后再说。”

⊙1911年11月11日，孙中山到达伦敦，结识了生产马克沁机关枪的兵工厂主达尔生。孙要求借款一百万英镑，待革命胜利后，“给英美在华若干优先权利”。这份信函被转给英外相格雷。格雷称孙为“理论性的与喜说大言的政治家”，同时转告孙中山：“英国将保持中立。”并表示：“英国对袁世凯将予尊敬。”

1911年7月，孙中山与“洪门筹饷局”成员合影。前排左起：伍平一、赵昱；二排左起：张蔼蕴、黄伯耀、孙中山、李是男、黄芸苏；三排左起：刘鞠可、唐琼昌、黄卫廷、朱三进、黄三德、罗敦怡；四排左起：黄杰亭、黄任贤、郑超群、李务明、司徒文焜。

19世纪法国杂志封面

⊙在1868年《纽约时报》对中国政府流程的介绍中，几乎找不到慈禧太后在其中的作用。因此有美国史学家认为：在慈禧太后与恭亲王奕䜣的联合政权中，太后的作用是象征性的。

⊙《泰晤士报》驻华记者濮兰德说："恭亲王的死是一件严重的事……如果他还活着，或许不会有义和团乱事。"

⊙美国传教士明恩溥在其著作《中国在激变中》认为，恭亲王（奕䜣）的逝世，令中国这架"错综复杂的政府机器失去了一个重要的平衡轮"。

西方漫画中的老佛爷还抽着烟卷，看来慈禧跟西方关系真是很差，不知道她怎么卖的国。

⊙关于李鸿章海上旅行用餐，《纽约时报》在报道中这样描写："李鸿章在他自己的舱房内吃饭，由他带的厨师准备饭菜。这些厨子们在轮船的厨房大舱内自由进出。鱼翅、燕窝是美味佳肴，他从清国带了许多。他的一个儿子与他共同进餐，而其他随从则在轮船的餐厅内分桌用餐。""他一天要吃好几顿，有四个厨师为他准备饭食。厨师们凌晨两点就得起床，要使他们的主人早晨八点能吃上早饭，他们不到晚上九点或九点半不能歇息，因为总督总是会要一些'热菜热饭'什么的。"

⊙1894年12月13日，《伦敦每日新闻》在一篇报道中，说到了当时清廷官员购买洋人军火时的腐败现象："只要外国公司引诱或贿赂他们，再老掉牙的枪支或陈旧的弹药他们都会购买……看看这些枪是什么货色吧：外观上还像那么回事儿，但托盘根本没有加工好，枪口也锉得十分粗糙，螺丝上得敷衍了事，有些螺帽都掉了，以至连接处都松开了。"

⊙1871年12月24日，《纽约时报》发了一篇题为《广州的一天》的新闻专稿，记录了外国记者在大烟馆的见闻："十到十二个各种年龄的男人在喷云吐雾……有个男人正枕着小木枕，四仰八叉地躺在一张光板床上。他茫然若失地盯着什么，鸦片正把他带向缥缈的远界。旁边有个男人，正用他最大的肺活量深吸着，一团团烟雾从他的鼻孔进进出出，他似乎把整个身心都投入到奇怪的梦中去了。"

⊙美国外交官何天爵说："除了身为高官，李鸿章身上带有东方式的架子和仪容外，他非常容易接触。任何一个外国人都可以通过他的幕僚求见这位总督。许多人见过这位看似粗鲁的老总督，都从其身上得出了他知书达礼的印象。我们的一位前州长就受到过李鸿章极其客气的接待。当时这位州长和总督、翻译相距不远。州长事后告诉美国的朋友说：'好样的，我根本不认为这位总督是那种不开化的老顽固。'"

⊙美国总统西奥多·罗斯福骂伍廷芳："他是个令人不愉快的中国佬。"

⊙1875年7月6日，《纽约时报》在一则通讯中，说中国的教育是填鸭式的："学堂是个非常嘈杂的地方，全体孩子都在同一时刻扯着他们最大的嗓门叫喊着。他们这样做的目的是为了能把他们正朗读着的课文背诵下来。当他们觉得自己能背下那些内容后就去找校长，然后背对着校长，表示他们无法看到校长手中的课本，并开始一字不差地复述他所学到的内容。这种教育方法是填鸭式的……而这种做法似乎贯穿于大清国整个的教育过程之中。"

⊙1863年，洋枪队首领戈登对江苏巡抚李鸿章说："中国今日这个样子，不可能在世界上成气候。除非您自己来做，掌握全权可以对中国的事情大加整顿之。您如有意，我当执鞭效犬马之劳。"

⊙美国传教士丁韪良曾说到恭亲王奕䜣的长相："恭亲王身形瘦削，肤色黝黑，因为近视而眯缝着眼睛，并不漂亮。"还说："他并非很有'王子相'的人。"

⊙在1875年7月6日《纽约时报》的一则通讯中，撰文者将中国的知识分子比做女人的小脚："在大清国，士，或称知识分子，通常都非常仇恨外国人。他们反对电报、铁路以及一切新鲜的东西。他们阅读的经典著作是孔夫子时代创作的……如果有任何其他知识的小舟敢于向他们靠近的话，他们就会咆哮不止。把教育模式限制在如此狭窄的道路上，致使人的心智就像清国妇女的小脚一样被挤压而萎缩。"

⊙1896年8月29日，《纽约时报》报道了李鸿章访美时美国民众的反应：“它抵达纽约港的消息不胫而走，人们如潮水一般涌到邮轮停靠的河边。不一会儿，炮台公园就挤满了好奇的人们，他们都想一睹清国总理大臣的风采，因为此人统治的人口比全欧洲君主们所辖子民的总和还多。”

50万人争睹李鸿章风采。

⊙1894年12月13日，《伦敦每日新闻》登载了一则来自天津的电讯："把大清国说成是被抑制了气息的睡兽、如果将她吵醒将会非常危险的说法是多么地流行。商人们担心她有可能节制一部分利益来源而礼让三分；列强们（除了日本和俄国）阿谀奉承的态度又养成了这个国家的人夜郎自大的感觉，并一天天持续和发展下去。"

⊙沈葆桢父亲去世，美国记者对其在讣告中的称呼问题产生了疑惑。1875年7月6日《纽约时报》的一则通讯中说："如果人们注意的话，会发现讣告内省略了家族的姓氏'沈'字。这份讣告是这样写的：不孝男葆桢，罪孽深重，本应遭祸而亡。不料祸竟降至家父身上。葆桢，大清头品顶戴，一等轻车都尉，官授江西巡抚。葆桢父为大清道光十二年举人……葆桢率众子弟重孝守灵，跪地叩头，悲痛莫名，垂泪泣血。"

⊙武昌起义后，朝廷征召袁世凯。1911年10月27日，《泰晤士报》驻京首席记者莫理循从北京给伦敦发电报："军队将领和国防大臣禁止参与任何相关决议，军队一切事务都由袁世凯一人调配，在与起义军交涉过程中，他拥有指挥军队的绝对权力。在朝廷执政期间类似的事件只发生在曾国藩时期，当时慈禧太后授予曾国藩绝对权力以平定太平天国叛乱。朝廷至少开始吐出它所囤积的财产。有一道诏书的内容表明，隆裕太后从她私人的金库中调拨了一百万两白银，作为军饷以应付湖北境内的紧急需要。"

⊙1860年12月10日，《纽约时报》刊登了一篇新闻专稿，记述了外国记者在广州看到的犯人行刑时的情景："雪亮的钢刀闪过之后，罪犯的头会被刽子手踢到一个角落，而躯体被抛到另一个角落，鲜血同时从两处喷出。我们到来时，已处决了二十名凶犯，他们的血在人们的脚下流淌，流成一片可淹至人脚踝深的血坑，血坑里还混杂着死者的头发。据说一天处决三百人的情形多的是。"

⊙费正清在他主编的《剑桥中华民国史》一书中，说袁世凯是新旧思想的混合体："他有一打以上的妻妾和众多子女。他除在正式场合穿西式军服外，都穿中式服装。他不懂外语，从来没有出国到比朝鲜更远的地方旅行过。他虽然在科举考试中失利，但受到儒家课本的教育，并相信其道德上的功效。另一方面，他是作为沿着西方和日本的路子进行官方改革的领袖而在清朝赢得赫赫声名。他招募了许多受过外国教育或有外国经历的随从，他精心培养了一些有朝一日用得着的外国人，他派遣了几个儿子到国外去受教育。看来，他是在不断追求新旧的融合，相信这个混合体最适合中国国情。”

⊙太平天国天京城里的妇女，当时让外界感受到了一股新鲜的气息。当时一些外国人看见她们或骑马，或步行，大大方方地走在道路上，无不啧啧称奇。他们说：“这是前所未见的新现象，使我们想起了国内的生活情景。如果此次革命可以打破迄今一直遵行的妇女不出闺门的制度，那将是一件值得庆幸的事。”

⊙1908年6月14日，托马斯·米拉德在《纽约时报》发表了一篇题为《清国铁腕袁世凯采访录》的专稿，他评价袁说：“在大清国的所有官员里，他是第一个认真学习国外军队的组织方法和战略战术的人，并且也是第一个极力鼓吹军队必须实现现代化的人。他展示出了这样的一种才能，即详尽而精当地重组和指挥了朝鲜的军队，并且在日清战争前不久，他还作为清国官员居住在汉城。他参加了这场对清国人来说可谓是损失惨重的战争，然而，他的声誉和威望并未受到多大损伤。这表明袁是一个具有异常才智的人。”

小站练兵阅兵台

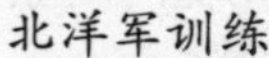

北洋军训练

⊙1864年12月18日，《纽约时报》刊载了一篇题为《清军攻破天王府，忠王李秀成束手就擒》的文章，其中提到了洪秀全的天王玉玺：“天王的玉玺——总共三枚，也都被找到，现落到了曾国藩的手中。其中一枚用纯金打制，约重30磅。”

⊙1860年10月24日，《中英北京条约》签订。英方代表是额尔金勋爵，中方代表是恭亲王奕䜣。额尔金入内后，直奔左侧签约桌坐下，然后示意恭亲王坐在右边。这是按照中国习俗“左”大于“右”的规则，英国要在这上面压中国一头。据法国人的记载，双方当时还在谁先入座的问题上发生了争执，经过“相当长时间的谈判，结果决定亲王和大使同时入座”。而《纽约时报》对此报道时，题目干脆就叫《侮辱恭亲王》。

⊙1875年2月12日，美国《纽约时报》和《芝加哥每日论坛报》同时在头版刊发了一则极短的报道，正文只有十四个英文单词：“来自中国的电讯表明，这个国家的内战将无法避免。”次日，两家报纸又在显要位置刊发了一篇报道，称虽然醇亲王奕譞之子（光绪）已被选为接班人，但同治皇后阿鲁特却身怀有孕，如果能诞育一位皇子，则帝位之争必将趋于激烈。报道还说：传言皇后已经自尽，但无法得到证实。

⊙《芝加哥每日论坛报》在得到同治死亡的消息后，发表了一篇题为《英国与中国》的文章。文章认为：同治皇帝统治着3亿多的庞大人口，远远超过大英帝国（包括所有殖民地）的2.8亿人口，两国人口相加，就等于人类总人口的半数以上，这是人类历史前所未有的事情，中英两国无可争议的是世界上最大的国家。

◎军阀向左，流氓向右

⊙广西公务人员都穿广西式布鞋，若有人穿新式洋装、洋鞋，便被认为是失业者或外来客。唯有李宗仁一人穿长筒马靴，是个特例。有人猜说李为地方领袖，穿马靴是为了表现英武雄姿。某要人遂求证李夫人郭德洁女士，郭莞尔曰："无他，避蚊蚋耳。"原来广西蚊虫巨多，每至黄昏后，信手抓来，可毙飞蚊无数。

⊙冯玉祥被阎锡山软禁在山西五台县河边村。一次，《大公报》的徐铸成来访，便邀他一起用餐。徐问冯："最近前方有什么捷报来没有？"冯用筷子一指火锅，笑着说："老实告诉你，我现在新闻的唯一来源，就是它。"见徐不解，冯继续说："每次他们打好了，火锅里就有肉片肉丸。如果只有白菜粉条，那一定是打败了。"说罢放声大笑。

⊙陈济棠的老婆莫秀英原是集市上一杀鸡婆娘，陈对莫一见钟情，便派哥哥兼军师陈维周去打探。一问之下，不由得大喜过望，原来莫小妇人脚板底有七粒红痣，命相上叫"脚踏七星格"；肚脐边上有粒大朱砂痣，正好对应陈济棠的朱砂掌，绝对是个旺夫益子的命格。

陈济棠，绰号"瘟猪棠"。因在黄埔陆小上课时嗜睡，鼾声如雷，加上脑垂体发育不全，身体协调性差而得名。

⊙梁漱溟评价韩复榘说："他对儒家哲学极为赞赏，且读过一些孔孟理学之作，并非完全一介武夫。"

⊙孔子诞辰纪念日，张作霖会脱下军装，换上长袍马褂，然后跑到各个学校去，向老师们打躬作揖，说我们是大老粗，什么都不懂，教育下一代，全亏诸位老师偏劳，特地跑来感谢，云云。

⊙1917年5月，黎元洪罢免了段祺瑞国务总理一职。段于是致电各省，说："查共和各国责任内阁制，非经总理副署，不能发生效力。以上各件未经祺瑞副署，将来地方国家因此发生何等影响，祺瑞概不负责。”

⊙吴佩孚的同学王兆中前来依附，吴给了他个上校副官。王不满足，称自己“文武兼资尤富于政治常识”，申请去河南当县长。吴批示：豫民何辜？然后原件发还。此公居然不识时务，又梦想着当旅长，请示说：“愿提一旅之师讨平两广，将来报捷洛阳，释甲归田，以种树自娱。”吴大笔一挥，批曰：且去种树。

⊙朱卓文要把城隍庙改建为香山县府。拆庙时，建筑工怕亵渎神灵，不敢动手，朱卓文就从监狱里提了囚犯二十名，亲自督带到庙里，结果这些犯人也不敢拆神像。朱于是拔出手枪，向庙神塑像放了几枪，犯人们才敢下手。

⊙袁克齐曾回忆袁世凯对待小妾的情况：“我父亲对待她们，都一例看待。无论分物或给钱，没有偏轻偏重的情况。因此一家向称平安，争吵的事情，我一次也没见过。我记得三庶母想买一副金镯子，父亲说，好！每人一副，一个人买是不行的。月钱数目，各房一律，谁也不能多拿。”

⊙袁世凯曾对外国记者说：“中国老百姓不开化，不懂什么民主自由，非帝制不能加以统治。”

⊙段祺瑞的执政府成立后，湖北督军萧耀南派人去见段，说：“萧督军是执政任统制时的士兵，由当兵直到主持一省军政，都是执政培植的。他爱戴执政，犹如赤子之对慈母。”段答：“你告诉萧督军，他是一省的疆吏，他应该对国家对人民好，才是正当的；对我个人好有什么意义呢？”

⊙吴佩孚本人不嫖、不赌、不抽大烟，所以也容不得部下有此等恶习，一经发现必严肃查处，轻则撤职，重则枪毙。一曾经嫖过妓的炮兵团长在战场中丧生，吴说：“战场是神圣的战场，哪容得不洁净的人，这种身体不干净的人，神明是不能容的。”

⊙五四时，吴佩孚要求北洋政府释放被捕学生。他在通电中大声疾呼：“大好河山，任人宰割。稍有人心，谁无义愤。彼莘莘学子，激于爱国热忱，而奔走呼号，前仆后继，以草击钟，以卵击石，既非争权利热衷，又非为结党要誉。其心可悯，其志可嘉，其情更可有原。”

⊙张宗昌每次回乡，无论骑马还是坐车，一律在离家数里处便下马下车，而后步行入城。别人问他为什么，他说："父母之邦，焉敢摆臭架子。"

⊙冯玉祥在四川时，部下和"友军"发生矛盾。冯立刻集合队伍训话："刚才有人来报告，说第四混成旅的兵骂我们是'孙子兵'，大家都很生气，可我倒觉得他们骂得很好。按历史关系说，他们的旅长曾做过二十镇的协统，我也是二十镇出来的，你们又是我的学生，算起来，你们不是矮两辈吗？再拿衣服来说吧，绸子的儿子是缎子，缎子的儿子是布，现在他们穿绸子，我们穿布，说我们是孙子兵，不也是应该的吗？不过话要这么说，如果有朝一日上战场，那时就能看出谁是真的爷爷，谁是真的孙子来了。"

⊙张宗昌曾在自己佩刀上刻七字铭言："事到万难须放胆"。并制造多把刻有此言的佩刀，赠送给亲信部下。

⊙吴佩孚和幕僚蒋罗宾是武备学校的同学。当时蒋买了一柄白折扇，被吴泼墨挥毫，糟踏得一塌糊涂。吴不好意思地说："保不准他日咱家的一幅字，你求也求不到哩。"但蒋不依不饶，吴只好赔他一把新扇。后来蒋到洛阳投靠吴佩孚，做了军事参议。一天，他拿着宣纸求大帅"墨宝"。吴想起往事，说："别人要字，成。你要，不成。还记得我赔你扇子吗？"蒋说："此一时彼一时也。如今大帅脚踩过的烂泥也是香的。"二人相视大笑。

⊙孙中山说："袁世凯真能办事，气度也不凡；虽然习惯于玩权术使诈，但也是迫于时事，不得不这样。"

⊙袁世凯的总统府机要处处长唐在礼有一次谈到段祺瑞，他说段"有主张，不轻于表示，但一经表示，如不采纳，他就不高兴"。

⊙1923年，北洋政府曾动议将参议院、众议院迁入故宫三大殿——太和殿、中和殿、保和殿办公。吴佩孚得知立即发电反对，说"百国宫殿，精美者有之，无有能比三殿之雄壮者。此不止中国之奇迹，实大地百国之瑰宝……若果拆毁，则中国永丧此巨工古物，重为万国所笑，即亦不计，亦何忍以数百年故宫，供数人中饱之资乎？务希毅力维一大地百国之瑰宝无任欣辛盼祷之至"。两院搬迁动议遂止。

⊙袁世凯登基后，冯国璋气愤地对亲信说："我跟老头子（指袁世凯）这么多年，牺牲自己的主张，扶保他做元首，对我仍不说一句真话，闹到结果，仍是帝制自为，传子不传贤，像这样的曹丕（指袁克定），将来如何侍候得了。”

⊙北洋权势人物并非个个好色。黎元洪是一位元配，有过两个如夫人；冯国璋是两妻一妾，其中第二位妻子周砥为继室；段祺瑞虽先后有过七个女人，但他在“六不”主张中，明确表示“不嫖”。

⊙段祺瑞不抽、不喝、不嫖、不赌、不贪、不占，人称“六不总理”。他因致电逼迫清帝退位、讨伐张勋复辟和抵制袁世凯称帝三事，亦有“三造共和”的美誉。

段祺瑞

⊙段祺瑞对文人有礼貌，对武将则不假辞色。北京卫戍总司令鹿钟麟到执政府，他常当着很多人的面，指着鹿说：“这是我从前的兵。”曾任陕西督军的陈树藩说段有很多事误于妻弟吴光新，段说：“小学生（段任保定速成学堂总办时，陈是学生）又在乱说，小学生又在乱说。”

⊙有人劝张宗昌裁兵冗员。张回答说：“人生在世，不为名则为利。我张宗昌既没有创办军官学校，也没有设立什么训练班，现在所有的二十多万军队，不都是冲着我张宗昌来的吗？他们之所以投我，就是因为我不吝啬封他们官，给他们钱，能满足他们‘名’和‘利’的欲望。假如我也和别人一样，既吝官，又吝钱，那么天下这么大，何处不容身？何必非投我不可呢？何况我所有的‘名’和‘利’并不是从家里带出来的，而是众人捧来的，我取之于人，又送之于人，于我有什么损失呢？”

⊙1920年12月1日，时任广东省省长的陈炯明发布《禁赌章程》后，广州市面上找不到一家赌博场所。为此，由广州学界发起，打算为陈炯明铸铜像，以纪念其禁赌成功。1921年广州建桥，取名陈公禁赌纪念桥，并镌刻禁赌事迹于桥边石柱。

⊙吴佩孚为了养活庞大的军队，也曾巧立名目，增捐加税，但他本人却从不中饱私囊。吴曾对他的秘书杨云史说：“早先家里有几亩薄田，现在中央又补助

三千元，可以过得去了。这年头，过得去已经是福气了。”

⊙何海鸣评张宗昌：“性喜挥霍，但挥霍之作用，在于侠义结交或周济贫穷，除嫖赌外，自身绝不享受或居积。”

⊙林纾挽张勋：朱成功在，明在，凛然生气；张世杰亡，宋亡，悠悠苍天。

⊙张宗昌为人豪爽，乡里乡亲找上门讨口饭吃的，张一般都能答应，就算旧日曾有矛盾的，他也从不计较。朋友们有了难处，张宗昌二话不说，一把大洋就给扔过去。孙殿英曾对张赞赏有加，说跟了这么多人，就在张宗昌手下能吃香的喝辣的。

⊙林语堂说：“我发现像张宗昌将军这样一些试图恢复孔教并提高别人道德水准的人，通常都娶了五至十五个姨太太。他们在勾引年轻女子方面也很有些手腕。”

⊙孙殿英有一句口头禅：“会捞钱，更要会撒钱。会捞钱是二流学问，会撒钱才是一流学问。”杜月笙也说：“每月存款折上多几个零不算你有多少钱，花出去多少钱才算你有多少钱。”可谓英雄所见略同。

⊙北京汇丰银行华人账房邓君翔挪用公款，托人找张作霖帮自己外逃。张听说亏空的是洋款，大笑着对来人说：“历来是外国人骗中国人的钱，你的朋友能骗外国人的钱，是好小子，有出息，有胆量！你叫他暂时在你家住着，我马上派两个兄弟到你家站岗！”

⊙杨森在川，因兴西学，一时浪得虚名。川中舆论多有献媚，云其英雄盖世，所作所为，皆是为国为民，实乃侠之大者。其“大侠”声名，迷倒大把才女，屡有书信求爱，一信曰：“愿为英雄妾，不作庸人妻。”令川中强抢派军阀唏嘘不已。

⊙四川省主席刘湘非常佩服神棍刘从云，便以其为军师。刘神仙于是编练了一支“神军”，有一个师的建制，全部由道徒组成，专练刀枪不入之法。时人称赞曰：“刘湘有陆、海、空、神四军。”

⊙杨森为了却“与民同乐”的心愿，率先垂范，命令自己的各房姨太太下河去游泳，顿时城中万人空巷，争先恐后去长江边看“女人洗澡”。

⊙1925年夏天，张宗昌与张学良、卢筱嘉闲谈。某报王姓记者递名片求见，张宗昌皱了皱眉头，说：“切了吧！”侍卫出去后，过了半晌进来报告：“已将那记者枪毙了。”卢筱嘉闻言大惊，问：“为什么杀他？”张宗昌若无其事地答道：“那记者的名片上，光头衔就列了十几条，足见他绝不是个好人，所以还是切了的好。”

⊙冯玉祥有个军事顾问叫乌斯马诺夫，喜欢打听西北军的事情，还常常问些军事机密，引得冯玉祥不悦，说：“顾问先生，你知道在我们中国，‘顾问’两个字怎么讲吗？”乌斯马诺夫摇了摇头：“不知道。”冯接着说：“顾者看也，问者问话也。顾问者，就是当我看着你，有话问你的时候，你答复就是了。”

⊙蒋介石为了笼络孙殿英，亲自陪他打麻将。几圈打下来，精通牌技的孙殿英一把不和。蒋于是试探说：“魁元（孙殿英字）老弟胃口大得很，难道非要和一把满贯？”孙殿英长叹了一口气，说：“我是有点贪心，这清一色、全求人，再加自摸，一辈子也难成一和。”孙殿英这是借牌说事：“清一色”是指自己部队不能有外人加入，“全求人”是说要蒋介石提供武器军饷，“自摸”则是部队须由自己全权指挥。蒋略一沉思，说：“这副牌送给孙军长吧，算是见面礼。”意为所有条件一概应允，孙这才满意。

⊙阎锡山统治山西时，将省内的铁路轨距改成窄轨，还特别设计火车，让其车轮能宽窄伸缩，除在山西省境的铁路上行驶外，在省外的标准轨上也能行驶。而外省火车，则因车轮无法伸缩调整，进不到山西境内。

⊙一队土匪慕名投奔张宗昌，张批示拨款一万大洋安置费。土匪头目却在“一”字上加一竖，于是“一万”变成了“十万”。到军需处领钱时，被发现有异，据实上报，张竟点头称是，军需处于是照拨十万。事后，张宗昌召见土匪头目，拍其肩膀说：“老弟，幸好你只添一竖，倘添两竖，不就变成二十万了吗？钱嘛，日后多的是，老弟可得好好干呀！”那土匪果然竭诚效劳，再三立功。

⊙冯玉祥提倡廉洁俭仆，不准属下穿绸缎衣服，一次见有个士兵穿双新缎鞋，便上前深深行了一个90度的鞠躬礼。士兵莫名其妙，不知所措。冯说：“我并不是给你行礼，只是你的鞋子太漂亮了，所以我不得不下拜！”那士兵赶忙把新鞋一脱，撒丫子跑掉。

⊙武穴罢兵后，冯玉祥回京，拄着双拐，对段祺瑞说要去上海养病休息。段回道："你不要同我装着玩了，现在我拿手枪追你，你比谁跑得都快。这次没叫陆建章把你的头送掉，真算便宜，以后要少同陆建章见面，赶快带着队伍去湘西吧。"冯撇下双拐，健步如飞，即刻率部开驻常德。

⊙阎锡山想买一套炼焦设备，以供太原钢厂使用，一时间有不少外国公司争抢此笔生意。最后，有三家公司的报价令老阎满意，于是把这三家公司的代表请到别墅，好吃好喝好招待，静等洋人自己掐架。掐到最后，因某公司开出的价格较低且可提供技术转让，遂得以中标。事后该公司一算账，生意已然成鸡肋矣。

⊙曹锟性情急躁。他任第三镇统制时，有人密告某军械官营私舞弊。曹大怒，立刻将其绑了，打军棍数十。后来一查，此事系子虚乌有，于是又将其升为管带，并安慰说："我轻信人言，打你屁股，很是抱歉！现在你屁股消肿否？谚语常说'越打越发'，瞧，这不就升了你的官了吗！"

⊙胶东军阀刘珍年部下第一旅旅长姓赵，第三旅旅长姓张，遗憾的是第二旅旅长姓梁不姓关，凑不齐刘（备）、关（羽）、张（飞）、赵（云）来。但梁旅长很会揣摩刘的心理，常对人说："我虽不姓关，但我很崇拜关公。"他还请人画了关公像，无论走到哪里，都将此像挂于卧室。如此，刘勉强凑成刘、关、张、赵阵容。

黎大总统

⊙1923年6月，黎元洪下野去了天津。他以个人名义向银行借了12万元款项，设立"国会议员招待所"，并发出通知：凡是北京过来的议员，都给500元"旅费"。结果借款很快花光，议员们却是来了又去，所留无几。

⊙1925年4月，杨森攻打赖心辉，赖部支持不住，各军阀又作壁上观。赖愤极，发出一电致刘湘等，其文曰："衮衮诸公，槃槃大才。使我上吊，你们不来。时机一到，一起下台。"

⊙山东督军张怀芝传见本省籍候补县知事180余人训话，说：“你们各人有各人掌控的省份，同样的地皮，何以不刮外省而向本省来刮！我年轻当兵的时候拿稳宗旨，不升官便去做强盗。我绝不在本省做强盗，一因于心不忍，二则做强盗发了财，本乡本土知道财的来源，我不能向人夸耀。你们这一批知事真是太不知事了！”

⊙桂系三巨头之一、新桂系创建人黄绍竑曾对广西商户说：“问题不是说我们想要你们交保护费，关键是你们想不想在广西平平安安地做生意！”

⊙段祺瑞新的国会选举法规定，凡国立大学教授，在国外获得学位的都有选举权，而且不必亲自到场，可派人拿了文凭去投票。由此，市面上每张文凭可卖到200元，更有一些收购贩子变着法地发财。比如一张洋文凭上注名是wuting，第一次可报武宣，第二次可报丁武，第三次可报吴廷，第四次还可以江浙方音报丁和，最后净得800元。

⊙有一天，张作霖外出遛早，刚走到一个拐弯处，突然传来一声吆喝：“卖包子啦！”张大帅吓了一跳，不禁暴怒：“给我抓起来，毙掉！”大帅亲自执法，乒！朝天开了一枪，小贩吓得几欲瘫掉。大帅很得意：“你吓我一跳，我也吓你一跳。”

⊙张宗昌曾作《游蓬莱阁》诗一首，诗云：“好个蓬莱阁，他妈真不错。神仙能到的，俺也坐一坐。靠窗摆下酒，对海唱高歌。来来猜几拳，舅子怕喝多！”在《下雪》一诗中写道：“什么东西天上飞，东一堆来西一堆，莫非玉皇盖金殿，筛石灰啊筛石灰。”而其《趵突泉》更是语出惊人：“趵突泉，泉趵突，三股水，光咕嘟，咕嘟咕嘟光咕嘟！”

⊙韩复榘在一次演讲时说：“外国人在北京东交民巷都建了大使馆，就缺我们中国的。我们中国为什么不在那儿建个大使馆呢？说来说去，中国人太软弱了。”

⊙1921年，四川军阀刘存厚让成都警厅发布了一条告示：《严禁妇女再剪发》。告示说：“近日妇女每多剪发齐眉，并梳拿破仑、华盛顿等头式，实属有伤风俗，应予以禁止，以挽颓风……如敢故违，定以妇女坐法并处罚家长。”

⊙张宗昌曾仿效《大风歌》作诗一首："大炮开兮轰他娘，威加海内兮回家乡。数英雄兮张宗昌，安得巨鲸兮吞扶桑。"另有《笑刘邦》一诗传世："听说项羽力拔山，吓得刘邦就要窜。不是俺家小张良，奶奶早已回沛县。"

⊙袁世凯早年没能科举入仕，就想花钱捐官，钱不够，就向元配于氏的娘家哥哥开口，结果遭到两个大舅哥的臭骂奚落。这个遭遇让他一辈子记恨于心。

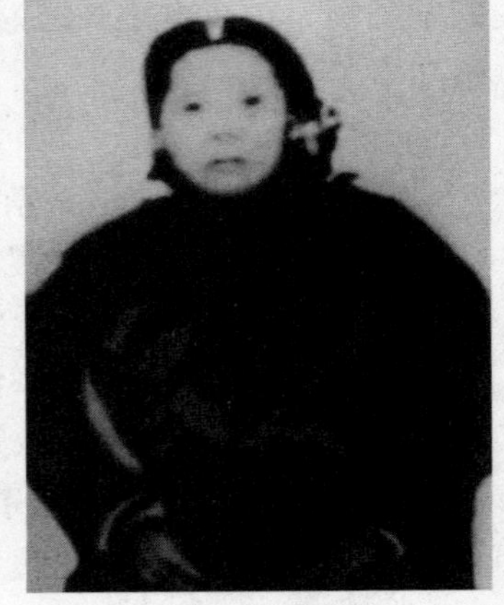

袁世凯大老婆于氏，袁克定的母亲。

⊙曹锟任直鲁豫巡阅使时，其公文俱由幕僚代为处理，及为总统，有许多重要公文，必须呈阅判行，曹甚引为苦。一日，有旧友笑问总统风味何如？曹曰："味儿倒不错，只是天天瞧字，太讨厌！"

⊙中原大战期间，中央军出动空军助战，西北军惊恐万状。冯玉祥为安定军心，便将部队集合起来训话。冯问众人："空中飞机多还是乌鸦多？"众人答："乌鸦多。"冯再问："然则乌鸦拉屎时掉到你们头上没有？"众人异口同声："没有。"冯于是说："所以嘛，飞机投弹时，能命中的机会就更少了，大家不必害怕。"次日空军来袭，大家均不躲避，结果伤亡惨重。

⊙杨森妻儿众多，为维秩序，他治家如治军，一切全部军事化管理，并且分工明细：大太太管总务，二太太管出纳会计，三太太管子女教育，四太太专司对外交际，五太太管仆役……各有专职，无一赋闲，每月每人还发给薪水。

⊙张作霖下令：帅府重地，午夜一过，任何人不准出入。某夜张晚归，门房以过了时间为由拒绝开门。张无法，只得绕到后门进入。第二天，张作霖召见门房，破格升他去当看守所所长。门房表示自己不识字，做不来官。张不以为然，说："那好办，给你找个识字的当秘书。"

⊙曹锟召集学生们训话，说："你们要尊敬教授。这些教授都是由我从南北各省精选过聘请来校的。今后如发现你们对教授有不礼貌的越轨行为，那么我就要你们的脑袋！"

⊙杨森主政四川，连农民进城挑粪也要抽税。谐联大师刘师亮特作一联讽曰："自古未闻粪有税，而今只有屁无捐。横批：民国万税（岁）。"

⊙吴子玉到天津后，曾对杨敬林说："我不过借作军事上之实地练习，聊胜于寻常训练。张作霖的兵，哪里配说与我打仗，我只当打猎一般。"由此军中盛传：奉军皆为野兽。

⊙冯国璋任总统时，总想捞外快，于是把家乡河间的百年古树全都伐了，运到北京出售，惹得家乡父老进京告状。冯又把中南海皇家每年放生的鱼捞出来卖钱，亦激起社会各界的强烈抨击，冯最后不得不自己掏腰包付账。

⊙袁世凯的二儿媳妇、袁克文的正妻刘梅真，因为袁克文讨小老婆的事儿大哭大闹。袁世凯闻听劝说："男人有本事才三妻四妾的，女人不可以妒忌。"

袁世凯与儿女们

⊙1924年，杨森任四川督理，锐意新政，所提倡的各项内容，均以"杨森说……"的式样书写于木牌，钉在电线杆、街旁树木或墙壁上。如："杨森说：禁止妇女缠足！杨森说：应该勤剪指甲。杨森说：打牌壮人会打死；打球、打猎

弱人会打壮！杨森说：穿短衣服，既可节省布匹，又有尚武精神！”

⊙陕西军阀陈树藩说，在他手下做官，第一要有牛马精神，第二要有土匪心肠，第三要有妓女态度。

⊙樊樊山任陕西布政使时，有某县禀报沙灾，说：“县境忽来流沙一股，始则没城足，旋即齐城腰，继且跨城肩，热将来城顶，请派兵两营，前来拿沙。”樊提笔批道：“沙可拿乎？此创闻也。”又作《拿沙赋》，有四句云：“似此狂沙，非拿不可，通禀拿沙，沙何处躲？”

⊙段祺瑞父子对弈，儿子输了。段祺瑞大骂道：“下棋是雕虫小技，你连这方面也不行，真是没用！”又一日，父子俩复厮杀，这次儿子赢了。段怒不可遏，大骂儿子：“既无大志也无大才，只能在这些消遣功夫上表现。”

⊙吴佩孚向秦德纯解释《易经》中的“亢龙有悔”：“亢即过也，离开了法度，一定会陷于悔。段合肥（段祺瑞）继袁项城（袁世凯）掌握北洋兵权，门生故吏遍中国，假如其公忠体国，一秉大公，则直皖战争就不会发生。但合肥后来闹参战借款、扩充军队、铲除异己，就是‘亢’。我们挥师北上将其摧毁，就是合肥的‘悔’。”

⊙何思源对朋友说：“韩复榘虽然好明杀人、暗杀人，但他不是阴险的人。”韩也告诫部下，不要排挤何思源：“全省政府只有何某一个人是山东人，又是读书人，我们还不能容他？不要越做越小，那样非垮台不可！”韩主鲁七年，教育工作总是放手让何思源去做，并且从来没有在教育界安插过一个私人，山东教育在此间有了很大进步。

◎别笑，我是国学大师

⊙刘师培为人不修边幅，经常蓬首垢面，衣履不整。在北京白庙胡同大同公寓居住时，有次教育部旧同僚易克臬来访，见他一边看书，一边咬馒头。他面前摆着一碟酱油，因专心看书，把馒头错蘸在墨盒里，送到嘴里去吃，嘴和脸涂得漆黑一片，看上去仿佛活鬼。

⊙章太炎烟瘾极大，即便正在讲学，也烟不离口，一手拿粉笔，一手拿香烟。有时写板书，竟将香烟当做粉笔，吸烟时，又将粉笔当做香烟，常引来学生哄堂大笑。

⊙1893年，辜鸿铭协助湖广总督张之洞筹备铸币厂。有几位外国专家请他吃饭，大家对辜很尊重，推他坐首席。席间，一人问辜鸿铭："你能否给我们讲讲贵国孔子之道有何好处？"辜鸿铭说："刚才大家推我坐首席，这就是行孔子之教。如果像你们西方所提倡的竞争，大家抢坐首席，以优胜劣败为主，我看这顿饭大家都吃不成了，这就是孔学的好处！"

⊙黄侃在金陵大学兼课，一日农学院院长突发奇想，要在礼堂公开表演"新法阉猪"。海报贴出，全校轰动。在"阉猪"表演现场，院长让学生捆出一头大肥猪，紧缚在手术架上，然后开肠破肚。谁知折腾半天也没找到猪卵巢在哪里，被"阉"之猪一命呜呼。黄侃遂作词讽刺说：渺渺卵巢知何处？望左边不见，在右边乎？白刃再下，怎奈它一命呜呼。

⊙闻一多在清华大学讲楚辞，开场白总是那句："痛饮酒熟读《离骚》，方称名士。"

⊙有段时间胡适对墨子很感兴趣，于是见到黄侃就大谈墨学。黄静听他说完，然后骂道："讲墨子的人都是混账王八蛋。"胡知其素有"黄疯子"之称，未作计较。谁知黄接着又骂："胡适的父亲，也应是混账王八蛋。"见胡怒极，黄缓缓道："你不要生气，我只是考考你。你知道墨子讲兼爱，所以墨子心中无父，而你心中有父，故不是墨子标准信徒。"

⊙金岳霖的眼睛怕光，就配了一副眼镜，镜片一只白一只黑。黑白相间，很有意思。每一学年开始，给新的一班学生上课，他的第一句话总是："我的眼睛有毛病，不能摘帽子，并不是对你们不尊重，请原谅。"

⊙黄侃在南京期间，某日偶遇考试院院长戴季陶。戴问："先生近来有何佳作?"黄答："正编《漆黑文选》，你的那篇大作已经入选。"戴一时语塞，尴尬万分。（按："漆黑"二字是从《昭明文选》中的"昭明"反意而来）

⊙黄侃讲授《说文解字》，学生们感觉晦涩难懂，故此每次考试都有学生不及格。后来学生们就凑钱办了一桌酒席，宴请黄侃。等到期末考试，学生们全部及格。校长蔡元培知道此事后，责问黄为何违反校规，吃学生的宴请。黄侃回答："他们这帮学生还知道尊师重道，所以我不想为难他们。"

⊙1921年10月13日，王彦祖宴请来华访问的法国汉学家戴密微先生，请好友作陪，辜鸿铭坐在戴密微左边，徐墀坐在戴密微右边。闲聊之间，辜鸿铭突然伸手在戴密微背上一拍，说："先生，你可要小心!"戴密微吓了一跳，不明所以，遂问何故。辜说："因为你坐在辜疯子和徐癫子中间。"（按：徐墀在北大绰号"徐癫子"）

⊙钱穆在北平居住七年有余，先后购书五万余册。他曾笑着对朋友说："一旦学校解聘，可摆一书摊，不愁生活。"

⊙傅斯年在演讲中说："孟邻（蒋梦麟）先生学问比不上孑民（蔡元培）先生，办事却比蔡先生高明。"而他自己学问比不上胡适，办事却比胡适高明。蒋梦麟听后笑说："这话对极了。所以他们两位是北大的功臣，我们两人不过是北大的'功狗'。"

⊙陈寅恪与赵元任是同事，于是便在赵家搭伙。赵元任的妻子杨步伟是个热心肠，快人快语。见陈寅恪年近四十，便对他说："寅恪，这样下去总不是事。"陈寅恪答："现在也很快活嘛，有家就多出一些麻烦来。"赵元任幽默地说："不能让我太太管两个家啊!"

⊙章太炎清末流亡日本，某天日本警察到他住处查户口。章在表格中填到：职业：圣人。出身：私生子。年龄：万寿无疆。

⊙胡适回国不久，即在中西女塾毕业典礼上，作了著名的“大奶奶主义”演讲。他大声疾呼：“没有健康的大奶奶，就哺育不出健康的儿童！”

⊙辜鸿铭在北大教书，书本对他来说是可有可无的。学期开始的第一课，叫学生翻开Page one，学期结束，仍是Page one。

⊙1943年12月，蒋梦麟在西南联大写完《西潮》，之后写信给在美国担任大使的胡适，希望他能帮忙校正书中的错误，顺便也谈到写这本书的想法：一是想找点事做，二是希望能养家糊口。他的五个孩子都在学校读书，靠他和妻子挣钱养活，所以蒋梦麟说：“如能摸几文钱，使我全家的灵魂不与体魄分离，已是意外的收获了。”

⊙郁达夫爱喝酒，在火车上也是手不释杯。旅闽时，郁达夫曾造访弘一大法师，法师赠以著作数种。告别时，弘一法师对郁达夫说：“你与佛无缘，还是做你愿做的事吧！”

⊙梁思成作学术报告，拿自己的假牙现身说法：“我是个‘无齿之徒’。牙齿都没有了，后来在美国装上这副假牙，因为上了年纪，所以不是纯白色的，略带点黄，看不出是假牙，这就叫做‘整旧如旧’。我们修理古建筑也要这样，不能焕然一新。”

⊙五四运动的两大口号是“科学”和“民主”。辜鸿铭相信科学，因此从来不骂科学，然而对民主却是深恶痛绝。他在文章中把民主的英文“Democracy”改成了“Demon-crazy”，“Demon”是“魔鬼”的意思，而“crazy”是疯狂的意思。辜鸿铭认为：民主就是“魔鬼”+“疯狂”。

⊙林白水写时评收稿费五元，而且非等这五元用尽之后，才动手写下一篇。一次一位朋友来访，林留其吃饭，可一摸口袋，发现里面空空如也。林于是让朋友稍等片刻，他则伏案疾书，不一刻便搞定一篇千字文，之后吩咐仆人：“赶快送到报馆去，要现钱。”仆人旋即带回五元钱，林遂和朋友到饭馆大快朵颐。

⊙沈从文上课不善辞令，且其浓重的湘西口音学生听不懂，于是沈就任由学生作文，爱写什么就写什么。然后他逐一认真阅读同学们的作文，并在后面附上大段的读后感。很多读后感甚至比学生的原作还长。

⊙1944年，昆明物价飞涨，西南联大教授们生活拮据，于是一些教授发起卖文售字。闻一多因擅长篆刻，便公开治印，并明码标价：石章每字200元，牙章每字400元。他治印不直接收件，而是委托青云街、正义路几家笔店收转。一时间昆明城为之轰动，求印者络绎不绝。

⊙马寅初讲课很少翻讲义，讲得激动时，往往走下讲台，挥动手臂，言辞密集，口如阵雨。一些坐前排的学生说："听马先生上课，必须撑雨伞。"

⊙黄侃有次讲课，作了一个比喻说：好像房子要塌了。语毕，拿起书包向外奔跑，同学们莫名奇妙，便也跟着向外跑。因事出突然，以至门口拥挤不堪，余人便向各窗口冲去，致使许多玻璃被挤碎。

蔡元培

⊙蔡元培写字潦草，钱玄同问他："参加科举的人，都要字写得好才有希望考上，你的字写不好，怎么能考上呢？"蔡闻言笑曰："可能我考的那年，正流行黄山谷（黄庭坚）的字体吧！"（按：黄庭坚擅长行草，故蔡以此自嘲）

⊙梁启超有次上课，第一句话是："兄弟我是没什么学问的。"然后稍微停顿，等大家议论声息，又慢悠悠地补充了一句："兄弟我还是有些学问的。"

⊙四川大学教授蒙文通的考试课很怪异：不是先生出题考学生，而是学生出题问先生，考生题目一出口，蒙就能知其学识程度。如学生题目出得好，蒙就会大笑不已，然后点燃叶子烟猛吸一口，开始详加评论。考场场所也不设在教室，而在川大旁边望江楼公园竹丛中的茶铺里，学生按指定分组去品茗应试，由蒙先生招待吃茶。

⊙苏曼殊和赵声（赵伯先）交往甚密，每次赵声都让士兵购板鸭、黄酒招待，赵"豪于饮"，苏则"雄于食"。有次赵声取笑苏曼殊，说："和尚馋嘴吃肉，是否有违佛戒？"曼殊双掌合十，说："佛说一切皆空，今罗列于前者，即他日的灰尘，又何足言怪。”

⊙黄侃在中央大学开设文学研究法课程，用《文心雕龙》作为课本。黄侃只管讲课，从来不给学生布置作业，考试也不肯看卷子，不打分数。如此教务处便无法对学生考核，于是督促黄侃阅卷。黄侃便给教务处写了一张纸条，上书“每人八十分”五个大字。

⊙苏曼殊给友人写信：“唯牛肉、牛乳劝君不宜多食。不观近日少年之人，多喜牛肉、牛乳，故其性情类牛，不可不慎也。如君谓不食牛肉、牛乳，则面包不肯下咽，可赴中土人所开之杂货店购顶上腐乳，红色者购十元，白色者购十元，涂面包之上，徐徐嚼之，必得佳品。”

⊙辜鸿铭主张男人娶小老婆，说男人是茶壶，女人是茶杯，一个茶壶肯定要配几个茶杯。美国的妇运人士特地跑到上海跟辜鸿铭辩论，辜问她：“亲爱的女士，请问你们家的马车有几个轮子？”“有四个。”“用一个打气筒灌气，还是用四个打气筒灌气？”“当然是用一个。”辜于是得出结论：“娶小老婆就是这个道理！”

⊙林纾在北大任教时，一次见学生们昏昏欲睡，便把课本一合，说道：“下面我为大家讲个故事。”学生一听，精神为之一振。林说：“有一个风流和尚，一次经过一座桥，看见一位美女姗姗而来。”学生们聚精会神等待下文，林却不讲了。学生们忍不住问那和尚和那美女后来怎样，林幽默地说：“没什么，一个向西，一个向东，走了。”此刻，学生们已睡意全无。

⊙齐白石画虾，按只计价。一次，有人请他多画一只虾子，这只虾便走了样，毫无灵气。那人不解，齐白石说：“你要添的这只虾子是不在价钱以内的，所以替你画了只死虾子。”

⊙辜鸿铭上课对学生说：“我讲英文诗，要你们首先明白一个大旨，即英文诗分三类：国风、小雅、大雅。而国风中又可分为苏格兰、威尔士等七国国风。”如此一会儿英语，一会儿法语、德语、拉丁语、希腊语地引经据典、旁征博引，学生们听得云里雾里。最后，辜鸿铭告诫学生：“像你们这样学英诗，是不会有出息的。”

⊙著名作家、翻译家胡愈之先生偶尔会到大学客串讲课，开场白为：“我姓胡，虽然写过一些书，但都是胡写；出版过不少书，那是胡出；至于翻译的外国

书，更是胡翻。”

⊙沈从文上课，头句就说：“我的课讲得不精彩，你们要睡觉，我不反对，但请不要打呼噜，以免影响别人。”如此谦虚一说，反倒赢得了满堂彩。

⊙鲁迅去世前说：“欧洲人临死时，往往有一种仪式，是请别人宽恕，自己也宽恕了别人。我的怨敌可谓多矣，倘有新式的人问起我来，怎么回答呢？我想了一想，决定的是：让他们怨恨去，我也一个都不宽恕。”

⊙于右任应邀参加一个餐会，酒足饭饱后，主人拿出纸笔请他题字，于已酩酊大醉，迷迷糊糊中写下“不可随处小便”六字，随后扬长而去。第二天，主人登门请教，于知是自己酒后失态，赶忙道歉，之后取来剪刀将字剪下重新排列，于是“不可随处小便”变成了“不可小处随便”。于并笑着说：“你瞧，这不是很好的座右铭吗？”

⊙黄侃追求黄绍兰时，发妻尚未下堂，于是心生一计，在办理结婚证时用了假名。对此，黄侃对黄绍兰的解释是：“因你也明知我家有发妻。如用我真名，则我犯重婚罪。同时你明知故犯，也不能不负责任。”后黄侃又与北京女师大一彭姓女学生秘密结合。黄绍兰闻讯，虽愤怒至极却终究无可奈何，因为结婚证上男方是假名，无法对簿公堂。

⊙1916年，张大千在重庆求精中学念书，放暑假回内江，途中被土匪绑票。土匪要他写信回家索钱赎身，一匪看到他的字时，惊叫道：“这娃儿字写得漂亮，我看留他做黑笔师爷好了！”张大千无奈，只好做了一阵子土匪的师爷。

⊙辜鸿铭常有雷人之举，有次到电影院看电影，他的前排坐着一秃顶的苏格兰人。辜于是拿出旱烟杆，轻敲那位苏格兰人的秃顶，低沉地说：“请点着它！”那苏格兰人正在津津有味地看着电影，冷不防被人一击，吓了一跳，赶紧拿出火柴，连划数根之后才替他点上烟。

⊙闻一多不会玩麻将。留美期间，一次到科罗拉多大学两位教授家做客，饭后美国教授拿出麻将，提议玩上几圈。闻一多怕众人扫兴，只好临时参阅说明书，硬着头皮上阵。结果整晚未和一牌，甚是窝囊。

⊙傅斯年、李济、裘善元在重庆参加宴会。宴会结束，主人特别为他们三人雇来六个抬滑竿的工人。裘善元走出来，工人见是一大胖子，都不愿意抬，于是互相推让。李济出来，余下四人见其比刚才出来的还胖一些，彼此又是一番推让。等到傅斯年走出，最后两个工人看到傅的体形吓了一跳，抬起滑竿转头就跑，弄得请客主人甚是尴尬！

⊙苏曼殊与章太炎合住，半夜痛哭不止，章问其故。曼殊说："我最好的朋友是刘三，可是刘三都欺骗我。"章问他如何欺骗你了？曼殊说："以前刘三说要给我介绍对象，现在刘三说不能给我介绍对象了，因为我是出家人。你看，我最好的朋友都欺骗我！"

钱钟书、杨绛和女儿

⊙钱钟书与杨绛结婚，同船赴英留学，初到牛津，一跤绊倒，亲吻了大地，磕掉大半个门牙，满口血流不止。杨绛急得不知所措，幸好同寓所都是医生，在他们的帮助下，杨绛陪钱钟书赶去医院，拔去断牙，然后镶上假牙。

⊙傅斯年在昆明乘坐人力车，车夫拉车飞快，如遇下坡路，便将"车把"用胳膊一抱，两脚悬空，直冲而下。走到逼死坡（按：在翠湖边，为南明时代遗迹，今存有"永历帝殉难处"碑记）时，由于斜坡极陡，加之傅先生体胖，车子滑得过猛，于是翻车，人掉了下来，车也摔坏了。但车夫并未表示歉意，反怪傅斯年身体过胖过重，要他赔车子。

⊙梁实秋请卢前吃饭，问他要什么，卢前说："一鸭一鱼足矣。"梁于是点了一只烤鸭、一条酱汁鱼。卢前伸臂挽袖，埋头海吃，如风卷残云般，连呼"痛快，痛快"，伴着三五斤黄酒下肚。

⊙在西南联大任教时，游国恩每逢发了薪水，就从城里买两袋米，请肩夫挑回乡间家中。有一次他随着肩夫走到大西门，肩夫竟故意在乱哄哄的人群中快步行走，最后不知去向。回到家中，游夫人问他："米在哪里？"游先生笑着说："让挑夫挑走了。"随即又说，"他比我更需要。"

⊙傅斯年请梅贻琦鉴赏新购的古董，梅喝多了，气力特别大，把玩间，竟将一柄铜剑的尖端弄弯。梅酒醒后，为此内疚了好长一阵子。

⊙梅贻琦酒量大，但也有喝高的时候。一次张充和请客，梅贻琦赴饮夜归，步行到寓所时仍旧晕晕乎乎，等到清醒，已然走过了好一段冤枉路。又一次，云南名流缪云台请客，梅贻琦“甫离席即欲睡”，被人搀扶上床时，“已自不知不切矣”。

⊙吴宓天生情种，他和陈心一结婚，生了三个女儿后，却公开宣布自己爱上了同学朱君毅的表妹毛彦文。吴宓和陈心一协议离婚后，在追求毛彦文的同时，又和清华大学的女生以及燕京大学的女生传出绯闻。

⊙黄侃曾在办公室门上挂了一块小木牌，上面写：“座谈不得超过五分钟。”又说：“女学生不在此限，可以多坐一会儿。”

⊙章太炎被袁世凯羁押在龙泉寺时，拒绝吃官方供给，自起伙食。厨子请示他做什么菜，章想到两种：一为蒸蛋糕，二为蒸火腿。于是顿顿蒸火腿，天天蒸蛋糕。

⊙在西南联大时，金岳霖曾开设一门选修课：符号逻辑。对很多人来说，这门课如听天书。但一个叫王浩的学生，颇能懂得个中奥妙。金岳霖经常会在讲授过程中停下来，问道：“王浩，你以为如何?”于是，接下来的这堂课便成了他们师生二人的对话。

⊙苏曼殊看戏，碰巧邻座一艳妆女人抽烟，烟灰弹落在曼殊的外衣上。曼殊虽看到，却不为所动，依旧任其恣意燃烧。有人问原因，曼殊说：“不宜拂美人意也!”

⊙辜鸿铭娶有中、日太太各一名，她们对他很好，但有时也联手对付他。朋友于是调侃他惧内，辜理直气壮地说：“不怕老婆，还有王法吗?”

⊙出版界名人王云五某次到京，各大学竞相请其演讲。一日讲毕，有学生站起来说：“先生的学问，当然国内外共知，但非洲某一座大山，《王云五大辞典》中注称在美洲。我们开始以为是误植，可至今书已出了四十几版，仍未见更正，后来才明白原来是先生大力，将那座山由非洲移到美洲了。”语毕全场哗然。

⊙于右任每天睡觉时，都用一个布套把胡子装好挂于胸前。某日有朋友问他："你睡觉时胡子是放被子里，还是被子外？"于思索半晌，不能答。翌日，于对友人说昨天一夜未睡好。友问何故，于答："我经朋友一提，竟不知应将胡子放被子里还是被子外，总觉得放哪儿都不对劲，以至整夜辗转不能成眠。"

⊙于右任喜吃面食。某次同人请客，特意交代厨师要做得好一点。厨师端出一碗细如丝的面来，于边吃边说："好！好！"言毕问曰："有没有粗一点的？"厨师改上如灯草般的面，于吃一口又问："有没有粗一点的？"厨师再上如韭菜叶般的面，于仍问："能不能再粗点？"厨师无法，只得上如筷子般粗的面。于见状大喜，一气吃了两大碗。事后厨师没好气地说："谈什么手艺，这是乡巴佬吃的嘛！"

⊙章太炎不会用钱，只知一张钞票可用一次。所以他叫用人买烟一包，给五元大洋。儿子买大衣，他给五元大洋。后来家里要在苏州盖房子，他居然也只拿了五元大洋。

⊙章太炎晚年居住上海时，离家五十米外即找不到回来的路，偏偏他又记不住自家地址，只好沿途问路人："我家在哪里？"被问之人常视其为疯子。某次，章从南京返回上海，由于家人记错了班次，没接到他，他只好雇一辆马车，并告诉车夫说："到我家里。"车夫无法，只好在街上一通猛兜，转了半天才被家人寻获。

⊙20世纪20年代，赵元任曾为商务印书馆灌制留声片，以推广"国语"。赵元任夫妇到香港，上街购物时也用国语讲话。港人惯用英语和粤语，通晓国语的不多，一店员无论如何都弄不懂赵元任在说什么，赵无奈，只得离去。谁知刚出门，这位店员却奉送了一句："我建议先生买一套赵元任的国语留声片听听，你的国语实在太差劲了。"

⊙某晚，刘师培慌慌张张冲进张继家中，喘息未定之时，外面忽然传来一阵急促的叩门声。刘面色立时惨白，哆嗦着说："必是我太太来了，怎么办？我非躲起来不可！"说完闪电般冲进卧室，并迅速钻入床底。张继开门后，发现是他的一位朋友，就进卧室叫刘师培出来。刘以为张继骗他，无论如何不肯出来。最后张继无计可施，只好趴下身把他从床底下硬给拽了出来。

⊙章太炎小时候在院中看书，入迷之时，其长嫂叫他进屋添衣，免得着凉。太炎添衣后仍回院中，却不防穿了其长嫂的一件“花马甲”，众人见状大笑。太炎不明所以，抬起头问家人：“你们笑什么？让我知道了也乐一乐。”众人越发狂笑不止。

章太炎

⊙蔡元培任北大校长时，一次几百个学生聚集一处，要求免交讲义费。蔡元培坚持校纪不肯通融，以至秩序大乱。最后蔡站在红楼门口，怒目圆睁，挥拳作势，大声喊道：“我跟你们决斗！”学生们纷纷后退。

⊙李宗吾曾在四川任中学校长及省监学等职，有一年中学学生毕业，省府派李为主试委员，李认真考试，学生恨之。一夜学生多人，手持木棒哑铃，把李宗吾拖出，痛打一顿，临走骂道：“你这狗东西，还主不主张严格考试？”李被人扶起，大声说：“只要打不死，依然要考。”后李裹伤上堂，继续考试，学生不敢再抗。

⊙胡适曾有“新三从四德”论，曰：太太出门要跟从，太太命令要服从，太太说错了要盲从；太太化妆要等得，太太生日要记得，太太打骂要忍得，太太花钱要舍得。

◎恍然

倡导一夫一妻制的康有为自己却娶了六个老婆，上为康有为妻妾成群图（徐悲鸿作品）。

⊙康有为的四姨太市冈鹤子是日本人，比康小40岁，原本为康家在日本的用人。嫁给康后，两人遍览名山，可鹤子在怀孕后偷偷回到了日本，生下一女绫子。有八卦说，绫子是鹤子与康圣人儿子的结晶。

⊙杜月笙曾发动并组织上海各界力量认购救国公债7500万元，几乎占全部发行量的六分之一。

⊙1921年，梁启超在《辛亥革命之意义与十年双十节之乐观》的演讲中说："一面是同盟会人，暗杀咧，起事咧，用秘密手段做了许多壮烈行为；一面是各省咨议局中立宪派的人，请愿咧，弹劾咧，用公开手段做了许多群众运动。这样子闹了好几年，牺牲了许多人的生命财产，直到十年前的今日，机会凑巧，便不约而同的起一种大联合运动……我们永远托命的中华民国，便头角峥嵘的诞生出来了。”

⊙赵元任在南京求学期间，一度染上抽烟、嗜酒、手淫等恶习。后来强制戒除，他常以父命名寓意告诫自己：“元任，任重道远。”后果成为“汉语言学之父”。

⊙杨度有天看到两个乞丐吵架，其中一人厉声道：“今天还有王法吗？都是共和闹的，假如皇帝复生，一定不会让你们这些人如此横行。我只有每天早晚祈祷老天爷，再给我们一个皇帝吧。”杨度大喜，于是策划了一出“乞丐请愿团”的闹剧。

⊙中央派蔡和森、向警予夫妇同赴莫斯科，与他们一起走的，还有湖南老乡李立三、李一纯夫妇。在寒冷的莫斯科，李一纯融化了蔡和森的心，“向蔡同盟”宣告解体。1926年底，蔡和森、李一纯正式宣布结婚。

⊙太平天国歌谣：“不是说天上的星星多吗？比不上太平军的战士多啊！不是说天地的恩情厚吗？比不上呼王（洪秀全）的恩情厚啊！”此歌谣系广西瑶族人所作。

⊙太平天国歌谣：“长毛（太平军）一来，生活好过。撑口（指田）要分，单纸（指田契）丢路；大家平等，没有富户。”

⊙1932年初，蒋介石、汪精卫重新合作。蒋对周佛海说：“你过去骂过汪先生，现在我们和他长期共事，你要和他多谈谈，求释前嫌，并为我好好联系。”周佛海得此密旨，当上了汪精卫集团的“总参谋长”。

⊙据《中俄密约》俄方谈判代表之一、当时俄国的财政大臣维特伯爵回忆，沙皇俄国提交给李鸿章签署的密约，并不是李鸿章事先看到的那份，而是俄方工作人员趁李吃饭时伺机掉了包的。他说：“是我们自己违反了协定，才造成今日远东的局面。这是一件背信和昏聩奇怪地混合在一起的事。”

⊙关于醇亲王奕譞拿海军军费为慈禧太后建设颐和园的指控，来源于《翁同龢日记》。日记中说：醇亲王请庆亲王转告翁同龢等，在为慈禧太后修建颐和园的问题上，要“谅其苦衷”，他的目的就是“以昆明湖易勃海，万寿山换滦阳也”。有史学论证，此“勃海”并非北洋舰队活跃的“渤海”，而是与下句中的

“滦阳”一样，指的是一处叫“白海”的塞上行宫，意思也就是让慈禧就近在京郊修园林，而不要跑到遥远的塞上去建行宫。

⊙唐德刚在《剑桥中华民国史》中，曾说到革命的经费问题：“中山（孙中山）号称是独立各省拥戴的大总统，但没有一个省给他一分钱。连政府的开张费用，都是那个当了状元不做官的张謇借来的。”

⊙1895年3月24日下午四时，李鸿章在日本马关和伊藤博文第三轮谈判结束后，坐轿子返回驿馆。途中突然蹿出日本浪人小山丰太郎，朝李鸿章头上就是一枪。李鸿章左颊中弹，倒在血泊中。迷迷糊糊中，李不忘叮嘱随从人员，要他们不要洗掉黄马褂上的血迹，说：“此血可以报国矣！”

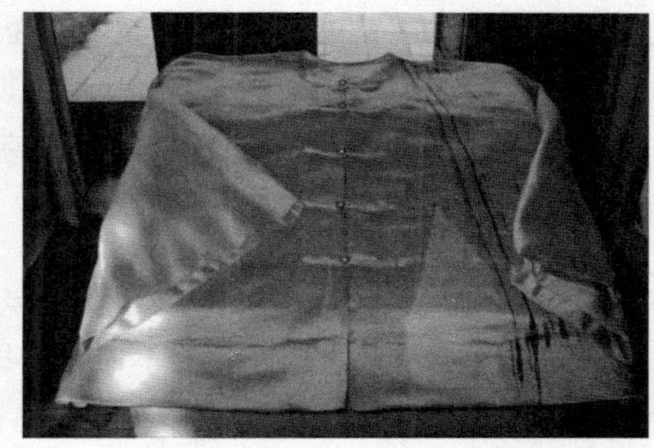
李鸿章血衣

日本人绘“请和使谈判之图”

⊙唐德刚说：“袁（世凯）的江山是枪杆打下的。当年帮他打天下的功臣段祺瑞、冯国璋、张勋等人如今都自成方面。仰望黄袍，各有私心。慢说他想做皇帝，就是维持个总统大位，也要时时看他们脸色。”

⊙中国人自己建造的第一条铁路——京张铁路，让大家记住了詹天佑，但人们并不知道，当时詹天佑为总工程师兼办路务，是袁世凯一手任命的，这条铁路也是袁世凯亲自筹建的。1907年，袁世凯又奏请朝廷，任命詹天佑出任汉粤川铁路总办。

詹天佑

⊙《二十一条》签订后，胡适曾说：“吾国此次对日交涉。可谓知己知彼，既知持重，又能有所不挠，能柔也能刚，此乃历来外交史所未见。”

⊙吴稚晖在《总理行谊》一文中说，程家柽是“一个最大胆粗莽的革命家，民国三年被袁世凯骗了，杀在北京彰仪门”。

⊙1911年7月31日，同盟会中部总会在上海成立。8月2日，谭人凤被选举为总务会议长。他在《中国同盟会中部总会成立宣言》中说：“定名同盟会中部总会者，奉东京本部为主体，认南部分会为友邦，而以中部别之，名义上自可无冲突也……总理暂虚不设，留以待贤豪。”

⊙阎锡山在回忆录中，曾说到鼓动袁世凯称帝的五种人：一是长子袁克定，想通过立太子而承大统；二是清廷的旧官僚，意在封公封侯；三是满清的亲臣，意在促袁失败，好伺机复辟；四是副总统黎元洪的羽翼，意在陷袁于不义，使黎能够继任总统；五是日、英、俄三国，意在促中国于分崩离析，使之永陷贫弱落后之境地，以保持他们在中国的利益。

⊙关于朱卓文刺杀廖仲恺一事，台湾史学家黎东方持不同意见，他在所著《蒋介石全传》一书中写道：“朱卓文不曾下手！也不曾转令他人下手，确是事实。”

⊙惇亲王奕誴本来是最有机会成为皇帝的，因为按他母亲祥贵人的预产期，他将是道光皇帝的“长子”。但道光皇帝另一已怀孕的妃子全嫔很有心计，她收买御医偷偷配了催产药，终于抢在祥妃之前生下了儿子奕詝，也就是后来的咸丰皇帝。

⊙光绪和慈禧死后，当时有被谋杀的传言。1908年11月17日，也就是慈禧死后两天，《纽约时报》曾发表评论，否定了这种说法："怀疑皇帝和太后死于谋杀的谣言四起，尽管如此，至今没有充分的证据显示他们是非正常死亡的。皇帝已经被病痛折磨了很长时间，在他的后半生一直处于身体虚弱的状态。慈禧太后多年来肩负着治理国家的重任，在最近的几个月中她的健康每况愈下。11月3日太后的生日庆典过后，她的肺充血引起了高烧。负责诊治皇帝和太后的医生们表示，这两个人的身体都遭到了极端天气的侵害。"

⊙据《圆明园残毁考》记载：英兵北犯，龚自珍的儿子龚橙给他们做向导，说："清之精华在圆明园。"及京师陷落，英法兵遂直趋圆明园。

⊙早在清亡之前，许多政府要员就已剪除了发辫，动机主要是把蓄辫看成是一种陋习，有碍于身体的卫生与行动。不过，这也为民国初年掀起全国剪辫高潮作了铺垫。

⊙王锡彤在日记中说，袁世凯称帝前一个月已是危机四伏。将帅们一直都在观望，不肯出力，"内则段芝贵别有怀抱，外则阎百川（阎锡山）、冯华甫（冯国璋）均另作主张"，而各省督抚更是"虚与委蛇，待时而动矣"！

⊙西安事变后，张学良致电阎锡山，希望他能来西安共商救国大计。接电后，阎锡山立即召开军政紧急会议，说："小六子（张学良）太蛮干了，已元气大伤。"遂决定拥护南京政府，营救蒋介石，并谴责张、杨。

原来老袁这张垂钓图是跟记者说好的。

⊙袁世凯被罢官后，住在彰德洹上村，每有留日学生回国，多绕道前来拜访，其家中常常宾客满堂。袁会根据每个人的不同才能，分别给予他们一定的资助。因此许指严在笔记中说：那两年几乎每个月都有革命党揭竿而起，"皆袁之金钱蒸发力也"。

⊙李鸿章离任直隶总督时，将其所存"小金库"八百余万两

白银全部移交给了后任王文韶，这笔巨款后来落入袁世凯手里。

⊙孙中山曾自称为洪秀全第二，并认为洪氏为“反清英雄第一人”，因此大家就以“洪秀全”呼之。他还褒称太平天国诸领袖为“民族英雄”、“老革命党”。1902年，孙中山鼓励留日学生刘成禺写一本太平天国史。1904年，刘成禺的《太平天国战史》书成，孙中山欣然为之作序。

⊙在1900年2月的李鸿章手记中，提到了他对义和团的看法：义和团反对所谓的洋鬼子，这种行为对中国无一利而有百害，我的这个观点几乎没有给太后留下多少深刻印象。赶洋人出去是不可能的，但最重要的是我们的国家因为洋人撤资却在许多方面更加贫穷。我最后一次在北京时，一直努力地对朝廷说这些观点。太后显然有时倾向这些。

⊙1938年9月，胡适被任命为驻美大使，与“低调俱乐部”中断了联系。

⊙王芸生始终坚持独立的民间立场，不仅批评国民党，也批评共产党。1945年11月，他发表《质中共》社评，呼吁和平；《新华日报》第二天就发表《与大公报论国是》的社论，进行严厉驳斥；次年4月，他又发表《可耻的长春之战》社评；《新华日报》则针锋相对，于两日后发表《可耻的大公报社论》，予以反击。

⊙1903年11月4日，宋教仁、刘揆一、张继、章士钊、胡瑛等人，以参加黄兴三十岁生日宴会为名，在长沙保甲局巷彭渊恂家里，成立了以黄兴为会长的华兴会。华兴会是以湖南同乡为主体的会党组织，该会的宗旨是“驱除鞑虏，恢复中华”。为避免引起清政府注意，华兴会对外采用华兴公司的名义发行股票，募集股本，声称是兴办矿业。

⊙1922年7月，溥仪在英文老师庄士敦的劝诱下，率先剪掉自己蓄了多年的辫子。在小皇帝的带领下，紫禁城内的千余条辫子全部被剪掉。

⊙传闻向邵飘萍送过钱的，先后有袁世凯、顾维钧、梁鸿志、张作霖、郭松龄、冯玉祥、孙中山等。因此胡政之在邵飘萍死后发表的《哀飘萍》一文中，称其“行为不检”。管翼贤在《北京报纸小史》中，也说邵飘萍以言论“尽力赞助”政治势力，“因此获得利益极大，高楼驷马，睥睨报界”。

⊙庆亲王奕劻的妻妾中，有六位封了福晋，超出了清制规定的亲王最多只能封五位福晋的限额。

⊙庆亲王奕劻名声不佳，时人说他家是“细大不捐，门庭如市”，“异常挥霍尚能积蓄巨款”。《泰晤士报》、《纽约时报》等媒体也曾说他家就是中国官场的“集市”（market），连门房都设了“收费站”（toll），仅在汇丰银行就有200万两白银以上的存款。当时的军机大臣那桐也因贪名，和奕劻一起被时人讥为“庆那公司”。

庆亲王奕劻卖官鬻爵之多，以至不可胜数，时人戏称为“老庆记公司”。下图是正规的公司“总理衙门”。

⊙赛金花说："北京的街道，那时太腌了，满街屎尿无人管。洋人最是嫌腻这个，便下了个命令，叫商家住户各自打扫门前的一段，倘有一点污秽，查出来是先打后罚。他们这种办法，固然太厉害些，可是北京的街道却赖以洁净了许多。后来西太后回銮抵京，看见街上比从前又整齐，又干净，很是欢喜，很夸赞洋人们能干。"

⊙醇亲王奕譞主政的后十年，与恭亲王奕䜣主政的前二十年相比，几乎所有改革措施都没有中止，而且在海军、铁路、电信等基础建设方面，还取得了更为长足的进步，尤其在新疆和台湾先后建省，大大加强了清廷对边疆省份的控制。

⊙太平天国女军在太平军初创时期曾经参加过战斗。定都天京后，女军主要从事挑砖、负米、割稻等日常劳动，以及挖战壕、修城池等战备劳动，基本上不再去远征打仗。

⊙1867年，清政府决定遣使出国。恭亲王奕䜣对此不以为然，他说："顾中国出使外国……语言文字，尚未通晓，仍须倚翻译，未免为难；况为守兼优，才堪耑对者，本难其选。"美国第一任驻华公使蒲安臣乘机毛遂自荐，并得到了应允。

⊙周佛海等人想和日本人谈和，对陈公博说："历史的评价问题，牵涉到战局如何发展问题，很复杂，不是我们今天所能定得下来的。成事在天，谋事在人，要谋事总要付出代价和牺牲的。"陈公博说："你们都统一意见了，我还有什么可说的？不过我总觉得这事还欠考虑，背着政府去和敌方谈和，无论结果怎样，总还有个立场问题。更何况还牵涉到要组织另一个政府问题，而日本方面是否有此诚意？此事须得慎重，最好放弃。"

⊙蒋经国在莫斯科中山大学读书时，有人说他是托派，这点蒋经国自己也承认。他后来回忆说："碰巧我的观点与托洛茨基的政治思想不谋而合，于是许多人认为我是托洛茨基的同情者。事实上，他们的臆测是正确的。"

⊙《京报》社长邵飘萍与《新社会报》社长林白水二人，都因文字得罪奉军而被杀。邵飘萍死于1926年4月26日，林白水则于同年8月6日被枪杀，两人正好相隔一百天。当时《京报》曾以"萍水相逢百日间"为题刊登了一则新闻，贴切传神，被新闻界推许为神来之笔。

⊙1908年，当时还是一个小小管带（营长）的吴佩孚，给东三省总督徐世昌上书，提出边防事务方面的建议，受到了徐的称赞。

⊙国民党人杨思义回忆说："袁世凯深知人情，除了威胁之外还有利诱，事情便可圆满。"

⊙陈公博说："汪先生（汪精卫）走到哪里，我跟到哪里。我不想留在四川，眼看众人在我面前骂汪先生，更不愿被别人看成是汪先生留在政府里的密探。"

⊙杜月笙很重视子女的教育，不但严格要求他们的学业，还严禁他们沾染烟赌娼。儿子杜维藩高中时有一次逃考，被他狠扇两个耳光；女儿杜美如一次外语考试成绩不佳，竟被他用鞭子责打数下。

⊙1934年，张充和用"张旋"的假名报考北京大学，结果国文得了满分，数学得了零分。考试委员会经过争论后，录取了她。

纽约时报记者莫里逊

⊙袁世凯在接受《纽约时报》记者采访时说："我一直期待着访问美国。在所有未访问过的国家里，最吸引我的就是美国。这也许是因为，在我周围，有很多年轻人都是在美国接受教育的。但是我觉得，尽管我们两国政府在形态上有明显的差异，但实际上，美国比任何一个西方国家更接近我们的体制。我已经注意到，受美国教育的大清国人民，比受欧洲教育的更能容易地将他们所学到的知识运用于我们国内的管理。并且据我所知，贵国政府的基本规则也与我国政府极为相似。"

⊙1929年1月，张学良在沈阳帅府大青楼的老虎厅，枪毙了杨宇霆、常荫槐二人。时人称此事件为"杨常而去"。

⊙越飞认为北洋政府虽存犹亡。在他的政治蓝图中，中国未来的"合法统一政府"，须由南方的孙中山与北方的吴佩孚共同组建，一个当政治领袖，一个当军事领袖。强强联手，一匡天下。邓中夏后来回忆说：陈独秀与李大钊，都是赞成搞这个联盟的。

⊙袁世凯发现英女皇搞生日庆典，国际友人祝贺是在6月3日，而家人庆贺则在6月22日，遂打算效仿。袁生于咸丰九年八月二十日，经查万年历，阳历为9月16日。于是袁规定：阳历9月16日为中外来宾觐贺日，阴历八月二十日为家庭庆祝日。

⊙太极宗师杨澄甫，其祖父是杨露禅。杨家素有“出手见红”之传统，即用长劲将对手弹放到一丈之外。杨澄甫在武汉与人比剑，用竹剑点人手腕，不料对方剑坠臂折。澄甫公懊悔不已，自此便常将双手拢于袍袖之内，轻易不肯出手，谓之手德。

⊙岑春煊早期思想陈旧，对革命党深恶痛绝。进入民国后，一部分政客利用他的影响力，拥戴他为领袖，岑从此对革命党人有了新的看法。他组建的国民公党，后来与同盟会一起合并为国民党。

袁世凯的女儿和曹锟的儿子结婚

⊙袁世凯子女众多，他充分利用这个丰厚资源，广结儿女亲家。其中包括湖南巡抚吴大澂，两江总督张人骏，直隶总督端方，曾任民国总理的孙宝琦，陕西督军陆建章，曾任民国总统的黎元洪、曹锟，等等。

⊙有句老话叫“天桥的把势，光说不练”。其实是错的，天桥的民间艺术分两大类：说唱艺人和杂耍艺人，说的唱的耍的练的应有尽有，各不相同。

⊙民国人谈到洪宪时期的好处时，说有三点不同于清朝：一曰立宪，一曰永废跪拜礼，一曰永不用阉宦。

⊙美国伊里诺大学校长詹姆

士，在1906年给罗斯福的一份备忘录中声称：“哪一个国家能够做到教育这一代中国青年人，哪一个国家就能由于这方面所支付的努力，在精神和商业上的影响取回最大的收获。”“商业追随精神上的支配，比追随军旗更为可靠。”1909年，美国决定退还庚子赔款部分款项，用于中国办学和派遣留美学生。

⊙1948年《南京日报》报载：“最近一时期内，各方已暗暗传闻，谓政府对英国目下所实施之社会主义，颇感兴趣。而外长王世杰在参加联大会议时，据谓将前往英国研究彼等所实行之方法。”该报还说：“吾人今日最大之需要，首为终止内战，次为复兴农村，至于社会主义，则在政府未能控制全国及和平治安未恢复前，决不可能实施。”

⊙章太炎曾将十二年军阀混战与袁世凯主政时期相比照，给出的评价是：“一蟹不如一蟹。”

⊙甲午海战如此顺利，连日本都没有想到。战前，日本参谋部作了两种最坏打算：一是小输，大军退回日本本岛，等待清军反扑。二是大输，日本全体军民退至北海道，甚至退到西伯利亚。

⊙1922年8月19日，越飞致吴佩孚密函：吴佩孚将军亲启：将军先生，我们都怀着特别关注和同情的心情注视着您，您善于将哲学家的深思熟虑和老练果敢的政治家以及天才的军事战略家的智慧集于一身。

⊙杜月笙曾在老家浦东耗资十万元建了座“浦东杜氏藏书楼”，并附设学塾。

⊙杜月笙晚年，拿出多年来别人写给他的各种欠条，全部予以烧毁，并告诫后人不得追讨余债。其中仅王新衡一人就欠了杜月笙五百根金条，这还不算最多的。

⊙上海沦陷后，杜月笙以市各界抗敌后援会负责人的身份，在租界内逗留了一段时间。他还斥巨资买了不少类似《西行漫记》《鲁迅全集》等进步书籍，烫上“杜月笙赠”的金字，送给租界内的各大图书馆。

⊙恭亲王奕䜣临终前，光绪皇帝问他如何评价他的老师、时任户部尚书的翁同龢。恭亲王毫不犹豫地回答，翁同龢是国家的罪人，“所谓聚九州之铁不能铸此错者”。

1900年，老态龙钟的李鸿章仍奋斗在对外谈判的舞台上。

⊙（1901年）李鸿章临终前，俄国公使曾拿着文件来到李鸿章的病榻前，要求李鸿章在中俄交约上签字。《纽约时报》记者在李鸿章逝世后的第二天从北京发回一个报道，题目叫《李的逝世是因为和外交官的争论》，小标题为：在和俄国公使的激烈争论后吐血。报道说："北京11月9日电：和俄国驻华公使雷萨尔为满洲条约问题激烈争论，直接导致李鸿章的逝世。"

◎骇然

身穿龙袍的袁世凯活像个奥特曼、圣斗士。

⊙袁世凯复辟帝制时，北京最大的绸缎庄“瑞蚨祥”，承制了袁世凯的龙袍、夫人于氏的娘娘服、众妾的嫔妃服以及皇子皇女们的各种服装。其中袁的龙袍价值为80万金（银圆）。

⊙袁世凯的遗产，袁家子女、妻妾一共分了两次。第一次，六个姨太太每人各分得银圆6万元、黄金30两，17个儿子每人分得银圆8万元、黄金40两、各种股票7万元，13个女儿每人分得银圆1万元。合计银圆185万、黄金860两、股票119万。第二次分财产，分的是北京、天津两地的房产，“克”字辈的儿子每人分得249万元，总计3984万元。此外，袁克定独得袁世凯存在法国银行的200万法郎，以及大量田地、房产、古玩、文物、珠宝、字画等。

⊙广州起义时，军人和工人赤卫队成员都系着红带。张发奎军队入城后，凡颈有红带，或家中身上被检查出红带者，立即就地枪决。搜查东山苏联领事馆时，在检获的文件中获悉，他们亦参与了起义的指挥与策划，于是便用刺刀刺死了几个苏联人。

⊙民国早期，上海、天津、北京等地的公共泳池，都曾出现过一些身着泳装的摩登女郎。1930年，民国内务总长朱桂莘之女洪筠，穿着西式泳装在北戴河游泳，令舆论哗然。影星胡蝶、白杨等人也穿上泳装，走进泳池，在阳光下大秀身材，招惹了无数民众的眼球。1935年，杨秀琼以泳装形象出现在《中华》杂志封面上，成为我国最早公开穿泳装上阵的封面女郎。

⊙张勋复辟前，苏锡麟曾劝张勋罢手，说大家签字赞成复辟是假的。张勋说："事情弄到现在，不办也不行了。再说我也愿意办，就是他们骗我，为这事死了也心甘情愿。"

⊙胡雪岩在杭州豪宅，其墙壁是将细瓷碗打碎，然后捣成细瓷砂涂抹的，可以千年不朽。园林巧夺天工，楼阁玲珑，云屏绘锦，绿暗瑶香，豪奢无匹。有位外国官员到杭州，宁愿住在胡府，也不去官方的迎宾馆。

孙中山老乡、国民党元老古应芬。

⊙1914年，朱执信给古应芬写信："近日大炮（孙中山）与黄跛手（黄兴）大相冲突，炮以书与跛谓，中国事应于两年间归彼包办；跛之部下不听指挥，皆以跛故（其实是煽构者言），请跛两年勿与国事，如两年无成，再让跛包办云云［此中情节复杂异常，弟亦不欲深知，亦不必史（使）兄等知之矣］。天下不怕丑有如此者，可谓奇事！弟力劝展兄往美，勿立入此种是非丛中，展口允之，而意不决也。"

⊙民国政府发布的"剪发令"，

同清初顺治帝发布的“剃发令”（蓄辫）一样，都受到了一些守旧人士的抵制。老北京当时有人传唱：“袁世凯瞎胡闹，一街和尚没有庙。”这里说的“和尚”，就是指剪去发辫，或剃了光头的人。而上海“光复已两月有余，辫子仍未除净”。一些激进学生和军人走上街头，强行剪去行人发辫，多有争斗流血事件发生。

民国第一杀手王亚樵，戴笠、胡宗南把兄弟，刺杀过汪精卫、蒋介石、日本派遣军司令陆军大将白川义则（成功）。

⊙沈醉说：“世人都怕魔鬼，可魔鬼却怕王亚樵。”

⊙杜月笙曾告诫手下人说：千万别惹王亚樵。

⊙杨森驻广安四年，每年预征田赋六七年甚至十一二年。到1935年止，已预征30多年的田赋，连同以前罗泽洲预征的，已征至1990年了。

⊙徐正伦曾在回忆录中，描述过袁世凯死后袁氏一家的生活情况：“厨房灶火日夜不熄，下午三点钟以后哪位起来，就哪时开饭，陆续不断。太太、少爷、小姐们饭后，有吸鸦片烟的，有打麻将的。晚上九点左右，就又分别去妓院、戏院、舞场等处玩乐，至两三点钟才纷纷回家睡觉。每天出门回家，衣服、鞋袜、帽子都是男女仆人给穿给脱给摘戴，他们只是抬抬胳膊，伸伸腿脚，向来不自己动手。少爷、小姐的化妆品，每人各有一个五屉柜装着，里边摆满了各式各样的香水，以法国的居多。”

⊙江南制造局生产一支步枪的成本为17.4两白银，而外国产品成本仅为10两左右。而且枪的品质差，连李鸿章的淮军都拒绝使用。

⊙1890年，日本的军费开支约占政府预算总额的10%左右。到1892年，日本政府预算总额为8400万日元，而军费开支竟超过了3455万日元，占预算总额的

40%以上。

⊙袁世凯一生正式迎娶的有1妻9妾，子女共32人，其中儿子17人，女儿15人；段祺瑞先后有过妻妾7人；张作霖有6房妻妾；曹锟有4房妻妾；张宗昌号称“三不知将军”，其中一项就是不知道有多少姨太太，后来有人作过统计，大概40个。在南方军阀里面，杨森公开的妻妾有12人，号称“渝舍十二钗”；陆荣廷有妻妾8人。

⊙洪秀全每顿饭必备二十四牲，即六禽、六兽、六鳞、六介。禽是鸽、雀、雉、鹰之类，兽是牛、羊、獐、兔之类，鳞是鲂、鲤、鲟、鳇之类，介是虾、蟹、蛤、鳖之类。每日变换，不使重复。每顿饭的费用不下几千两银子。

⊙1931年6月9日，杜月笙举行杜家祠堂落成典礼暨“奉主入祠”典礼，轰动了整个上海滩，排场之大，靡费之巨，极一时之盛。杜祠开酒席三日，每日千桌，是百年来上海空前绝后的奢侈典礼。

⊙胡雪岩以商业称霸，名著中外，声势显赫，就连胡的车夫也是腰缠万贯。车夫有家，雇有婢仆，车夫晚上一回到家，便有仆人向里传话：“老爷回来了，快快烧汤洗脚！”

⊙广州房租甚高。1932年12月2日，《中央日报》刊登评论说：“租价狂涨既滔滔未已，于是平民生计乃大受打击，房租一项竟至占全部生活费十分之二三有奇。长安不易居云云，大可为今日广州赠也。”

⊙孔令俊是行政院长孔祥熙的二千金、宋美龄的干女儿，从小野性难驯。在南京，一次孔二小姐驾车兜风，因违反交通规则，被警察教训了几句。她一怒之下竟拔出手枪，将该交警当场击毙。后来南京流行一句话：“你不要神气，小心出门叫你碰上孔二小姐。”

⊙荀慧生在他的日记中，记录了参加杜月笙举办的杜家祠堂落成典礼时的盛况，说第一天路上最为混乱：“在浦东路中，遇程砚秋、姜妙香乘人力车。又闻王又宸虽人力车亦不得乘，只好步行。又闻途中路窄而曲，有汽车翻身，落水一人，及江中小船被撞，船载二千人大呼救命，杨小楼步行至杜祠，梅兰芳觅汽车不得，竟坐老汉所推之独轮小车，俗称老汉推车是也。”

⊙袁世凯死后，其丧礼极尽奢华之能事。在故乡河南彰德的墓地，最少占地200亩以上，灵柩用专列运送，随行人员浩浩荡荡。据统计，当时仅丧葬一项费用就达50多万银圆。

袁林，省级文物保护单位。

⊙洪秀全对后妃管教甚严，规定："服事不虔诚，一该打；硬颈不听教，二该打；起眼看丈夫，三该打；问王不虔诚，四该打；躁气不纯静，五该打；讲话极大声，六该打；有唤不应声，七该打；面情不欢喜，八该打；眼左望右望，九该打；讲话不悠然，十该打。"

⊙1920年，上海政府发布布告，禁止"一切所穿衣服或故为短小袒臂露胫或模仿异式不伦不类"，称其"招摇过市恬不为怪，时髦争夸，成何体统"。并规定：凡"故意奇装异服以致袒臂、露胫者，准其立即逮案，照章惩办"。

⊙电报设立之初，价钱很贵。从天津发往通州的电报，每个字的费用是银圆1角，可以买16斤大米或30个鸡蛋。

⊙张太雷在一次工作报告中说："如张（张发奎）不与汪（汪精卫）联络分共，则在部队带到东江之后始解决之，否则在浔（九江）解决之。"

⊙清末民初，南海、顺德、三水等地区流行"自梳女"。自梳女就是一辈子没嫁人的老处女，因把发辫盘在头上梳成髻子而得名，又称"疏起"。当时没有"自梳"的女性是不能外出打工的。自梳女晚景十分凄惨，死了还不准其父母收尸葬殓，由其他自梳女用草席与门板草草挖坑埋葬了事。如村中无自梳女帮助殓埋，便抛入河中任其随水流去。

⊙郑逸梅在《人物品藻录》中，说吕碧城是当时上海滩的风云人物："吕碧城放诞风流，有比诸《红楼梦》中史湘云者。且染西习，常御晚礼服，袒其背部，留影以贻朋友。善舞蹈，于蛮乐瑨琺中，翩翩作交际之舞，开上海摩登风气之先。"

⊙太平军用天气来卜测吉凶：晴天是天公高兴；下雨是天公发怒；阴天是天公忧怒；刮风打雷则是天公大怒，必有灾祸发生。并以初一那天的晴阴来确定上半月的吉凶兆头，十五的天气好坏则决定后半月的吉凶兆头。每月的最后一天，太平军还要烧香上供，感谢上天，意思是承蒙上天保佑，这一月能够平安度过。

⊙民国政府剪辫，在庙会、集市上搭棚设“点儿”，预备菜饭粥茶，见未剪发的便扭进棚内，强行剪去辫发。届时地方官员会长揖恭维道：“您剪发辫啦，大吉大利！请您棚里用饭吧！”被剪者，有愤然离去的，有一边吃饭一边哭辫子的，还有要求将辫子捡回去，说死后入殓落个“全尸”的。

⊙1912年2月2日，《纽约时报》报道说：“昨天袁世凯的军队散发了传单，威胁说如果袁世凯少了一根头发，士兵们会杀掉所有应该负责的人。”

⊙洪秀全选美，要求女子腰一定要直，肩一定要削，胸一定要平，个子一定要高，其中最看重的是身高，凡选定女子，一定要先量其身高，达到规定高度之后，再看其面孔。如高度不够，即便长得再好也不要。

⊙义和团把传教士称为“毛子”，教民称为“二毛子”，通洋学、懂洋语、用洋货的依次称为“三毛子”、“四毛子”直到“十毛子”，统统都在严厉打击之列。

⊙晚清大诗人戴启文写过一首咏电报的诗，描写了国人第一次目睹电报功能的惊奇：“五岳穷云海澄练，纬地经天长一线，重洋万里纸鸢风，暗地机关人不见。”

鲁迅与许广平和周海婴

⊙据鲁迅的学生孙福颐说，鲁常怀疑有人会暗害他。由日返国后，鲁曾定制一把小刀，藏在枕下，每夜枕着睡觉。又据鲁的太太许广平说，鲁常做噩梦，经常梦见自己出门时，黑暗中两边埋伏着两个人，他一喝，那人影便隐去不见了……苏雪林说，鲁迅“这么疑神疑鬼，在自造的荆天棘地里度日，做人岂不太苦”？

⊙抗战期间，蒋介石曾派蒋纬国到

胡宗南部下当连长，胡派了一团精锐加以保护。

⊙为了防空，闻一多全家搬到昆明城外，与华罗庚两家同居一室。闻、华两家共14口人，所住面积只有16平方米，人均占有空间不足1.2平方米。闻家住屋子东头，华家住屋子西头，中间挂一块碎花布相隔，原想互不打扰，可半夜华罗庚的小儿子尿床，可以一直湿到闻一多家这半边。雨天到来的时候，两家孩子一起把脸盆、漱口缸、饭碗、尿罐集中起来，抵挡漏雨。华罗庚就在这里写出了《堆垒素数论》。

⊙民国时期，上海的时尚杂志《良友》刊出了胸罩专题，介绍欧洲女性胸罩的式样与使用方法。犹如重磅炸弹，在时髦女性中炸开了花。沪上百货纷纷引进这些“舶来品”，将其摆放在橱窗最醒目的位置。新女性竞相抢购，以至脱销。

橱窗里身穿新式胸罩的美女。

⊙1928年，南京民国政府再次发布《禁止妇女缠足条例》，要求妇女放足，并分别对15岁以下、15岁至30岁和30岁以上妇女作出了不同的放足要求。可见当时此项工作阻力之大。

⊙民国报载：“现代中国的摩登姑娘，太太们，哪一个不是成了洋货商店的好主顾，从头发丝尖儿起，至高跟皮鞋底的最末一英寸止，差不多除了她们固有的中华血统的皮肉之外，全都装饰着舶来的日用品。连日常的食品，为了求精洁卫生的决大理由，也积极的洋化起来，以期脱胎换骨，由黄皮肤黑眼珠渐渐地变成优生的雅利安或是斯拉夫的新种。掌握着家庭经济的太太奶奶，被人讥笑为洋货推销员。”

⊙1947年，广州市政府为了缓解房荒，曾下大力整顿空置房。规定：空置房必须出租，超过合理使用面积的房屋也必须出租，而且出租期间不能抬租，不能加租，不能变相加租，不能借口翻建赶走房客，否则必须支付房客搬家费。如果自恃有钱，拒绝将空置房出租，则政府可以推平其房屋，拍卖其土地。

⊙1912年，孙中山颁布剪辫通令，致电全国：“令到之日，限二十日一律剪除净尽。”当时媒体曾报道乡民遇到大兵剪辫时的惊恐：“有执辫子狂奔回乡，军队从后追赶者，更有乡人被迫跃入河为旁人救起，未遭淹毙……”1917年，张勋率“辫子军”进京，一时间城内假辫舞动。于是有歌谣说：“不剪辫子没法混，剪了辫子怕张勋。”

⊙梁启超说：“世人竞传李鸿章富甲天下，此其事殆不足信，大约数百万金之产业，意中事也。”

连当时的钞票上都印着李大人的头像，无怪乎当时谚语说：“宰相合肥天下瘦，司农常熟世间荒。”分别暗指了合肥李鸿章、常熟翁同龢（户部尚书）。

⊙1914年12月，北京政府颁布《暂行新刑律补充条例》，在第十二条中明确承认了妾的存在。大理院在解释妾的身份时说：“凡以永续同居，为家族一员之意思，与其家长发生夫妇类同之关系者，均可成立。法律不限何种方式。”

⊙辜鸿铭在东交民巷使馆区内的六国饭店用英文讲演《春秋大义》，开讲演售票之先河，而且票价竟高过了“四大名旦”之一的梅兰芳，听梅的京戏只要一元二角，听辜的讲演却要两元。

⊙1942年，日军切断香港、滇缅补给。中国外援断绝，造成轮胎供给匮乏，一时竟有“一滴橡胶一滴血，一个轮胎一条命”的说法。

⊙张竞生在《京报·副刊》刊登征稿启事，公开向社会征集“性史”，共收稿三百余篇。张选中七篇编为《性史》，于1926年4月以“性育社”的名义出版。

⊙袁世凯有九个小老婆，所以常吃鹿茸进补。张伯驹在《续洪宪纪事诗》中，就有一首说的此事：“夜夜羊车幸八宫，争承欢宠亦劳躬。事烦纵是食非少，滋补还须赖鹿茸。”

⊙康有为从小读书很用功，早起即拿五六本书放于桌上，右手拿一把尖锥用力锥之，锥穿两本，当天就读两本书，锥穿三本，当天就读三本书，每日必读一锥。

◇色戒

⊙心高气傲的张兆和把追求者编成“青蛙一号”、“青蛙二号”、“青蛙三号”。张兆和的二姐张允和取笑她说：“沈从文大约只能排为‘癞蛤蟆第十三号’。”而沈从文却说：“打猎要打狮子，摘要摘天上的星子，追求要追漂亮的女人。”最后他终于追到了张兆和。

沈从文与张兆和（上图）
周有光与张允和（张兆和二姐）

⊙黄金荣和儿媳妇李志清纠缠不清，后来黄金荣说过一段拗口的话：“生了个名义上的孙子，实际上是儿子。”

⊙彭玉麟夫人方梅仙逝世后，生活备感枯寂。时西湖岳王坟守坟老人有一女名二官，对彭玉麟极为景仰，表示愿意以身相许，“为彭宫保执箕帚”。彭玉麟深思熟虑十数日后，以诗婉拒：但愿来生再相见，二官未嫁我年轻。

⊙五四运动时，陈寅恪尚未婚。有人问他的爱情观，他说：“一等爱情是爱上陌生人，可以为之死；二等爱情是相爱而不上床；三等爱情是上一次床而止，终生相爱；四等爱情是相爱一生；五等爱情是随便乱上床。”

⊙1913年，蒋百里自杀未遂，结识了救助他的护士佐藤屋登，并对其产生强烈好感。佐藤返回北京后，蒋托日籍主治医生对佐藤说："蒋百里委托总统，总统委托日本公使，公使委托我向你说明，蒋百里希望你能嫁给他。"佐藤不"感冒"便回到日本。蒋不停地写信给佐藤，表示：我是因为你的安慰为你而活下来的，若你再不理我，我便要到日本去，死在你们家！她的父亲本来不同意，看了蒋的信，终于同意两人的婚事。1914年冬，佐藤与蒋在天津德国饭店结婚。

蒋百里与佐藤夫人及女儿蒋昭、蒋雍、蒋华合影（1925年）。

⊙苏曼殊追求西班牙牧师庄湘的女儿雪鸿，一日留宿雪鸿家中。第二天起来，庄湘对曼殊说："雪鸿非常爱你，你是否愿意做我的女婿?"曼殊沉默良久，最后哽咽着说："佛命难违。"语毕拂袖而去。

⊙张宗昌姨太太多，成员也复杂，除中国本土外，还有来自朝鲜、俄罗斯以及日本的，号称"八国联军"。张到任何地方都带着这支娘子军，一队马弁一队姨太太，很是威风。1931年，张宗昌在北京宴请美术界人士，共设二十五席，每席皆有一位姨太太专座陪客。二十五名妖冶女人各领风骚，坐者无不瞠目结舌。

⊙1928年底张学良易帜后，经常走访南京，其目的并非和蒋介石商谈政事，而是爱上了当时外交部长王正廷的妹妹，最后王正廷只好将妹妹进呈。后来张学良还将电影明星胡蝶带回北京，遭到电影公司的抗议。张于是干脆拿出10万元给电影公司，以示将胡蝶买了下来。九一八事变后，张学良因退避不战而被迫辞职出国，临行前，他首先做的事就是向他的几个爱妾告别，被当时的报纸责骂为"娇妾重于国土"。

⊙林徽因从美国给徐志摩发电报，说自己孤单苦闷。徐大喜，次日一早就去回发电报以示安慰。不想电报局的员工看后嘟囔了句："先生，今天早晨已经有四位先生给这位女士打过电报了。"原来，林徽因给好几个男人发了同样内容的电报，徐只是其中之一。

⊙1928年7月15日，胡适在《贞操问题》一文中说："女子为强暴所污，不必自杀。失身女子的贞操并没有损失。娶一个被污的女子，与娶一个'处女'，究竟有何区别？若有人敢打破这种'处女迷信'，我们应该敬重他。"

⊙1924年11月某日，上海《民国日报》上同时刊登了三则启事：一是瞿秋白与杨之华结婚的启事；二是沈剑龙与杨之华离婚的启事；三是瞿秋白与沈剑龙结为好友的启事。

⊙一向以满清遗老自居的名士易顺鼎，在担任北洋政府印铸局代理局长时，为名伶刘喜奎写下《对天誓愿》一诗，向刘喜奎细表了七大愿望：一愿化蚕口吐丝，月月喜奎胯下骑。二愿化棉织成布，裁作喜奎护裆裤。三愿化草制成纸，喜奎更衣常染指。四愿化水釜中煎，喜奎浴时为温泉。五愿喜奎身化笔，信手摩挲携入直。六愿喜奎身化我，我欲如何无不可。七愿喜奎父母有特权，收作女婿丈母怜。

⊙姚蓬子在一篇文章中，曾说到他和丁玲之间的关系："也频（胡也频）走后的这一段短短的时间里，我和丁玲是天天都见面的。常常在夜里一盏套着一个大的瓷灯罩的电灯底下，两个人靠近炉边，对着红红的炉火，什么都谈，谈不完地谈不厌地谈下去。"

茅盾

⊙1930年8月，茅盾夫人孔德沚知道了茅盾与秦德君同居的消息，遂四处告知亲友，寻求道义援助，并开出天价离婚条件。茅盾于是对秦提出一个四年之约：四年内他勤奋写作，用赚取的稿费来支付离婚费用，四年后两人缔结百年之好。两人还照了一张合影照片，作为暂时分手的纪念，各持一张，以志不忘。秦于是去医院做了人流手术。出院后发现茅盾早已人去楼空，秦伤心之余吞吃了200粒安眠药，后被救活。

⊙杨绛在东吴大学上学时，追求者甚众，当时校内流传：追求杨绛的男同学有孔门弟子“七十二人”之多。

⊙一日，章太炎与黄侃闲聊，忽发问曰：“季刚（黄侃）汝试答我，妇人身上诸物，以何物为最美乎？”黄忍俊不禁，答曰：“未知也，先生之见何如？”太炎欣然曰：“以我观之，妇人之美，实在双目。”黄侃大笑，曰：“人谓先生痴，据此以观，先生何当痴也？”

⊙黄侃一生结婚九次，被后人誉为结婚狂人，更有无数女生因仰慕黄之才华而英勇献身，据说还曾有女人抱着孩子到其师章太炎面前哭诉。当时有报纸这样写道：“黄侃文章走天下，好色之甚，非吾母，非吾女，可妻也。”

国学大师黄侃

⊙胡雪岩姬妾成行，号称“十二金钗”，分住院内各楼，按序各占一室。到了晚上，侍女端上盛有各姬妾牙牌的银盘，胡雪岩随手翻一个，侍女就按牌上名字叫这个姬妾侍寝，宛如皇帝一般。

⊙沈从文爱上了他的女学生张兆和，因为讷于言辞，于是展开了情书攻势，信几乎一天写一封，张兆和不胜其扰，遂带了沈给她写的三百多封情书去找校长胡适，把信拿给胡适看，说：“老师老对我这样子。”胡适叹了口气，说：“他非常顽固地爱你。”张马上回道：“我非常顽固地不爱他。”胡适听后不以为然，还乐呵呵地说：“沈从文是个人才，我帮你跟你爸爸说说，做个媒吧。”

⊙易顺鼎每天必到名伶刘喜奎的寓所一次，风雨无阻，且热情洋溢，每次入门都高呼：“我的亲娘呀！我又来啦！”狂态可掬，令人捧腹。

⊙张宗昌十分宠爱姨太太朱宝霞，经常饱含深情地说：“你是俺的小玩意儿。”1926年8月，张宗昌被授予“义威上将军”衔。张回府后，马上封朱宝霞为“镇威大将军”，并铸金牌一枚给她，眉开眼笑地逗趣说：“我比你小，小的要听大的。”

⊙蒋梦麟将男女关系概括为三种：一曰狗皮膏药，二曰橡皮膏药，三曰氢气球。所谓狗皮膏药，贴时不容易，撕开也痛，旧式婚姻之谓也；橡皮膏药贴时方便，撕开也不难，普通婚姻之类是也；至于摩登者流，男女双方均得时时当心，稍有疏忽即行分离，正似氢气球然。

⊙陆小曼既有上海姑娘的活泼，也有北京姑娘的端庄。在学校时，大家都称她为“皇后”。陆每次去剧院观戏或到中央公园游玩，常有众多追随者“护花”左右，有时竟达数十人之多，或为之拎包，或为之持外衣。而陆小曼则一派高傲，欣然受之，可谓风光至极。

⊙辜鸿铭有逛青楼的嗜好，留洋回国后，辜在张之洞的幕府中做文案工作，常与一干友人去寻花问柳。一天闲来无事，辜又去青楼解乏，遇到了一个叫贞子的日本女孩，长得清新可人、甜美漂亮。辜不禁为之怦然心动，于是干脆替她赎了身，然后堂而皇之地娶进门，做了小妾。

⊙淞沪会战时，国军与日军激战正酣，王赓却突然出现在上海租界，被日军抓获，军事地图落入日本人之手，导致中国战局失利。王赓为何会有此异动呢？原来，王获悉前妻陆小曼的续任丈夫徐志摩飞机失事，于是赶忙丢下战事，想去安慰陆小曼。王赓为此获刑两年。

⊙南京中央公园水榭对面一角，芦苇尚未尽除，有小桥通焉。一日，黄侃挟一女子，于芦苇间白昼宣淫，为警察擒获，通知北大，遂因是去职。

⊙茅盾与秦德君坐高空电车，发生故障，乘客慌乱不堪。唯茅盾拉着秦德君的手，充满激情地说：“阿姐，就这样掉下深谷里去解决了，够幸福的啊！”

⊙辜鸿铭说：“如果你是个女人，控制丈夫的最好办法，既不是在他对你不满时，任他拈花惹草，也不是和他离婚，两不相涉。最好的办法是和另一女人合力，把他压在石榴裙下，治得服服帖帖……咱们中国的纳妾制度，乃社会祥和、家庭幸福之压底绝技。”

⊙沈从文追求张兆和，张毕业回了苏州老家。沈给其写信：“如果爸爸同意，就早点让我知道，让我这个乡下人喝杯甜酒吧。”张父同意后，张兆和给沈发了一封电报：“乡下人喝杯甜酒吧。”沈从文后来说：“我行过许多地方的桥，看过许多次数的云，喝过许多种类的酒，却只爱过一个正当最好年龄的人。”

⊙江朝宗带领士兵包围伍廷芳的住所，让他交出总理印信。伍廷芳坚决不交，士兵们就高声呼喊直至深夜。伍廷芳无法休息，一怒之下把印信从楼上扔下，让他们拿回去交差。

身穿洪宪朝服的江朝宗

⊙张作霖有六位夫人，为显公平，他规定："各房太太地位不分尊卑，都以夫人相称。"

⊙张宗昌娶小老婆非常随意，只要看上了，租间房子，挂上"张公馆"的牌子，派个士兵往门口一站，然后将人往里一塞就算万事大吉。然而过不了几天，张就会把这位姨太太忘得一干二净，最后士兵溜了，牌子也摘下来了。有人于是打趣说：走，跟张宗昌的老婆睡觉去！此话后来传到张的耳朵里，张一笑置之，并不理会。

⊙张学良说："自古英雄爱美人，不爱美人不英雄。我虽不是英雄，但在爱美人方面和英雄一样。"晚年张还写过一首诗，云：自古英雄多好色，未必好色尽英雄。我虽并非英雄汉，惟有好色似英雄！

⊙1926年，东吴大学因学潮停课，杨绛北上清华借读。钱钟书的表弟好恶作剧，小声告诉表兄说："杨绛有男朋友。"之后又和杨绛说："我表兄已经订婚！"然钱钟书终究痴迷杨绛，情书一封接一封，终于打动了杨绛。后来钱杨约会，见面后，钱开口第一句话就是："我没有订婚。"杨则说："我也没有男朋友。"

⊙蒋介石和陈洁如第一次约会，蒋把陈带到了一家事先包好的旅馆房内。陈十分恐惧，夺门逃走。

⊙徐志摩与陆小曼恋爱，留下许多脍炙人口的爱情诗句。如《花的快乐处》、《春的投生》、《一块晦色的路碑》、《翡冷翠的一夜》等。彼时的陆小曼几乎成了徐志摩的诗源，对此徐并不讳言，他对陆说："我的诗魂的滋养全得靠你，你得抱着我的诗魂像母亲抱孩子似的，他冷了你得给他穿，他饿了你得喂他食——有你的爱他就不愁饿不怕冻，有你的爱他就有命！"

⊙1918年8月，辜鸿铭来到妓女"一枝花"楼上，随手掏出四百大洋，说："四百大洋，一毛不少，收好了。我只在这里玩两天。""一枝花"使出浑身解数，把辜鸿铭服侍奉承得不亦乐乎。辜纵情享受，似神仙中人。两日下来，辜鸿铭玩够了，四百大洋也花出去了，随即哈哈一笑，对"一枝花"说："爷我去也。此乃古之嫖者为己，今之嫖者为人。"

⊙画家张大千善诗，而不以诗名。抗战前，张游高丽，与韩女春红相恋，情好甚笃。张夫人闻其艳遇，寄书诘问。张即以与春红合摄俪影寄夫人，并附二诗云："触咏踌躇怕寄书，异乡花草合欢图，不逢薄怒还应笑，我见犹怜况老奴。""依依惜别痴儿女，写入图中未是狂，欲向天孙问消息，银河可许小星藏？"字里行间，心迹尽露。

袁世凯二姨太吴氏和六女儿箓祯。

⊙袁世凯三女儿袁静雪回忆："我父亲原定娶朝鲜李王妃的表亲金氏一人为妾。金氏出出嫁时还带来两个陪嫁的姑娘——闵氏、吴氏。我父亲一并收她们为姨太太。按年龄大小排列，吴氏、金氏、闵氏分别为二、三、四姨太。

⊙1926年，张宗昌在光天化日之下，将当时北洋军政府的二号人物、"北洋三杰"之一王士珍的亲侄女掳至宅邸劫色。在众多达官贵人的斡旋下，拖延数日才放人，临别送了该女三千元遮羞费，说："女大当嫁，留在家里干什么？"

⊙黄侃追求他女儿的同学黄菊英，曾写《采桑子》一首词："今生未必重相见。遥信他生，谁信他生？飘渺缠绵一种情。当时留恋成何济，知有飘零，毕竟飘零，便是飘零也感卿。”黄菊英读罢此词，泪流满面，不顾时人非议，嫁给了黄侃。

⊙徐志摩去世后，陆小曼曾给胡适写过六封信，其中一封说道：“我同你两年来未曾有机会谈话，我这两年的环境可说坏到极点，不知道还许说我的不是，我当初本想让你永久的不明了，我还有时恨你虽爱我而不能原谅我的苦衷，与外人一样的来责罚我，可是我现在不能再让你误会我下去了，等你来了可否让我细细地表一表？因为我以后在最寂寞的岁月愿有一两人，能稍微给我些精神上的安慰。”

陆小曼与翁瑞午。翁瑞午，广西梧州知府翁绶祺（翁同龢门生）之子，随赵叔儒学书画，况周仪学习诗文，丁凤山学习中医推拿，酷爱京戏昆曲，深得梅兰芳赏识。

⊙徐志摩死后，陆小曼嫁给翁瑞午。她说：“我对翁其实并无爱情，只有感情。”还说：“情爱真不真，不在脸上、嘴上，而在心中。冥冥间，睡梦里，仿佛我看见、听见了志摩的认可。”

⊙《大公报》主编英敛之喜欢吕碧城，他曾给吕写过一首词，表达爱慕之情：“稽首慈云，洗心法水，乞发慈悲一声。秋水伊人，春风香草，悱恻风情惯写，但无限悃款意，总托诗篇泻。”真情流露，情意绵绵，让英夫人很是误会。

⊙丁玲在一次与斯诺的谈话中，坦率承认了她对冯雪峰的爱：“我有了一次伟大的罗曼史：我从未同胡也频结婚，虽然我们住在一起，一个朋友的朋友开始来到我们家，他也是一个诗人。他长得很丑，甚至比胡也频还穷。他是一个笨拙的农村型的人，但在我们的许多朋友当中，我认为这个人在文学方面特别有才能。我们在一起谈了很多。在我的整个一生中，这是我第一次爱过的男人。”

⊙1923年秋天，石评梅接到高君宇的一封来信，信中夹着一片心形的红叶，红叶上题着两句诗：“满山秋色关不住，一片红叶寄相思。”此时的石评梅依旧沉溺在与吴天放的过往纠结中，考虑再三，遂在红叶背面回了一行字：“枯萎的花篮不敢承受这鲜红的叶儿。”

⊙清朝某王公的儿媳有天到东安市场购物，被张宗昌撞到，张亲自动手将其抢到府邸。据说此女千娇百媚，纵然无数人求情，张仍旧舍不得放，还理直气壮地说："女人没事在大街上晃，这不是勾引男人吗？"

⊙辛亥革命胜利时，以汪精卫当时的地位和社会影响，至少可以做一个部长以上的官，但汪精卫却提出"不做官、不做议员、不嫖、不赌、不纳妾、不吸鸦片"的"六不主义"，放弃做官的机会，去法国留学了。辛亥革命后，有功劳威望却没有做官的，只有汪精卫一人。

左图：1935年3月18日，52岁的行政院长兼外交部长汪精卫出现在《时代》周刊上。正值中日多事之秋，汪精卫看上去有点疲惫，风采显然不敌当年。右图：意气风发的汪精卫。

⊙1923年，北大教授谭红丧妻两月后，即与妻妹陈淑君联姻，与陈有口头婚约的沈某遂在报上痛斥二人。北大哲学系教授张竞生发表文章为谭陈辩护，说："爱情是有条件的；爱情是可比较的；爱情是可变迁的；夫妻有如朋友，离散在所难免。"此论当时遭到普遍非议。

⊙陈群随孙中山在桂林时，追求一皮箱店里的美丽女子，常借买皮箱搭讪，结果买箱甚众。有一天，陈群提两个皮箱送给孙中山，说要让他装钞票。孙婉拒说，自己一向不蓄存钞票。陈听罢，转口说："那么送给先生存三民主义草稿吧！"孙于是收下。

1927年12月1日，蒋介石与宋美龄在上海按照基督教礼仪，举行场面隆重的结婚典礼。新郎实岁四十，新娘三十。当天，上海的《申报》刊登了两则启事，一是蒋宋联姻，一是蒋介石的离婚声明。声明称：“毛氏发妻，早经仳离，姚陈二妾，本无契约。”

⊙1927年12月1日，蒋介石、宋美龄结婚当天，蒋在日记中写道：“从礼堂出来，见吾妻姗姗而来，如雾中仙子，美轮美奂，如仙子之下凡也，腾云驾雾而来。平生未有之爱情于此一时间并现，不知余身置何地矣。”

⊙王克敏好色，娶名妓小阿凤为妾。阿凤有假母顾氏，亦饶有风韵，则为王揖唐所昵，于是二王出入顾家，俨然翁婿。后揖唐失意下台，潦倒平津，瞰顾氏有姿，竟正式同居，渐称王太太。民国十三年，揖唐到皖上任，报端偶尊顾为王夫人，为揖唐两子所见，甚恚，乃联名于沪报登一启事，曰：“先母弃养多年，家父迄未续娶，今仅有一老娘姨随侍，不得僭称夫人。”

⊙杨森因老婆众多，不得不采取“轮宿制”，并特派一位副官专门负责安排他与各夫人的同宿日期，一切按表操课。抗战期间，某次杨森在湖南督战，当天正轮到与留在成都的夫人同宿，副官请示当天可不可“轮空”，等回成都后再补。杨森考虑再三，为不乱秩序，于是报请战区司令长官薛岳，要求派专机飞成都把夫人接来，睡一晚后再遣返成都。

◇刨根问底

⊙詹天佑之所以主持修建了京张铁路，其广东顺德老乡梁敦彦的推荐起了很大作用。这条铁路也使得梁的女儿梁霭珊嫁给了詹的儿子詹文光。

晚清驻美公使张荫棠与梁敦彦（左一）。梁也是第一批赴美留学生。

⊙孙中山有“孙博士”之称，且在国际上甚是流行。有人说，孙中山一生从未得过博士或荣誉博士学位，说他是博士纯属以讹传讹，因为孙是医学院毕业，也行过医，博士一说可能是Dr.（医生）一词的误译。

⊙1887年，日本政府中的侵华“激进派”制定了一个侵略中国的《征讨清国策》，提出“以五年为期，抓住时机，准备进攻”的战略计划。但当时以伊藤博文为首的“缓进派”考虑到日本羽翼未丰，实力不强，担心挑起战争后，沙俄会乘机南下，坐收渔人之利，因此主张日本应先积蓄力量，“速节冗费，多建铁路，赶添海军”，“过十年看中国情形再行办理”。明治政府采纳了伊藤博文等人的意见。

⊙1925年，孙中山因肝癌逝世，北京中央公园社稷坛举行公祭。建国豫军总司令樊钟秀特致送巨型素花横额，当中大书“国父”二字。他在唁电挽幛中，也均称孙为“国父”。这是孙中山第一次在公开场合被尊称为“国父”。

⊙刘师培生有异相，尻部有一根长不及寸的无骨肉尾，左足正中有一块龙眼大小的鲜红胎记，故被称为“老猿再世”。

⊙丁玲原名蒋伟，字冰之。在新思潮影响下，一些进步青年开始废姓，只用名字称呼，“冰之”叫起来不方便，于是她采用笔画简单的“丁”字为姓，叫“丁冰之”。后来她想当演员，欲改一朗朗上口的艺名，便闭目在字典上摸到“玲”字，从此“丁玲”成为她的新姓名。她发表处女作《梦珂》时，第一次使用此名。

⊙婉容生于清光绪三十二年九月二十七日（1906年11月13日）。原籍黑龙江省讷河市龙河乡满乃屯，达斡尔族，后编入满族正白旗。

凭借上述合作，溥仪与日本天皇、蒋介石、斯大林同时登上了1936年《时代周刊》远东四大元首榜。

⊙1932年3月1日，日本扶持溥仪在东北建立伪“满洲国”，年号为“大同”。1932年9月，溥仪与日本签订《日满议定书》，日本政府正式承认“满洲国”，“满洲国”也承认了日本在中国东北的特殊利益。

⊙黄遵宪27岁时，作过一首《由轮舟抵天津》的诗，首次提到了“轮舟”这种西洋物什。后来他去美洲、欧洲等地游历，所作诗中无不充满了对洋玩意儿的赞叹与倾慕。比如他写火车：“钟声一及时，顷刻不少留。虽有万钧柁，动如绕指柔。”

⊙林纾为闽人，所以在他的翻译作品中，很多人名、地名都以闽语发音为音译，如1899年福州素隐书屋出版他所译的《华生包探案》（后来的《福尔摩斯探案》），在书中，他便以闽语发音，将“Watson”译为“华生”，“Holmes”译为“福尔摩斯”。此后这两个译名成为家喻户晓的定译。

⊙杜月笙本名杜月生，因生于农历七月十五而得名。章太炎引经据典，为其改名为杜镛，号月笙。典出《周礼大司乐疏》：“东方之乐谓之笙，西方之乐谓之镛。”

杜月笙

⊙苏曼殊才华横溢，因遁世出家，被人称为“革命诗僧”。他有《本事诗》一首云：“春雨楼头尺八箫，何时归看浙江潮？芒鞋破钵无人识，踏过樱花第几桥。”此诗流传海内外，号称凡有井水处，均能歌“尺八箫”。

⊙张发奎本名张发葵，在投考黄埔陆军小学时，负责登记的考官将其姓名改为发奎，意思是男子汉大步走。

⊙1902年秋，梁启超写信给黄遵宪，提议创办《国学报》，目的是“以保国粹为主义”，第一次提出“国学”之名，后来梁启超在撰写《论中国学术思想变迁之大势》时，也提及了“国学”一词。1905年2月23日，章太炎、刘师培、邓实等创办《国粹学报》，在发刊词中说“刊发报章，用存国学。月出一编，颜曰国粹”，至此，“国学”之名便固定下来。

⊙太平天国初期设检点三十六人，前十人加“殿前”，又分左右，编号为左单右双，自十一而下则去“前”字。如“殿前左三检点”、“殿右十二检点”。

⊙丁玲小说《梦珂》里的女主人公梦珂，其创作原型是丁玲的闺蜜王剑虹。梦珂这个名字，也是瞿秋白曾经对王剑虹的昵称爱语，法文意为“我的心”。

⊙孙中山原名孙文，号逸仙。为防清政府追杀，1897年流亡日本，隐姓化名为中山樵。后来章士钊将“中山”二字缀于孙姓之后，这便是后来人们熟知的孙中山的由来。

孙中山（左二）在香港西医书院读书时，常与陈少白（左三）、尤列（左四）、杨鹤龄（左一）聚谈反清抱负，抨击时政，友人戏以“四大寇”称之。后立者为同学关景良。

⊙1895年，孙中山逃亡日本，报纸登载新闻：支那革命党领袖孙逸仙抵日。孙说：“‘革命’二字出于《易经》‘汤武革命，顺乎天而应乎人’一语，日文称吾党为革命党，意义甚佳，吾党以后即称为革命党可也。”“革命”一词遂被广泛运用至今。

⊙1934年，伪“满洲国”皇帝溥仪改国号为“满洲帝国”，改年号为“康德”。“康德”为康熙和德宗光绪的缩称。

⊙1909年11月13日，陈去病、柳亚子、高旭等人在苏州创办南社。南社之名，取“操南音不忘其旧”之意，是辛亥革命前后的著名诗社，也是一个政治团体。当时不但上海滩的大小报刊几乎都由南社成员主持笔政，而且其成员广布于全国各地的许多报馆，一时有“请看今日之域中，竟是南社之天下”的霸气。

清代时的电报局（1906年）

⊙1884年，清廷在军机处建立电报档案，光绪帝亲自下旨，将电报视做公文对待。同僚之间的电文往来，被称为"电牍"，给皇帝的电报奏折则称为"电奏"。1898年百日维新时，电报被新法提升到了正式公文的地位。

⊙丁宝桢曾任山东巡抚，加太子少保衔，简称宫保。他常让厨子用鲁菜的做法酱爆鸡丁，再配以花生仁、干辣椒等炒制。丁任四川总督后，某次大宴宾客，当香辣细嫩的酱爆鸡丁端上来后，客人无不称赞叫好。问及菜名，厨子一时说不出，只说这是宫保大人在山东时喜爱吃的，于是大家便称之为"宫保鸡丁"。

⊙太平军女官的服制，有缝裳、纽裳、开裳、散裳、散袍、遮腿的区别。所谓缝裳，是指裤裆全缝死，裤腿却非常肥大；纽裳，则是裤裆不缝死，而钉上纽扣；开裳，就是开裆裤；散裳是裙子；散袍即是斗篷；遮腿分为左、右、后三幅，束在腰部，为乘凉时所穿。

⊙林徽因本名"徽音"，取自《诗经·大雅》中的"大姒嗣徽音，则百斯男"之意。后来她在报刊发表文学作品，与一同名同姓的男性作者经常混淆，于是在1931年10月5日的《诗刊》第3期上，由主编徐志摩将徽音二字改为"徽因"。

⊙1940年，戴季陶代表国民党出访印度，会见了尼赫鲁、泰戈尔、甘地等名流。甘地名叫摩诃塔摩，戴向国人介绍时，将其译为"甘地"，以显示他甘于从地狱中救世救人之宏愿，译得精当，沿用至今。

⊙江朝宗所谓的"三定京师"，是指：1912年江当上步军统领，并被晋封为"迪威将军"，执掌京城治安大权；1917年，张勋复辟，段祺瑞率兵进京讨逆，江朝宗仍任步军统领负责治安；1937年卢沟桥事变后，北平沦陷，江出面组织"治安维持会"。

⊙李鸿章的幕僚里有大量洋员。其中最突出的有两人：德国人德璀林和美国人毕德格，德璀林负责联络工商企业中的外国人，毕德格则负责管理在北洋海军任职的外国人员。以地域和语言为基准，他们两人之间还有一个不太严格的分工：德璀林支配着在李鸿章手下任职的欧洲人，而毕德格则支配着美国人以及一部分英国人。

德璀林

⊙1912年8月13日，中国同盟会、统一共和党、国民公党、国民共进会、共和实进会联合发表《国民党宣言》，其中说："共和之制，国民为国主体。吾党欲使人不忘斯义也，故颜其名曰：'国民党'。"

⊙太平军的编制，以《周礼》"束伍"之法和寓兵于农的规制为基本原则，非常健全。五人为伍，五伍为两，五两为卒，五卒为旅，五旅为师，五师为军。包括军帅本人，一军计官兵13156人。太平军初期分男行女行，后来又组成男营女营。定都南京后，太平军建立女军40军。每军设女军帅1人，其下辖卒长25人，每个卒长辖营长4人，共计100人，女兵2500人，一军共有官兵2625人。

⊙儿歌《两只老虎》："两只老虎，两只老虎，跑得快，跑得快，一只没有耳朵，一只没有尾巴，真奇怪，真奇怪。"使用的是欧洲儿歌曲调，最早源自10世纪的格列高利圣咏。传入中国以后，由邝鄘填词，创作出了《国民革命军》，成为北伐军的军歌。歌词是："打倒列强，打倒列强，除军阀！除军阀！努力国民革命，努力国民革命，齐奋斗，齐奋斗。"第二次土地革命时期，共产党人又用这个曲调填词创作了《土地革命》："打倒土豪，打倒土豪，分田地，分田地。我们要做主人，我们要做主人，真欢喜！真欢喜！"

⊙五四运动中，罗家伦起草了一份《北京学界全体宣言》的传单，提出了"外争主权，内除国贼"的口号。在5月26日的《每周评论》上，罗第一次提出五四运动这个名词，并一直沿用至今。

⊙1900年之前，八大胡同是北方班的天下。当时有民谚："六部三司官：大荣

小那端老四；九城五窑姐：双红二翠万人迷。”大荣、小那、端老四指部中最有权者荣禄、那桐、端方三人，他们是当时有名的嫖客，后五位是当时有名的妓女。

⊙早在1918年，曹锟就贿选过副总统，不过那次他出价太低，答应给每个议员送500银圆，而且只是许诺，并未现付，未能让议员们动心，所以副总统没有当成。

⊙蔡元培曾坦承：“综计我居北京大学校长的名义，十年有半；而实际在校办事，不过五年有半。”蔡校长在职而不在校期间，代为处理行政事务的是蒋梦麟。除了长期担任总务长外，蒋还曾三度代理行校长职权，以至当时有人评价说：“这五六年来的北大校长，与其说是蔡元培，不如说是蒋梦麟。”

⊙婉容名郭布罗·婉容，婉容之名是父亲荣源根据《洛神赋》中“婉若游龙”所起（容谐音通龙）。婉容小名慕鸿，是根据《洛神赋》中“翩若惊鸿”而来，意为倾慕飞鸟迅美的姿态。

婉容像

⊙1861年，清政府成立“总理各国事务衙门”，简称“总理衙门”、“总署”、“译署”，后改名为外务部。这是中国第一个掌管外交的机关。顾维钧任外交总长陆徵祥的秘书和参事时，任务之一就是成立翻译室，每天浏览外文报纸，把有关中国的报道剪下，译成中文存档。总统府每天都要看新的译件，以了解中国事务在外国的反应。

⊙20世纪30年代，上海《新闻报》刊出范烟桥的一篇文章，题为《小凤仙身世之谜》，其中写道：“小凤仙是扬州街头一弃婴，幸遇瘦西湖留香院红妓凤仙见怜拾抱收养，因不悉父母姓氏，后承义母之名叫做小凤仙。”

右为小凤仙。

⊙1917年，孙中山在汕头各界欢迎会上，追述革命历程，称“一次革命，起于武昌，为推翻满清之专制；二次革命，则在南京，为袁世凯暗杀宋教仁而起”。“二次革命”之说遂沿用至今。

1904年，北京慕贞女校悬挂黄龙旗的教室。

⊙慈禧命李鸿章负责设计国旗图案。经过多方征集筛选，李鸿章上呈了八卦旗、黄龙旗、麒麟旗、虎豹旗等多种方案，供慈禧太后定夺，最后慈禧决定使用黄龙旗为大清国国旗。

⊙1946年11月，广州市曾举办了一场集体婚礼，由市长证婚。参加者除要取得“婚姻注册许可证”外，还要出具合格医生开具的健康检查证明书，当为中国最早的“婚检”。

⊙抗战爆发后，16岁的孙维世来到武汉的八路军办事处，要求申请去延安，可谁也不认识她，于是她就一个人站在门口哭。周恩来看到后，认了孙维世为干女儿，把她带到了延安。

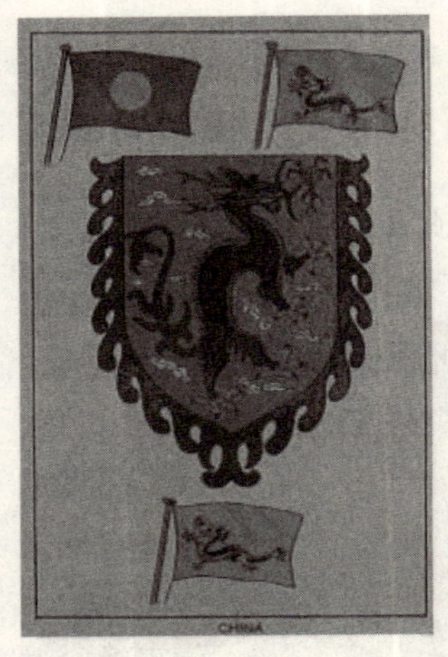

北洋水师军旗为长方形，羽纱质地，正黄色，图案为青色五爪飞龙，龙头向上，分为大小四号：头号横长一丈五尺六寸，宽一丈六寸五分；二号横长一丈三尺九寸，宽九尺五寸；三号横长一丈一尺五寸，宽七尺六寸；四号横长九尺六寸，宽六尺三寸。

⊙1862年（同治元年），清廷以“三角黄龙旗”作为官船的旗号。1881年9月，在英国订购的“扬威”、“超勇”两艘巡洋舰回国，李鸿章将黄龙旗改为长方形，作为北洋水师的军旗。

⊙江南机器制造局最初建设投资约25万两白银，早期经营经费主要来自于淮军的军费。1867年，清廷许可从上海海关抽取10%的关税作为制造局的经费。1869年，此比例提高到20%，大约有40万两白银。

⊙到1888年，北洋舰队已是一支具有相当规模的近代海军了。共计拥有镇远、定远铁甲舰两艘，济远、致远、靖远、经远、来远、超勇、扬威快船七艘，镇中、镇边、镇东、镇西、镇南、镇北炮艇六艘，鱼雷艇六艘，威远、康济、敏捷练船三艘，利运运船一艘，合计大小舰船二十五艘，有官兵近四千人。

⊙苏曼殊原名苏戬，字子穀，学名元瑛（亦作玄瑛），曼殊是他出家后的法号。“曼殊”本是佛教菩萨名，梵文的译音为曼殊室利，也译做文殊师利，意译为妙德、妙吉祥等，是中国佛教四大菩萨之一。

⊙1900年八国联军入侵中国的兵力人数及伤亡情况：日本21634人，亡349人，占1.61%；俄国15570人，亡160人，占1.03%；英国10653人，亡64人，占0.6%；法国7080人，亡50人，占0.71%；德国8401人，亡60人，占0.71%；美国5608人，亡48人，占0.86%；奥匈429人，亡8人，占1.86%；意大利2545人，亡18人，占0.71%。合计71920人，亡757人，占1.05%。

1912年4月中旬，孙中山在上海出席两广同乡会欢迎会。

袁世凯与五色旗

⊙1912年1月10日，中华民国南京临时政府参议院通过专门决议，确定中华民国国旗为五色旗。五色旗由红、黄、蓝、白、黑组成，分别象征中国汉、满、蒙、回、藏五大民族。青天白日三色旗则定为海军旗，十八星旗为陆军旗（原为湖北革命团体共进会会旗）。

⊙1871年，李鸿章一口气向德国人阿尔弗雷德·克虏伯买下了328门各种口径的克虏伯大炮，布防在大沽口、北塘、山海关等地，以稳固北京城的防务安全。1877年，李率先在淮军中装备了19个炮营，每营有正勇144名，有克虏伯四磅后膛钢炮6门，共114门。

⊙王小航说自己提倡白话文，约早于胡适20年。他在《廉孝子传》中说：“孝子每日对父遗像，依时进盘，茶饭如生时，呼曰：爸爸吃饭啊！爸爸洗脸啊！以此文体为人作传，当时已目为革命之新兵矣。”

⊙钱钟书在《围城》一书中，借董斜川之口评论说：“东洋留学生捧苏曼殊，西洋留学生捧黄公度。”其中的黄公度指的是黄遵宪。

⊙1933年，蒋梦麟以“不交学费”为由，开除了九名“左”倾学生。这些被开除的学生后来都收到了一封匿名同情信，并附一张三百大洋的支票。这是一笔不小的数目。学生们分析，共产党想送，没钱；社会上好义之人想送，也不知被开除学生的姓名和地址。千家驹后来回忆说：“我判断这是蒋梦麟校长要的两面派手法。蒋一面开除学生，一面又怕他们留在北京铤而走险，发生不利于他的事情，干脆花一笔钱叫他们早早离开。果然，九位同学得了钱后，有的东渡日本，有的去了德国，各奔前程。”

◎拾遗

奔驰二代

⊙1902年，直隶总督袁世凯为贺慈禧太后六十大寿，进口了中国第一辆小轿车——第二代奔驰轿车。

⊙李鸿章想在天津建一所西医医院，于是安排了一场“手术秀”。当一个比拳头还大的颈部肿瘤被马大夫顺利摘除时，官绅们都啧啧称奇。在李鸿章的积极倡导下，社会人士共募集了6000两银子，再加上他亲自捐赠的4000两，共计10000两银子，于光绪六年（1880）十一月一日，建成近代中国第一座规模完整的私立西医医院，即后来的马大夫纪念医院。

⊙张謇在1910年评价袁世凯说：“袁世凯确能干事，此人与别人毕竟不同，在工业上尤有擅长过人之处，远远胜过了江苏。”

⊙1949年，陆军上将鹿钟麟，留大陆，居天津，任居委会主任。陆军上将李品仙，去台湾，住台北，任邻长（最基层民众单位）。

⊙1938年武汉会战中，薛岳指挥第九战区军队在德安县万家岭包围日军第106师团。时任团长的张灵甫主动请缨，率敢死队与日军抢夺制高点张古山，双方反复拉锯，鏖战五天五夜，张亲临一线指挥，身中七块弹片。德安大捷后，田汉受国民党军事委员会政治部第三厅厅长郭沫若的委派，对张灵甫等人进行采访，并编写话剧《德安大捷》，张灵甫以真名真姓在剧中出现，从此名扬天下。

⊙民国军政界要人多半有自己的私人大宅，唯独段祺瑞没有。袁世凯曾送府学胡同房子一套给他，然而却没有房契。袁死后，房主拿着房契找段总理要房，段祺瑞只好搬家。

⊙黎元洪晚年致力于实业，曾任中兴煤矿董事长、黄陂商业银行总董事和南洋兄弟烟草公司等企业的董事。投资企业45家，其中银行17家、工厂12家、煤矿6家，总投资额达200万元。

⊙段祺瑞生活很节俭。他喜好抽烟且烟瘾极大，下棋或办公时，纸烟从不离口。开始他抽红司令牌，每听八角，后来该烟涨到一元多一听，于是改抽四角一听的白金龙牌。

⊙杨度晚年沉浸于禅心秘境，著有《虎禅师论佛杂文》，其语既不脱凡尘俗世，也无风月荒诞。

⊙孙立人在缅甸“仁安羌大捷”之后，蒋介石给孙立人颁发了四等云麾勋章，罗斯福授予他“丰功”勋章。英王则授予他“帝国司令”勋章，孙立人也是第一个获得这种勋章的外籍将领。

⊙朱启钤的姨父是当过大学士的瞿鸿机，其干爹是当过民国大总统的徐世昌。他曾创办了中国第一个现代意义的公园——北平中央公园，以及中国第一座博物馆——故宫古物陈列所。他也是民国肇造时期的交通总长、内务总长，以及代理国务总理。

⊙同治年间，江南机器制造局是全东亚最大的兵工厂。

⊙杨秀琼是广东东莞人，12岁即一举夺得自由泳两项冠军。1933年，在第五届全国运动会上囊括全运会女子游泳全部金牌，在场观看的蒋介石夫人宋美龄当场认她为干女儿。1937年淞沪会战，杨秀琼冒死泅水过江，给坚守四行仓库的“八百壮士”送去青天白日旗一面，以激励“八百壮士”英勇抗敌。士兵颇受其感，杀敌益加奋勇。

⊙上海江南造船厂在1918年至1919年间，接了美国一笔订单：制造四艘同一类型的万吨货轮，全部为全遮蔽甲板、蒸汽机型货船，分别命名为“官府”号、“天朝”号、“东方”号、“震旦”号。船长135米，宽16.7米，深11.6米，排水量14750吨。其中第一艘“官府号”于1920年6月3日下水，四船经美国运输部验收，制造坚固，配置精良，美国政府十分满意。

⊙1941年4月9日，历时25天的上高会战结束。此役中国共毙伤日军15000余人，击落飞机一架、俘虏百余人，缴获山炮、追击炮10门，步枪千余支。何应钦称此次会战为抗战以来“最精彩的一战”，战功最卓著的74军被盛赞为“抗日铁军”，授予飞虎旗，军长王耀武亦受最高勋章。

⊙王耀武治军赏罚分明，对触犯纪律的部下绝不姑息。曾经担任74军副官处副处长的刘操说：“全军官兵接受任务都不敢马虎，不存侥幸之心，努力完成。纪律方面严肃认真，上下遵守，不敢违犯。”

⊙湘西雪峰山战役是王耀武的得意之作，共计伤毙日军28174人、俘军官17人、士兵230人、战马347匹、火炮24门、机枪100挺、步枪1300余支、战利品20余吨。此战役后不久，年仅40岁的王耀武被选为国民党中央执行委员。

⊙1922年，蒋介石与陈洁如在溪口度蜜月时，接到孙中山要他速返广州的电报。陈洁如于是和蒋介石乘船去上海。在上海，陈洁如第一次见到蒋经国。因此，蒋经国称陈洁如为“上海妈妈”。

蒋介石与陈洁如合影

⊙朱启钤是中国营造学社的创办人，该社也是我国第一个研究中国古代建筑的学术机构。他曾自谦地说："启钤老矣。纵有一知半解，不当世为贤达所鄙弃，亦岂能以桑槐之景，肩此重任。所以造端不惮宏大者，私愿以识途老马，作先驱之役，以待当世贤达之闻风兴起耳。"

⊙庆亲王奕劻是清代第十二位，也是最后一位"铁帽子王"。

丁日昌

⊙丁日昌酷爱收集典籍，是清代三大藏书家之一，辑有《持静斋书目》。

⊙胡宗南在黄埔学生中保持着几个纪录：第一个当将军，第一个当军长，第一个当集团军总司令，第一个当战区司令，第一个晋升上将。

⊙1942年4月17日，英军步兵第1师和装甲第7旅，被日军包围在了缅甸的仁安羌，弹尽粮绝，陷于绝境。孙立人奉中国战区参谋长、东南亚盟军副司令史迪威之命，亲率由税警队伍改编的新编第38师113团星夜驰援，并攻克日军阵地。此役共歼敌1个大队，解除了7000英军之围，并救出被日军俘虏的英军官兵、传教士和新闻记者500余人。此战是中国远征军入缅后第一个胜仗，孙立人以少胜多，轰动全球。

⊙太平军由桂入湘的过程中，有挖煤人数千加入队伍，鉴于作战的需要，遂另立土营。起初土营仅设指挥一人，下设将军分一、二和正、副四人。定都天京后，由于土营战功卓著，作用重大，后扩建为两军，封指挥三十余人，将军六百余人。并健全了从总制、监军、军帅至两司马等编制，与陆营基本相同。其任务是"专充穴地之役，鲜使打仗"。

⊙黄埔军校旧址有四大公园：中山公园、介石公园、仲恺公园、济深公园。孙中山是黄埔军校的创办人，蒋介石是黄埔军校第一任校长，廖仲恺是黄埔军校国民党党代表，李济深是黄埔军校教练部主任。

⊙民国时，胸罩被称为“义乳”。1914年，美国女子克劳斯贝（Caresee Crosby）用两块手绢和一条窄缎带制作了第一副胸罩，束乳而不压胸，且突出了胸部。此物传入中国后，伴随着女性独立的呼声很快流行开来。中国最早戴“义乳”的是阮玲玉，其胸乳圆润，与旗袍的曲线结合近乎完美，赞为一时绝艳，至今仍令人怦然心动。

⊙甲午海战中的“镇远”号战舰号称“亚洲第一巨舰”，排水量7670吨，其动力是两部水平式三汽缸往复式蒸汽机，八座圆式燃煤锅炉，功率7200马力，航速15.4节，续航能力4500海里/10节，最大载煤量1000吨。

⊙曾国藩的湘军水师约5000人，分为10营。船只除拖罟、快蟹、长龙、舢板艇等241只外，又改造钓钩船120只，雇载辎重船100余只，配备火炮570余尊。

⊙1927年4月27日，蔡元培被任命为国民政府教育行政委员会委员，他仿效法兰西教育行政制度，和李石曾等提议组织中华民国大学院，作为最高学术行政机构，提案通过后，蔡元培被任命为大学院院长。他上任后，提出新的教育方针：“教育科学化、劳动化、艺术化。”

⊙邵飘萍创办的《京报》，被后人称做“一张承载中国报人光荣与梦想的报纸”。《京报》是一张对开四版的日报，较同时代其他报纸的优势是新闻多、评论多、副刊多，创刊后很快就以消息灵通、内容丰富受到读者的欢迎。

⊙在上海市地方协会的倡议下，1933年被定为“国货年”，1934年被定为“妇女国货年”，1935年被定为“学生国货年”。

⊙1929年年初，国民党湘、赣两省的军阀何键与鲁涤平，联手发动对井冈山的第三次“会剿”。1月14日，毛泽东率红军主力下山，意欲将敌军引离井冈山。但红军在赣南数战不利，直至2月11日，才在大柏地歼灭了赣军刘士毅两个团，打破了危局。这也是赣南和闽西的红军根据地创建之始。后来毛泽东重至大柏地，写下《菩萨蛮·大柏地》一词：“赤橙黄绿青蓝紫，谁持彩练当空舞。雨后复斜阳，关山阵阵苍。当年鏖战急，弹洞前村壁，装点此关山，今朝更好看。”

⊙东征前，蒋介石与汪精卫制定了一个《重征东江训诫》：一、军人最后目的是在于死，古语所谓“好汉死在阵头上”，孔子所谓“杀身成仁”是也。二、打胜仗的秘诀：严守军纪，服从命令，保护人民，万人一心。三、革命军口号：不要钱，不要命，爱国家，爱百姓。

⊙江南制造局雇用了大量的中国工人，包括满人和汉人，学习并操作机器。当时工人的薪水是一般城市苦力的四到八倍。这些工人也成为中国近代最早的一批技术工人。

⊙湖北巡抚端方于1902年9月在武昌寻常小学堂内，创立了中国第一所学前儿童教育机构——湖北幼稚园，并聘请户野美知惠等三名日本保姆负责经办，由户野美知惠任园长。幼稚园的招收对象为五至六岁的儿童，学制一年。收托时间每日三小时，科目设有行仪、训话、幼稚园语、日语、手技、唱歌、游戏等七项。并规定一切服装、图书、物品等均属官备，但不提供伙食，凡湖北省的儿童，符合入园规定者，免收学费。

⊙曾国藩要求湘军都要练好五项技能：一、练纵步，也就是跳高跳远。二、练抛火球，抛20丈以外。三、练行步，每天腿上绑着一个20斤的沙袋日行百里，掉队即被开除。四、练阵法，做到“行伍不乱”。五、练抬枪、瞄准、打靶、校准等。

⊙辛亥革命后，陆荣廷被任命为广西都督。为扩充军饷，他在各地设立“筹饷公司”，包揽烟馆、赌场、妓院生意，并设有调子班演唱，招揽顾客。由此，这种男女对唱、反映一般百姓生活的地方戏曲开始进入城市，空前兴盛起来，仅桂林一地就有二十几个调子班。

⊙1875年，丁日昌调任福建巡抚后，从海外聘请专业技师，在福建船政学堂附设了电报学堂，培养相关技术人员。这是中国第一个培养电报专门人才的学校，影响极大。五年后，盛宣怀在天津建立中国第一所正式的电报学校——北洋电报学堂。

⊙清末时，人们为了扩大舆论影响，往往采用电报与报纸相结合的方法，一有重大新闻事件，就发私密电报或者公开通电，然后报纸再予以转载。这种方法可以在短时间内让信息传遍全国，很是兴盛了一段时间。

改建后的正阳门

⊙正阳门俗称“前门”，是明清两代内城的正门，地处京城正中，因其四周店铺林立、街道狭窄，致使交通阻塞。1914年，内务总长朱启钤向总统袁世凯提出《修改京师前三门城垣工程呈》，获得批准。1915年6月16日，正阳门改造工程开始，朱启钤手持大总统颁发的特制银镐刨下了第一块城砖。此镐重约30两，红木手柄上刻有“内务总长朱启钤奉大总统命令修改正阳门，爰于1915年6月16日用此器拆去旧城第一砖，俾交通永便”。

⊙1912年3月，孙中山令内务部通饬各省劝禁缠足，令中说：“当此除旧布新之际，此等恶俗，尤宜先事革除，以培国本。”1916年，内务部又颁《内务部通咨各省劝禁妇女缠足文》：“查妇女缠足，环球所无，陋习相沿，久为诟病……习非胜是，举国靡然，微独于人道有伤，抑且开种弱之渐。”

⊙咸丰三年（1853年），曾国藩为了对付太平天国的水营，奏旨朝廷，请求办理水师。随后获得朝廷拨款80000两，经过五个多月的筹建，共建造大小木船240多只，创立了湘军水师，开始同太平军作战。

⊙1877年，在丁日昌的指挥下，台湾架设了两条电报线：一路从台南府城到安平镇海口；一路从台南府城到旗后（也就是今天的高雄），全长40多公里，共设了三个电报局，分别位于台南府城的右营埔、安平镇鲲身和旗后。这是中国第一条自主设计、施工并掌管的电报线。

⊙民国军队的来源有两个：一是辛亥革命时期各地自发起义的义军，一是军校培养的军官。当时民国北京政府的陆军院校很多，著名的有陆军大学、保定军校、陆军第一预备学校、陆军第二预备学校、陆军军需学校、陆军军医学校、兵工专门学校、东北陆军讲武堂、云南陆军讲武堂、西北陆军干部学校、五省联军士官学校等十二所。

⊙1903年，清政府改良狱制，建立了京师模范监狱。民国成立后，继续进行监狱改良，并筹建各类“新式监狱”。新式监狱以感化人为宗旨，分房监禁，实行劳役、教诲和教育制度，并让狱囚习艺劳动，使其掌握一些技术，以备将来出狱后能自谋生路。到1926年，全国共建新式监狱63所。

⊙1892年，伍廷芳草拟《大清新刑律草案》，废除凌迟、枭首、戮尸、刺字等酷刑，并获审查通过。

⊙1912年，袁世凯担任大总统后，段祺瑞任陆军总长，为培养各级军官，将保定速成学堂和军官学堂合并成保定陆军军官学校。从1912年到1923年共办九期，先后毕业学员有6500人，分散到各地各部队，渐成“保定系”。蒋介石本人也曾在保定军官学校学习过。黄埔军校的各级领导和教官，多是保定军校出身，如顾祝同、刘峙、张治中、陈诚、傅作义、白崇禧等；在共产党部队中，也有保定出身的，如叶挺、赵博生、董振堂等。

⊙梁启超在《新大陆游记·由加拿大至纽约》一书中，曾提到“李鸿章杂碎”：“杂碎馆自李合肥（李鸿章）游美后始发生。前此西人足迹不履唐人埠，自合肥至后一到游历，此后来者如鲫……合肥在美思中国饮食，属唐人埠之酒食店进馔数次。西人问其名，华人难于具对，统名之曰杂碎。自此杂碎之名大噪，仅纽约一隅，杂碎馆三四百家，遍于全市。”

⊙废除八股制的提议是袁世凯，跟维新变法派没什么关系。

⊙1902年，袁世凯担任直隶总督和北洋大臣期间，在直隶省城保定建立了巡警总局和分局，并拟定了中国最早的《警务章程》。1905年，清廷在北京、天津也建立了巡警制度。四年后，全国各大城市都有了巡警。

⊙1937年“七七事变”后，王耀武的51师从汉中调往上海，参加“八一三”抗战。其作战任务是：坚守在吴淞口附近以罗店为中心的阵地，阻止日军从海上登陆。日军向罗店发动多次猛攻，均被51师官兵击退。在几次主动夜袭中，还击毙了日军联队队长竹田和炮兵联队队长莫森，受到总部的通报表扬。上海数家报纸如《申报》、《大公报》等均报道了51师的战绩，还刊登了王耀武的照片。

⊙1939年9月，王耀武率74军参加第一次长沙会战，奉命拦截向长沙进犯的两个师团的日军，激战于赣北重镇高安。王耀武运用反包围的战术，首先切断敌之退路，以51师为主攻部队，经过三天激战，于9月22日收复高安城。这一胜利有力地配合了长沙会战的主战场，为夺取整个会战的胜利创造了条件。

⊙民国初立之时，大总统府设在中南海，朱启钤把中南海南侧的宝月楼下层改建为“新华门”，并拆除内侧的皇城墙，使大门直通西长安街，又在门内修建了大影壁，在路南建起一排西式风格的花墙。如今新华门已成为中国政府的象征。

前排右五为朱启钤，当时任邮传部丞参上行走。朱启钤（1871—1964），民国初在北洋政府中当过五任交通总长、三任内务总长、一任代国务总理，全国政协二、三届委员。曾获“始建北戴河第一人”，改造“老北京第一人”。

1903年，时任直隶总督的袁世凯（第一排中间）视察京师大学堂译学馆，第二排右三为蔡元培，时为译学馆老师。

⊙袁世凯任直隶总督时，创办新式学堂不下几十所，除了小学、中学、大学，还包括专科、技术、师范、医学、政治、军事等各种专业学堂。

⊙1913年，孙禄堂参加“世界大力士格斗大赛”，以全胜战绩荣获总冠军，震动世界。

⊙1942年4月17日，国民党教育部颁发年度学术奖，华罗庚的《堆垒素数论》、冯友兰的《新理学》获得一等奖；金岳霖的《论道》、刘开渠的雕塑获得二等奖；陈铨的《野玫瑰》、曹禺的《北京人》、常书鸿的《油画》等获三等奖。皖南事变之后，《野玫瑰》受到左翼文人的强烈攻击和批判，国民党迫于压力，撤销了对《野玫瑰》的“嘉奖”。

⊙1904年世博会，清朝展出的启新洋灰公司生产的马牌洋灰，获得了世博会金奖。

⊙张灵甫是北大才子，写得一手好字，对军事战略有着精湛的素养。他曾根据自己的作战经验，写就了《遭遇战研究》、《山地战研究》、《日军作战心理分析》、《在劣势装备下如何实施河川战》、《我带兵的经验》等文章。

⊙太平军中的军将大都出身草莽，不知道珍惜古董，将抢来的古董大都糟蹋了，只有女御史傅善祥喜好古代玉器以及钟鼎彝器等古玩。东王杨秀清为了讨她欢心，便命自己的部将注意收集这些东西给她，故此一些古董得以保全。

⊙杜月笙成名后，一直努力提高自身文化修养，其门厅高悬一副对联："友天下士，读古人书。"以此时时鞭策自己。他还用重金聘来说书的艺人，长期为他讲《三国》说《水浒》，学习历史知识和古人的处世方式。

⊙周佛海投靠蒋介石后，写了一本《三民主义之理论的体系》，成为当时的畅销书，获利10余万元。

⊙李鸿章曾写过一份"蒸汽动力运转奏折"："镟木、打眼、绞镙旋、铸弹诸机器，皆绾于汽炉，中盛水而下炽炭，水沸气满，开窍由铜喉达入气筒，筒中络一铁柱，随气升降俯仰，拨动铁轮，轮绾皮带，系绕轴心，彼此连缀，轮转则带旋，带旋则机动，仅资人力以发纵，不靠人力之运动。"是篇很好的"科普"文章。

⊙张治中家训：咬口生姜喝口醋。

⊙1926年，武汉发明了"一小时罢工"，即由工会宣布罢工时间，一到钟点，拉响汽笛，所有人都要立即停下手中的工作，就地罢工一小时。

⊙1919年，徐树铮任西北筹边使兼西北边防军总司令，同年10月，徐率兵进入外蒙古，迫使外蒙古在1919年11月17日正式取消自治，回归中国。孙中山在电贺中，称其成就可与傅介子、班超相比。

⊙谭延闿是清代继钱沣之后的"颜体"大家，为民国四大书法家之首。

⊙太平军每一军的正副职官和职同官、属官、听使的数量很大。正职官有总制、监军、军帅、师帅、旅帅、卒长、两司马。副职官有军帅、师帅、旅帅的协理和副卒长、副两司马等官职。职同官即典官，职同监军。军中正职官的属官一般称为尉、伺、书理。因其所属长官的职务级别不同，在其职务前所冠的名称也不同。如监军的尉称监尉，师帅的尉称师尉。军中典官的属官不称尉、伺而称"差"，其书理则称书使。

⊙太平天国的丞相，分天、地、春、夏、秋、冬六官。每官分设正、又正、副、又副各一人，共有丞相二十四人。称呼上也有区别，如天官又正丞相、冬官副丞相等。

⊙民国时期，四川万县分水场县立第二小学学生陈晓初同学曾记日记一则：一夕，人静矣。余倚窗读书，偶见月光射入，宛如白练，顿生明月入怀之感，遂弃书起立，循栏徘徊。见夫玉兔悬空，光辉皎洁。举目四望，万籁寂寥，清风夜起，促织微吟，顾而乐之。适有孤鸿横岭东，展翅如车轮，玄裳缟衣，戛然长鸣，其音交交，掠余而西也。

⊙曾国藩训练湘军实行“三八放操”制，亦即每个月逢三、逢八进行操练，一个月有六次。

曾国藩长子曾纪泽

⊙曾纪泽为了应付国际交往的需要，与妻子刘氏创作了一首《普天乐》，在外交礼仪中作为大清国歌使用。曾后来曾拟《国乐草案》上奏朝廷，欲将此曲定做国歌，但未获批准。

⊙太平天国歌谣：“南桥南桥，两下兵交，活捉洋鬼，洋枪当柴烧。”这是太平军攻下上海南桥后的情景。

⊙太平天国歌谣唱道：“不怕向荣兵马足，天军引他到山麓；好比红薯进火灶，大大小小一灶熟。”这是1851年1月金田起义后，太平军打败前来围剿的清朝提督向荣后所作。

⊙民国时期，林白水堪称中国新闻界的领军人物，当时“诸报无不以刊白水之文为荣”。

⊙民国军界有俗语说：保定的课堂、云南的操场、黄埔的战场。说的是三校学生间冲突最多的地点。

⊙1912年9月20日，袁世凯颁布《整饬伦常令》，令中说：“中华立国，以孝悌忠信礼义廉耻为人道之大经。”

⊙恭亲王与咸丰少时习武，共创枪法二十八式、刀法十八式，令道光皇帝龙颜大悦，将枪法与刀法分别命名为“棣华协力”和“宝锷宣威”。

⊙文绣与溥仪离婚后，于1947年夏季在北平与刘振东结婚，并在北平西城白米斜街租房安了新家。

⊙杜月笙非常注重仪表文明，不论天气多热，长衫最上面一粒纽扣从不解开，并禁止衣冠不整、赤膊袒胸的徒众出入杜门。

⊙1860年，曾国藩向清政府建议购买外国船炮，称“购买外洋船炮，则为今日救世之第一要务”，“果能购买外国船炮，剿贼必能得力”。

⊙早在戊戌政变前，王小航就曾劝光绪出洋游学。

⊙太平军的陆营即步兵，是太平军的主要兵种。在广西时，陆营以前后中左右五个方位加一、二两个数字编排，从前一、前二至右一、右二共编为10军。到天京后，发展到95军，改用前、后、左、右、中的方位顺序和一至十九的数序连起来编排，从前一军至中十九军共编95军。陆军的主要任务是攻战和镇守。

⊙上海三大亨中，素有“黄金荣贪财，张啸林善打，杜月笙会做人”的说法。

⊙段祺瑞不但自己生活俭朴，还经常告诫晚辈不许奢侈浪费。他的亲戚眷属偶然穿了时髦或艳丽衣服，都不敢去见他。

⊙1887年，香港筹建西医书院，邀请李鸿章做“名誉赞助人”。李欣然接受并亲笔回信：“我认为，医学同化学是姊妹科学，应给以同样的重视，不但应该了解它们的组合，而且必须明了该如何分析，因为不这样，就不能在诊断和治疗上发挥精确的作用。永远关注于科学原理以行诊断的收获，能够补救在解剖学及化学理论上的不足，而其最终的结果，是将智识由黑暗变为光明。”

⊙孙武立志推翻清廷，其所用名片为“孙武摇清”四字。武昌起义时，他被推举为军参谋长，起义后任湖北军政府军务部部长，后任袁世凯总统府高等顾问，授“义威将军”。

◎气节

周自齐担任驻纽约领事时的照片（1900年）

⊙清华大学创始人周自齐听说自己被袁世凯任命为去日本签订《二十一条》的特使后，愤而闭门装病于上海周公馆。

⊙大刀王五素以侠义著称。八国联军入城，有次一家姓石的人家被洋人欺侮，王五拔刀相助，杀了几个洋人，最后因中弹过多被俘。洋人说他是义和团的余党，于是枪杀之。王暴尸荒野，第二年正月才被一个叫沈愚溪的人收葬。沈说："五死累月，天寒尸未腐，嚼齿怒视，目光炯炯如生，犹可想见当时愤斗之状。"

⊙民国名伶刘喜奎的处事原则：不给任何大官拜客；不灌唱片；不照戏装像，也不照便装像；不做商业广告。

⊙吴佩孚军中传唱的军歌，是他自己填的一阕《满江红·登蓬莱阁》的词：“北望满洲，渤海中，风涛大作。想当年，吉黑辽沈，人民安乐。长白山前设藩篱，黑龙江畔列城郭，到如今，倭寇任纵横，风云恶！甲午役，土地削；甲辰役，主权堕！叹江山如故，夷族错落。何日奉命提锐旅，一战恢复旧山河，却归来，永作蓬山游，念弥陀！”

⊙陈炯明与孙中山决裂后，吴敬恒为促成孙、陈再合作，奔走甚力。但孙提出要陈写悔过书，作为再合作的条件。陈则说大丈夫要有过才认，不能无过认错。吴敬恒的调解遂告失败。1933年陈炯明逝世，吴曾写一挽联，曰：“一身外竟能无长物，青史流传，足见英雄有价。十年前所索悔过书，黄泉送达，定邀师弟如初。”

陈炯明

⊙张季鸾和吴鼎昌、胡政之一道，以新记公司的名义买下已停刊的《大公报》，于1926年9月1日重新出版。在当日的“续刊号”上，张季鸾以记者的名义撰写社评《本社同人之旨趣》，提出著名的“四不”办报方针：第一不党（无成见，无背景）；第二不卖（不以言论做交易）；第三不私（使为公众喉舌）；第四不盲（吾人诚不明，而不愿自陷于盲）。

⊙张謇幼时并不聪颖，第一次参加州里考试，成绩很差。老师揶揄说：“假若一千人应考而录取九百九十九人，那最后一名必定就是你！”张听后惭愧难过，回到家中，写了许多张“九九九”的字条，贴在墙壁四周，以此鞭策自己，最终考取状元，扬名天下。

⊙赵烈文问曾国藩：“老师你历险尽辛，你所走过的路仿佛从严冬到了盛夏，但是你在极逆境和极顺境的时候，对自己有没有成功的把握?”曾国藩说：“现在想来，我做事情本着三个字，就是‘不怕死’，这是不是你所说的把握?”

⊙1900年，慈禧向十一国宣战后，刘坤一、张之洞、李鸿章和闽浙总督许应、四川总督奎俊、山东巡抚袁世凯，与各参战国达成协议，称为“东南互保”。他们宣称皇室诏令是义和团胁持下的“矫诏、乱命”，因此拒绝执行。

⊙1939年11月，日军进攻桂南，占领了军事要隘昆仑关。邱清泉和廖耀湘率新22师争夺，并切断了南宁与昆仑关之间日军的联系。邱清泉翻车受伤后，廖耀湘代行师长之职，打败了号称“钢军”的日军第十二旅团，亲手将军旗插到了昆仑关上。在庆功宴上，蒋介石称其为“抗战中的狄青”（按：宋仁宗皇祐五年，侬智高反叛，狄青率兵袭占昆仑关天险，平定桂南之乱，昆仑关自此载入史册）。

⊙杨度说：“若道中华国果亡，除非湖南人尽死。”

⊙1900年6月21日，65岁的慈禧太后颁布《宣战诏书》，说：“与其苟且图存，贻羞万古，孰若大张挞伐，一决雌雄。”向英、法等十一国宣战。

⊙光绪年间，孙中山欲见湖广总督张之洞，递上名帖，说“学者孙文求见之洞兄”。张看后很不高兴，命人拿来纸笔写了一行字：“持三字帖，见一品官，儒生妄敢称兄弟。”然后叫门卫交给孙中山。孙看后回帖：“行千里路，读万卷书，布衣亦可傲王侯。”张于是亲自出门迎接。

⊙邵飘萍在编辑部悬挂了一幅四字条幅：“铁肩辣手”。出自明代谏官杨椒山的诗句“铁肩担道义，妙手著文章”。邵飘萍将“妙手”改为“辣手”，章太炎曾解释说：“今人谓从事刚严猛烈者为辣手，辣之言厉也。”

盛宣怀

⊙1908年，盛宣怀奏请清政府批准合并汉阳铁厂、大冶铁矿、萍乡煤矿，成立汉冶萍煤矿公司。为扩大规模，盛宣怀向日本借款，日本提出要清政府出让一部分管理权，当时袁世凯坚决反对，说公司主权必须收归国有，最后借款之事不了了之。

⊙李鸿章任两广总督时，曾多次电奏朝廷，反对慈禧的“联拳灭洋”政策。当朝廷向洋人宣战的消息传到广东后，李鸿章公开表示“粤不奉诏”，义和团也明确提出要杀“一龙二虎三百羊”。“一龙”即光绪皇帝，“二虎”即李鸿章和庆亲王奕劻，“三百羊”是朝廷中支持对洋人主和的众官员。

⊙抗战期间，司徒雷登因拒绝与日军合作，曾被日军囚禁近四年之久。

⊙常人春在《大吹“三定京师”，难掩投敌罪恶》一文中说：“江氏（江朝宗）以投降日寇来换取所谓‘和平’而‘定京师’，堕落成为民族罪人。这样，当然可以夸功于日寇和汪伪政府。”

⊙曾国藩第一次打败仗后投江自杀，结果被人捞起。左宗棠对他说：“事不至此，还不到你死的时候。”这时正好传来曾国藩父亲的手谕，左宗棠遂念给曾国藩听：“儿（指曾国藩）如果战死在湖南，我不为你哭；如果你战死在湖南之外，我为你哭。”

⊙1932年，吴佩孚离开成都来到北平，少帅张学良亲率文武官员数百人到火车站迎候。然而吴并不领情，当晚回访张学良，刚一坐定，吴就大发其火，说：“你不抗日，我帮你抗，我不是为名为利，我左手拿回东三省，右手交给你。你有仇不报，真是笑话！”

⊙塘沽协定签订时，胡汉民远在香港，曾赋《塘沽协定次日叠难韵》诗一首：“横目论心忍弃难，安危一劫讵抛残，树园老屋阴且茂，草倚骄阳绿渐蓝，何处白山连黑水，依然玉砌与雕栏，莱公孤注今无有，城下盟成却难弹。”

⊙吴佩孚曾绘一中日关系图，从沈阳事变发起，至塘沽协定止，淞沪奋命，榆关喋血，喜峰口之役，皆收入图中，图高约数丈，作卷式，要人多索观之，但不轻易示人。

⊙1944年，傅斯年在参政会上向行政院院长孔祥熙发难，揭发其在发行美元公债中营私舞弊。会后，蒋介石亲自请傅吃饭，为孔说情。席间，蒋问：“你信任我吗？”傅答：“我绝对信任。”蒋于是说：“你既然信任我，那么就应该信任我所任用的人。”傅立刻说：“委员长我是信任的，至于说因为信任你也就该信任你所任用的人，那么，砍掉我的脑袋我也不能这样说。”

⊙1924年吴佩孚败军之际，有人建议他逃入天津租界。他厉声斥道：“堂堂军官，托庇外人，有伤国体，焉可为之。”到了汉口，有日本政要给汉口领事去电，要其劝说吴佩孚东游日本。吴回答说：“我连租界都不住，哪能去日本！”1925年，英、美等国银行表示愿意给吴提供信用借款，无须任何抵押，以支持他东山再起，也被吴断然拒绝。

⊙余日章作为国民政府代表，前往华盛顿参加国际会议。有人问他：“中国人真的有自治能力吗？”余反问：“你读过世界历史吗？”回答：“读过。”余又问：“在世界各国中，试问哪一个国家不受外族支配的民族自治政府能有像中国这么长历史的？如果有，请告诉我。”

⊙何香凝在《赠前敌将士》一文中写道：“倭奴侵略，野心未死。既据我东北三省，复占我申江大地。叹我大好河山，今非昔比，焚毁我多少城市，惨杀我多少同胞，强奸我多少妇女？耻！你等是血性军人，怎样下得这点气？”在《赠敬爱的伤兵》中写道：“君流血，我流泪，锦绣江山被人取。增你勇气，快到沙场去，恢复我们土地。好男儿，救国不怕死。死！留名于万世。”

⊙张作霖大元帅府的电报处处长周大文回忆说：1928年5月17日，日本驻华公使芳泽谦吉求见张作霖，张将其晾在客厅，自己则在另一间屋里大声嚷道：“日本人不讲交情，来乘机要挟，我豁出这个臭皮囊不要了，也不能出卖国家的权利，让人家骂我是卖国，叫后辈儿孙也都跟着挨骂，那办不到！”

⊙1883年中法战争，中国军队一路连胜，清政府却一味求和，电令前线停战。老将冯子材和黑旗军首领刘永福复电抗辩，却无力回天。湘军名将彭玉麟听闻后，按捺不住愤懑之情，愤然赋诗道：“电飞宰相和戎惯，雷厉班师撤战回。不使黄龙成痛饮，古今一辙使人哀。”

老将冯子材

⊙1935年7月，国民党华北军分区代理委员长何应钦，与侵华日军司令梅津美治郎签订了丧权辱国的《何梅协定》。何香凝义愤填膺，派人把自己的一条旧裙子送给蒋介石，并在裙子上题了一首诗：“枉自称男儿，甘受倭奴气。不战送山河，万世同羞耻。吾侪妇女们，愿赴沙场死。将我巾帼裳，换你征衣去！”

⊙杜月笙说：“如果日本人利用租界打中国人，我杜月笙要在两小时内把租界全部毁灭！”

华盛顿会议上，中国代表王正廷（立者左二人）要求废止日本强加于中国的《二十一条》，王正廷左边坐着的是王宠惠。

⊙1933年，王宠惠出席国际联盟大会。会上，日本代表用十分狂妄的口气问道："你是代表南京中央政府呢，还是东北满洲国政府？"王宠惠站起来大声回答："我代表贵国所承认的那个中国政府。"

⊙1937年11月，日军占领上海，要求《大公报》送检，《大公报》拒绝，并断然停刊。在停刊号上，王芸生撰写了社评《不投降论》，说："我们是报人，生平深怀文章报国之志……到今天，我们所能自勉，兼为同胞勉者，惟有这三个字——不投降。"

⊙卢沟桥事变后，吴佩孚在沦陷的北平给日本天皇写信，力言中日不可用兵，天皇未作理睬。后来日本人劝他出山，他说出山可以，条件是日本必须退兵。

⊙日本人想控制上海，千方百计拉拢杜月笙。杜凛然说道："我是一个中国老百姓，碍于国家民族主义，未敢从命。"

⊙蒋介石策划杭州起义，拟组织一百人的"敢死团"，并亲自指挥，作为起义的开路先锋。"敢死团"组建后，蒋写信给母亲："恕儿不孝之罪。"蒋母回曰："死生一视与义，毋以家事为念。"

⊙段祺瑞反对帝制，对徐树铮、曾毓隽说："我当年曾发采取共和之电，如今又拥项城（袁世凯）登基，国人其谓我何？且恐二十四史中亦再找不出此等人物!”

⊙吴稚晖是清光绪辛卯科举人，主张维新，曾参加过康有为、梁启超发起的“公车上书”。

⊙清末财政大臣陈宗妫和外务部右丞高而谦，同朝为官，并有美德。傅兰泰说：“麓宾（陈宗妫字）一介不取，子益（高而谦字）一尘不染，清亮纯洁，可师可法。”

⊙“九一八”事变后，日本人拉陈炯明下水，陈要求日本归还东三省。日本人送八万元支票给他，陈在支票上打叉退还。

唐绍仪

⊙1912年5月20日，上海《民权报》记者戴天仇发表了一篇24字的时评《杀》：“熊希龄卖国，杀！唐绍仪愚民，杀！袁世凯专横，杀！章太炎阿权，杀!”唐绍仪以国务总理的名义致电上海，说：“言论自由，为约法所保障。”最后上海租界公审公廨以“该报言辞过激”，涉嫌“鼓吹杀人”，最后“罚洋三十元”结案。

⊙土肥原登门拜见吴佩孚，请其出山，见吴佩孚家中有画眉鸟，遂一语双关地说道：“笼中之鸟，困于斗室，若不投林，终此一生，岂不悔恨。”吴顺手抓起一只画眉，置于掌上，但见鸟儿跃跃欲试，终不飞开。土肥原见状，深知吴决计不肯出山，只得怏怏离去。

⊙陈邦瑞为官清正廉洁，在做度支部右侍郎时，饭费补贴很多，陈却不领取，让分给属下办事人员，并说：“虽然钱不多，但多少能补贴点家用。”

⊙1936年，段祺瑞在遗嘱中说：“勿因我见而轻启政争，勿尚空谈而不顾实践，勿兴不急之务而浪用民财，勿信过激之说而自摇邦本，讲外交者勿忘巩固国防，司教育者勿忘保存国粹，治家者勿弃固有之礼教，求学者勿骛时尚之纷华。本此‘八勿’，以应万有，所谓自力更生者在此，转弱为强者亦在此矣。”

⊙东北军两名士兵无故被日本查道兵打死，事后日方赔给士兵家属每户120

元了事。张作霖听闻大怒，下令东北军："碰到日本查道兵就打，我也有钱。"东北军得令后很快打死12个日兵，于是日本驻沈阳领事找张抗议。张说："依日本兵打死东北军一人赔120元了事，我也每人赔120元。"日本领事闻言无可奈何。

⊙抗日期间，爱国华侨陈嘉庚向重庆提议："敌未退出我国土即言和当以汉奸国贼论。"此议由国民参政会第二次大会通过，并被后人誉为"古今中外最伟大的一个提案"。

陈嘉庚与孙中山。陈为橡胶大王，厦门大学、集美大学校父。下图为厦门大学陈嘉庚纪念馆前铜像。

⊙胡汉民得知汪精卫要北上行刺摄政王时，劝汪说："你是同盟会中举足轻重的人物，你的文才、口才和号召力都是无人可以取代的。如果你以一时之激情与虏酋拼命，对革命的损失太大。"汪精卫说："梁启超骂我们这些革命党人是'远距离革命家'，章炳麟（章太炎）等人又背叛孙先生和同盟会，已经到了'非口实所可弥缝，非手段所可挽回'的地步。现在我们必须拿出具体的行动来证明我们的革命之决心。"

⊙北平沦陷，日本人用王克敏组织伪政府，王想以高位诱袁世凯之子袁克定下水。袁克定马上登报声明，表示自己有病在身，不问世事，并拒见宾客。曾有人将他刊登声明的那张报纸装裱为册页，并题诗彰赞他的气节。

⊙辜鸿铭去英国前，他的父亲告诫他说："不论你走到哪里，不论你身边是英国人、德国人还是法国人，都不要忘了，你是中国人。”

⊙甲午海战，“致远”号被鱼雷击中沉没，管带邓世昌落水，随从以救生圈相救，被拒绝。邓说：“我立志杀敌报国，今死于海，义也，何求生为！”其所养爱犬游至身旁，口衔其臂以救，邓按犬首入水。

仆犬同殉：《点石斋画报》报道邓世昌牺牲过程。

⊙庚子时联军入京，某国武员招妓侍酒，令翻译对妓女说：欲留一宵。妓曰：“吾虽为妓，决不肯失身于外人。”武员怒曰：“不从者死。”乃拔刀置于案上。妓愤然夺刀，说：“今日必死一人！”武员大惧，忙遣之，说：“我见过许多中国官吏，却无如此妓般刚烈的。”

⊙沈曾植为官清廉，在做安徽布政使时，只穿普通服饰，和普通老百姓没什么两样。许多人提了礼物来拜访，都被沈严词回绝，说：“吾一日在任，尔辈无望兹事之行也。”

上图：顾维钧是民国外交第一人，有四个老婆，其中就包括国务总理唐绍仪之女唐宝玥，欧洲华侨黄慧兰（下图）。

⊙1919年巴黎和会上，日方代表牧野伸显坚持要求继承德国在山东的权益。中方代表顾维钧说："西方有位圣人名叫耶稣，他被钉上十字架的所在地耶路撒冷，如今成为基督教圣地，谁都不可侵犯。在场诸位代表先生，应该同意我的这番话吧！"见众人点头，顾继续说，"我们东方也有一位圣人，名叫孔子，不但是中国，就连邻近的日本，也承认他是圣人。牧野先生，您说对不对？"牧野表示同意。顾又道："山东是孔子的故乡，是我们中国人的圣地，也是所有认为孔子是圣人的人的圣地，当然就不容侵犯了。"一番话说得牧野哑口无言。

⊙在批判"远距离革命家"的言论和"倒孙狂潮"的夹攻下，对革命丧失信心和持怀疑态度的人大量出现，同盟会一时陷入危机。汪精卫是同盟会中坚决支持孙中山的孙派骨干，为了挽救革命、挽救同盟会，汪主动提出要亲自进京刺杀摄政王，用鲜血来证明同盟会的领袖不是贪生怕死的"远距离革命家"，并以此重新树立人们对革命的信心。

⊙伍廷芳去世后，时人评价他说："能以出世之精神，做入世之事业。"

⊙胡适说："有一分证据说一分话，有三分证据说三分话。"

⊙吴组缃读研究生期间，曾选国学大师刘文典的六朝文学课。在学期作业中，他骂六朝文学是娼妓文学。刘教授非常生气，给了他一个不及格，同时托人带口信给他：只要他改变观点，就可以过关。吴坚持自己的观点，结果不得不中断学业。

⊙蒋百里为陆军军官学校校长时，其主张常为部司所掣肘，而其素与学生融洽，感到去留两难，遂于某日以手枪击胸，幸未伤及要害，经医治后脱险。

⊙冯友兰为西南联大写的校歌，是调寄的《满江红》词调：万旦长征，辞却了五朝宫阙。暂驻足，衡山湘水，又成离别。绝徼移栽祯干质，九州遍洒黎元血。尽笳吹，弦诵在山城，情弥切。千秋耻，终当雪。中兴业，需人杰。便一成三户，壮怀难折。多难殷忧新国运，动心忍性希前哲。待驱除仇寇复神京，还燕碣。

⊙林纾古道热肠，行事颇有侠士之风。一贫士写信向他哭穷，他与之素昧平生，却仍寄去十块银圆，同时附一诗曰："年来沧海已成田，文字何曾值一钱。无力赠袍宁赠炭，石头城下雪漫天。"

⊙苏曼殊有一段时间住在刘师培家，在刘师培、何震夫妇睡觉时，苏常毫无顾忌地掀开蚊帐，问人家在干什么。刘师培夫妇后来投靠端方，背叛了革命。苏曼殊一怒之下，于半夜赤身裸体冲进二人房中，破口大骂了一通方才解气。

司徒雷登

⊙"九一八"事变后，司徒雷登亲自带领数百名燕大师生走上街头游行，并走在队伍的最前方，高呼"打倒日本帝国主义"。

⊙"九一八"事变后，日本人想拉拢下台的曹锟"合作"，派伪河北省省长高凌蔚去当说客。当时曹锟正躺在炕上抽大烟，还没等高凌蔚说话，便把烟枪往地上一摔，大吼道："你给我滚出去！当了汉奸还敢登我曹家的门！"

⊙1927年3月，白崇禧作为北伐东路军前敌总指挥，抵达上海东郊的龙华，到了杜月笙的地盘上。杜想投机革命，亲自往见白崇禧，白拒不接见。有人说："杜曾捐大洋四万八千元，对革命有功。"白说："他捐四万八，革命军可以还他五万，名器不可以滥假，官职岂可随便送人！"

⊙有人给段祺瑞送礼，他只选一两样不值钱的留下，其余一概奉还。有一次江苏督军齐燮元送他一扇镶嵌着各种宝石的围屏，其家人喜欢得睡不着觉，半夜都会爬起来摩挲，可段最后还是让人把东西送还了。

⊙丁日昌任苏淞太兵备道时，戈登率领的洋枪队无所事事，在上海整天晃悠。朝廷怕尾大不掉，让丁设法遣裁。丁跟英国交涉几次，最后说服英国人发来遣裁文书，调戈登回国。可英国总领事巴夏礼却借口说没收到文书，拒绝执行。丁几次交涉未果，于是宣布裁遣文件失窃，派兵围困领事馆数日，巴最后只得说那份文件又找到了。

⊙1932年，张元济的儿子张树年自美国留学归国，想进商务印书馆。元济反对，说："我历来主张高级职员的子弟不准进公司，我应以身作则，言行一致。"

⊙1908年春，光绪与慈禧先后病逝，清廷下令各地举行"国丧"。高等官学堂学生田桓"哭临"时流露不满情绪，堂长杨子绪于翌日高悬虎头牌，要开除田桓学籍，全校师生哗然。此事被在学校附近寓居的黄侃听说，盛怒之下，遂跑进学堂，砸烂虎头牌，大骂一通之后，方扬长而去。

慈禧、光绪去世

⊙蔡锷写信给友人，说："以菩萨心肠，行霹雳手段，吾人今日处兹乱世，认定一事与道德良心均无悖逆，则应放胆做去，无所顾怯，所谓仁慈，又要痛快也。"

⊙袁世凯让沈家本任司法部长，沈婉辞。袁说："这是众意，如果不将你列入名单内，恐怕会让众人失望。"沈说："这好办，只需注明因病辞聘就行了。"没多久，袁世凯又让长子袁克定劝沈出山，沈正色道："宁死不做官。"

⊙戴季陶做国民政府考试院院长，唯才是举。有一次，因一名已达分数线的学生没有被录取，戴在国民会议上要求从严处分自己，蒋介石无奈，只好罚扣其三个月的薪金。

⊙蒋南翔长期担任清华大学校长、党委书记，也曾任青年团中央副书记、高教部部长、教育部部长。22岁时，他说了句令中国青年学子为之热血沸腾的话："华北之大，已经安放不得一张平静的书桌了！"

⊙赛金花晚年生活穷困潦倒，张竞生曾给她写过一封慰问信，并寄去25元钱，以解其燃眉之急。

⊙1947年年初，徐铸成拒绝政府投资《文汇报》，说："《文汇报》是用我的墨汁喂大的，不接受任何方面的津贴和政治性投资。"

⊙1941年，张季鸾去世，他在遗嘱中说："余生平以办报为唯一之职业。自辛亥以还，无时不以善尽新闻记者天职自勉，期于国族有所贡献。"

⊙20世纪40年代，吴组缃应聘四川省立教育学院教授。北大中文系教授方锡德后来回忆说：当时是在学期中间，校方希望吴开半学期的课，但可以支付给他整学期的薪水。吴当即表示反对："这样怎么行？我明明只上了半学期的课，怎么能拿你们一学期的薪水？"

⊙许春草有四句名言，一曰：人民反对暴政不必向政府备案；二曰：有公愤无私仇；三曰：不与魔鬼结盟，不与罪恶击掌；四曰：对付外国侵略，有钱出钱，有力出力，无钱无力则出命。

⊙唐继尧《象州夜泊》诗云："横槊江流望八荒，澄清依旧仔肩当，社城狐鼠应须伏，山泽龙蛇漫久藏。事业从来空色相，兵戈犹是佛心肠，照人肝胆今仍昔，皎皎还同明月光。"令人击节赞叹。

⊙1946年，冯友兰应美国宾夕法尼亚大学邀请，赴美讲授中国哲学史，并将讲稿整理成《中国哲学简史》一书，由纽约麦克米伦公司出版。在美讲学期间，冯曾说："我在国外讲些中国的旧东西，自己也成了博物馆里的陈列品了，心里很不是滋味。当时我想，还是得把自己的国家搞好。我常想王粲《登楼赋》里的两句话：'虽信美而非吾土兮，曾何足以少留！'"

⊙1939年，中日昆仑关之战，某日晚上，杜聿明夜不能寐，遂披衣下床，伏案挥毫，为阵亡将士写一挽联："血花飞舞，苦战兼旬，攻克昆仑寒敌胆；华表巍峨，扬威万里，待清倭寇慰忠魂。"

⊙1923年4月初，《益世报》刊载北洋政府授发的一批勋位，胡适以三等嘉禾勋章榜上有名。4月8日，胡适在自己办的《努力周报》头条位置发表《胡适启事》，说："我是根本反对勋章勋位的。如果这个胡适真是我，还是请政府收了回去罢。”

⊙抗战时在重庆，吴稚晖不住蒋介石给他的洋楼，反在山坡上自盖茅草屋一座，并戏作《斗室铭》自娱：“山不在高，有草则青，水不厌浊，有矾即清。斯是斗室，无庸德馨。谈笑有鸿儒，往来多白丁。可以弹对牛之琴，可以背癞痢之经。耸臀草际白，粪臭夜来腾。无丝竹之悦耳，有汽车之闹声。南堆交通煤，东倾扫荡盆。国父云：阿斗之一，实亦大中华之大国民。”

1912年12月27日，孙中山在松江醉白池召开的各界欢迎会上演说平均地权问题。图为孙中山在醉白池与陈其美（左）、戴季陶（右）合影。牛是要有资本的，总理在日本的时候，吴稚晖就跟着他了。

⊙1913年春天，袁世凯给胡石庵颁发一等嘉禾章，遭到胡的拒绝。胡石庵在退回勋章同时附诗一首：“三户亡秦愿已空，战场荒草渍残红。郑蛇内外成虚斗，冀马奔腾起大风。一雁横飞秋色里，万花齐落鼓声中。乾坤正气消磨尽，狗尾羊头亦巨公！”

⊙众议院议员邵瑞彭在收到曹锟五千银元的贿选支票后，拍照寄往北京、上海等地的报纸发表，并向北京地方检察厅提出控诉，一时间全国舆论哗然。回到故乡淳安后，当地民众开大会欢迎他，师范讲习所的学生们还打起了横幅，上写：“揭发五千贿选，先生万里归来。”

⊙“九一八”事变后，吴佩孚曾作诗一首：“国耻传来空有恨，百战愧无国际功。无泪落时人落泪，歌声高处哭声高。”

⊙1938年台儿庄大捷，曹锟听说后高兴地喊道：“我就不相信，咱们还打不过那小日本。”

⊙恽代英在狱中写诗道：“浪迹江湖忆旧游，故人生死各千秋。已摈忧患寻常事，留得豪情作楚囚。”

⊙钱穆自幼吸烟，后来在小学任教，课本中有劝戒烟一节，他自忖道：自己嗜烟，何以教学生？遂决然戒之，后数十年不吸。

⊙1937年“七七事变”后，南开大学遭到轰炸。张伯苓说：“被毁者为南开之物质，而南开之精神，将因此挫折，而愈益奋励！”

⊙蔡锷发动护国战争前，曾在一封家书中写道：“余素抱以身许国之心，此次尤为决心，万一为敌贼暗算，或战死疆场，决无所悔。”

⊙京师大学堂（北京大学前身）管学大臣张百熙十分爱才，讨厌谄媚溜须之辈。曾有一位青年很为张所器重，一次，张的小妾生病，这位青年得知后，居然在家中设立香案，天天为之祈祷。张闻听此事，不禁叹息道：“我一直很爱他的才气，但我没想到他的德行却是如此。”后来便渐渐疏远了这个青年。

⊙吴佩孚蛰居北京什锦花园期间，曾写过一副对联明志：“得意时清白乃止，不纳妾，不积金钱，饮酒赋诗，犹是书生本色；失败后倔强到底，不出洋，不走租界，灌园抱瓮，真个解甲归田。”

吴佩孚

⊙1916年“双十节”前夕，黎元洪授予黄兴“勋一位”，黄兴坚拒。

⊙1916年11月8日，蔡锷临终，曾口授蒋百里代写遗电：一、愿我人民、政府协力一心，采有希望之积极政策；二、意见多由争权利，愿为民望者，以道德爱国；三、在川阵亡将士及出力人员，恳饬罗督军、戴省长两君核实呈请恤奖，以昭激励；四、锷以短命，未克尽力民国，应行薄葬。

⊙吴佩孚用人拒用亲属，他曾下令：

吴姓的“天、孚、道、远、隆”五世永不叙用。

⊙英国公使巴夏礼有一次急等国内一条重要电报，却迟迟不见送来，于是责问中国政府是怎么回事。总理衙门追问电报总局，电报总局又追问分局，分局理直气壮地回话：这条重要的外交电报是按“四等寻常商报”付的钱，按照规定，理应和其他寻常商报一样，排在一等官报、二等局报和三等加急加费商报之后发送投递。

⊙光绪二年（1876年），李鸿章在给友人的书信中说：“处今日，喜谈洋务乃圣之时。人人怕谈、厌谈，事至非张皇则鲁莽，鲜不误国。公等可不喜谈，鄙人若亦不谈，天下赖何术以支持耶？”

⊙1919年6月15日，蔡元培公开发布《不愿再任北京大学校长的宣言》，说：“我绝对不能再做不自由的大学校长。”

⊙1934年，司徒雷登赴美。燕大发来急电说：北京学生为反对政府对日不抵抗政策，组织请愿团赴南京，而学校里的多数外籍教授反对学生罢课，双方严重对立。司徒雷登匆忙赶回，并召开校务大会，说：“我在上海下船时，首先问来接我的人，燕京的学生是否也来南京请愿了？我听到答复‘是’，这才放心。如果此次燕京学生没有参加请愿，那说明这些年来我的教育就完全失败了！”

⊙1948年6月18日，朱自清在拒绝“美援面粉”的声明上签字。当天他在日记中写道：“此事每月须损失六百万法币，影响家中甚大。但余仍决定签名。因余等既反美扶日，自应直接由己身做起，此虽为精神上之抗议，但决不应逃避个人责任。”

朱自清

⊙石达开被俘，就死之日，骆文忠曰：“石某，今日就戮，为汝想，亦殊值得。计自起事以来，蹂躏数省，我方封疆大吏，死汝手者三人。今以一死完结，抑何所恨！”石笑曰：“是俗所谓成则为王，败则为寇。今生你杀我，安知来世我不杀汝耶？”遂昂首就戮。

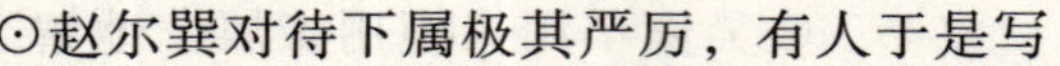

⊙赵尔巽对待下属极其严厉，有人于是写

联揶揄他说："尔小生，生来刻薄；巽下断，断绝子孙。"赵见后并不生气，还将其改为："尔小生，生来秉性；巽下断，断不容情。"

⊙抗战胜利后，黄琪翔以现役上将的身份，第一个公开声明："从此退役，绝不参加内战。"

⊙1923年1月17日，蔡元培再度辞去北大校长一职，并于次日在《晨报》刊发声明："元培为保持人格起见，不能与主张干涉司法独立、蹂躏人权之教育当局再生关系，业已呈请总统辞去国立北京大学校长之职，自本日起，不再到校办事，特此声明。"

⊙"九一八"事变后，张发奎电请国民政府，要求开往东北抗日，蒋介石不予理睬。1932年3月，张再次要求率部驰援黑龙江，蒋又不允，反将其调往江西剿共，张遂于10月只身出国游历欧美，积极宣传抗日救国思想。在伦敦时，他曾发表谈话说："如有机会，余愿率一旅之孤军奋起抗敌，期有报国仇于万一也。"

⊙郭嵩焘死前留下遗言，不准子孙后代吸食鸦片，并说："有犯此者，先请改姓，勿为吾子孙可也。"

⊙抗日战争胜利后，张发奎任广州地区受降官，主张严惩日军战犯田中久一，毅然将其交付军法审判并执行枪决。

⊙1945年，抗日战争进入最后时刻。在美国国防部任职的罗斯福来华，策划美军在西太平洋的行动，为此专门去拜访了杜月笙，请求他对美国的情报工作给予帮助。杜月笙明确表态："只要事体对双方有利，随时随地彼此密切合作，应该没有啥问题。"

⊙吴稚晖在国民党内位高言重，却从来没人敢去送礼，否则往往连人带物被扔出门外。

⊙文绣在给族兄文绮的信中说："查民国宪法第六条，民国国民无男女、种族、宗教、阶级之区别，在法律上一律平等。妹因九年独居，未受过平等待遇，故委托律师商榷别居办法，此不过要求逊帝根据民国法律施以人道之待遇，不使父母遗体受法外凌辱致死而已。"

张发奎

⊙1935年张发奎见蒋介石，提出“今后中国之出路，唯有抗战之一途”，“七七事变”后，张发奎向蒋介石表示：“如果这次再不能对日作战，我决定入山为僧，今后永不问世事。”

⊙1917年，国会否决了“对德宣战案”，督军们遂联名要求解散国会。黎元洪为了抵制军人干政，提出了著名的“三不宣言”：不违法，不盖印，不怕死。

⊙冯国璋反袁世凯，对梁启超和蔡锷说：“我是他（袁世凯）一手提拔起来而又比较亲信的人，我的电报对他是个重大打击。我们之间，不可讳言是有知遇之感的。论私交我应该拥护他的，论为国家打算，又万不能这样做，做了也未必对他有好处，一旦国人群起而攻之，受祸更烈。所以，我刚才考虑的结果，决计发电劝袁退位。”

⊙李鸿章临终前，曾口占一绝。最后两句是：“海外尘氛犹未息，诸君莫作等闲看。”

⊙张謇说：“勿爱其长而护其短，勿恨其过而并没其功，为天下惜人才，为万世存正论。”

⊙袁世凯称帝后，封黎元洪为武义亲王，并铸一黄金大印给他送去，黎严拒不受。

⊙载洵、载涛、铁良等清朝贵族在民国建立后积极组织复辟行动，但是伪“满洲国”成立后却均拒绝参加。

1909年，海军大臣载洵先后访问了意大利、奥地利、德国、英国的海军学校和船厂，并向意大利订购炮舰一艘，向奥地利订购驱逐舰一艘，向德国订购驱逐舰三艘、江防炮舰两艘，向英国订购巡洋舰两艘。载涛到欧洲调研（下图）。

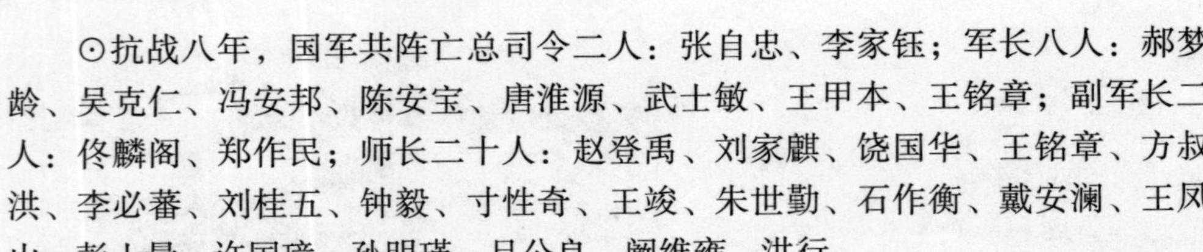

⊙抗战八年，国军共阵亡总司令二人：张自忠、李家钰；军长八人：郝梦龄、吴克仁、冯安邦、陈安宝、唐淮源、武士敏、王甲本、王铭章；副军长二人：佟麟阁、郑作民；师长二十人：赵登禹、刘家麒、饶国华、王铭章、方叔洪、李必蕃、刘桂五、钟毅、寸性奇、王竣、朱世勤、石作衡、戴安澜、王凤山、彭士量、许国璋、孙明瑾、吕公良、阚维雍、洪行。

⊙1928年孙立人回国，但却苦于报国无门，直到1932年，他出任财政部税警总团第二支队上校司令兼四团团长时，才真正有了带兵练兵的机会。“八一三”淞沪会战时，孙部曾重创日寇，孙本人也负伤达13处之多，昏迷三昼夜，几乎丧命。伤愈后，孙立人重建财政部缉私总队，并按野战部队的要求训练税警，以期有朝一日与日军决一死战。

⊙1939年3月，张灵甫率部参加南昌会战，右腿被日军机枪射中两弹，受伤极重，然而他只草草进行了包扎，便又再度投入战斗。上高会战时，张的腿部又被炸断，蒋介石派飞机将其送往香港，请英国著名外科专家克雷斯特尔为其诊治。术后不久，张灵甫在报上看到有战时军人不宜出国养病的新规定，不顾医生劝阻，伤未痊愈便提前归队，从此留下残疾，走起路来一跛一拐，人送外号“跛腿将军”。

⊙段祺瑞长年吃素，以至营养不良，后来又患了胃病，医生劝他开荤增加营养，被他拒绝。侄子段宏纲于是让厨师把去油鸡汁加在菜或汤内，不久被段祺瑞发觉，于是把侄子叫来训道：“我自庚申年（1920年）吃素念经差不多20年了。如今国难日深，我老了，效国无力，但求早日超脱，你们万不可再恶作剧，增加我的罪过。”

⊙袁世凯称帝后，梁启超写了篇《异哉所谓国体问题者》的文章。袁得知消息后，派人给梁送去一张20万元银票，说给梁的父亲祝寿，同时提出让梁不要发表文章。梁启超断然拒绝，并将银票退回。后来梁在回忆此事时说：“袁世凯太看人不起了，以为什么人都是拿臭铜钱买得来。我当时大怒，几乎当面就向来人发作。”

◎心悦·诚服

⊙文洁若说："林徽因是我平生见过的最令人神往的东方美人。她的美在于神韵——天生丽质和超人的才智与后天良好高深的教育相得益彰。"

1916年，身着中式上衣、西式百褶裙的北京培华女中的学生们。右一为12岁时的林徽因。

⊙1920年，英国哲学家罗素来华巡回讲演，赵元任当翻译。每到一个地方，他都用当地的方言来翻译。讲演结束后，竟有人跑来和他攀老乡。

⊙李鸿章心思机敏，在曾国藩门下时，有一回曾国藩率湘军与太平军战于祁门，大败。曾国藩欲自请处分，奏稿再三斟酌后，措辞仍不满意，于是询问李鸿章。李遂将奏稿中"屡战屡败"四字，倒置为"屡败屡战"。此一改动，意思完全不同。奏稿报上，不仅未受处分，反蒙受嘉奖。

⊙英国作家毛姆来华访问，特别拜会辜鸿铭。毛姆表示，中国有些政、经方面的典籍很好，可惜没能译成西文。辜闻言答道："早在一两百年前，中国的四书五经便已有外文译本。"毛姆不信，辜便说家里有好几本手抄译本，三天后拿给你看。回家后，辜鸿铭日夜赶工，三天三夜译出英、法、德语之四书译本。毛姆见状深信不疑。

⊙1945年5月4日，昆明大中学生举行大游行，忽而下起大雨，学生意欲散开。这时闻一多走上高台，大声说道："武王伐纣誓师时也下了大雨，武王说这是'天洗兵'，是上天给我们洗兵器，今天，我们也是'天洗兵'。"于是游行照常举行。

⊙辜鸿铭生在南洋，学在西洋，娶妻东洋，仕在北洋，一生精通英、法、德、拉丁、希腊、马来亚等九种语言，获十三个博士学位，然而直到1928年去世，他都没有剪掉头上的辫子，号称清朝最后一根辫子。

⊙赵元任曾编了一个名为《施氏食狮史》的单音故事，以说明语音和文字的相对独立性。其通篇只有“shi”一个音，写出来，人人可看懂，用口说，却谁也听不懂：“石室诗士施氏，嗜狮，誓食十狮。施氏时时适市视狮。十时，适十狮适市。是时，适施氏适市。氏视是十狮，恃矢势，使是十狮逝世。氏拾是十狮尸，适石室。石室湿，氏使侍拭石室。石室拭，氏始试食是十狮。食时，始识是十狮，实十石狮尸。试释是事。”

⊙蒋介石喜读邹容的《革命军》，自谓“晨夕览诵，寝则怀抱，梦寐间如与晤言，相将提戈逐杀鞑虏”。毛泽东对此书也曾爱不释手。

⊙王茂荫是晚清朝中为数不多的精通经济问题的官员，他敏锐地认识到货币的价格和价值相分离的特征，并上升到“以实论虚”的理论高度，即坚持货币的金本位。他说：“官能定钱之值，而不能限物之值。钱当千，民不敢以为百；物值百，民不敢以为千。”王也是《资本论》中唯一提到的中国人。

孙宝琦

⊙孙宝琦曾为清山东巡抚，摇身变为民国外交总长后，常常招人诟骂。一次，孙宝琦到“小朝廷”致祭时，孤臣孽子梁鼎芬一眼发现了“老朋友”只鞠躬不下跪时，便指着孙宝琦的鼻子问：“你忘了你是孙诒经（福建学政）的儿子！你做过大清的官，你今天穿着这身衣服，行这样的礼来见先帝先后，你有廉耻吗？你是一个什么东西！”清朝旧臣纷纷围了过来，孙宝琦面无人色，低下头连忙说：“不错，不错，我不是东西！我不是东西！”

⊙章太炎清高孤傲，对近世文人极少嘉许，唯独对黄侃刮目相看。

吴佩孚是亮相《时代》周刊封面的首位中国人，被《时代》杂志称为“Biggest man in China”。

⊙吴佩孚虽为军阀，但其喜读书，能吟诗，且熟读《易经》、《春秋》，为军阀中的另类。美国史学家费正清称吴佩孚为“学者军阀”。吴也是第一个登上美国《时代》周刊封面的中国人。

⊙梁启超说：“李鸿章必为数千年中国历史上一人物，无可疑也；李鸿章必为十九世纪世界史上一人物，无可疑也。”

⊙杜月笙举行杜家祠堂落成典礼暨“奉主入祠”典礼，蒋介石送匾：孝思不匮。张学良送匾：好义家风。何应钦送匾：世德扬芬。徐世昌送匾：敦仁尚德。曹锟送匾：俎豆千秋。段祺瑞送匾：望出晋昌。吴佩孚送匾：武威世承。章太炎送匾：武库遗灵。于右任送匾：源远流长。西藏活佛班禅额尔德尼送匾：慎终追远。法国驻沪领事馆领事甘格林送匾：东方望族。日本驻沪日军司令坂西利太郎送匾：明德之后。

⊙黎元洪在天津盖房时，曾买美国木材大王罗伯特的木料。罗伯特就此大肆宣传，说中国总统盖房都用他的木材。钢笔大王派克拜见黎时，曾送一支金笔给他，并请他签名，之后派克将此签名制成广告四处宣传。

⊙1896年，黄遵宪在上海创办《时务报》，受到两湖总督张之洞的欣赏，张称之为“中国创始第一种有益报纸”。

⊙丁丑年丘逢甲考秀才，是全场第一个交卷的。当他走出考场大门时，恰巧碰到台南知府丁日昌来巡视。丁日昌见他这么快交卷，有心试其才情，乃出一上联：“甲年逢甲子。”丘逢甲略一思索，即答：“丁岁遇丁公。”丁日昌闻言大喜，又请其作《台湾竹枝词》百首，丘只半天便作完，丁日昌赞叹不已，赞其为“东宁才子”。

⊙民国时期，四川郫县县立第四小学学生刘在镕同学曾记日记一则：某星期日，学校放假。吾谓友曰：“时当春日，江水清澈，而江边之景又可玩赏。吾友可往江边垂钓否？”友曰：“可！”乃持竿而行。沿途纵观春景，时则桃红柳碧，草长莺飞，顾而乐之。

⊙韩复榘出任山东省政府主席后，大力支持梁漱溟的“乡村建设运动”，并把邹平县交给梁做实验区。韩对梁毕恭毕敬，以师礼待之，凡梁所提建议多被采纳。韩复榘说：“军队需要整理，不整理早晚要垮；政治也需要改革，不改革也是早晚要垮的。”并呼吁部下：“我不会改革，请梁先生帮我们改革吧！”

⊙1933年2月17日，鲁迅接到宋庆龄的邀请，说请他会见萧伯纳。鲁说：“有这样的要去见一见，那就见一见吧。”当日，鲁迅与萧伯纳、蔡元培合影于上海宋庆龄住宅。

⊙梅汝璈24岁获得美国哥伦比亚大学博士学位，27岁成为驻美国公使，34岁出任外交部长。

⊙20世纪30年代，一家英国报纸评论顾维钧说：“中国很少有比顾维钧博士更堪作为典型的人了。平易近人，有修养，无比耐心和温文尔雅，没有哪一位西方世界的外交家在沉着与和蔼方面能够超过他。”顾维钧逝世时，《纽约时报》、《华盛顿邮报》载文表示哀悼。

⊙陈寅恪在《邓广铭〈宋史·职官志考证〉序》中写道：“华夏民族之文化，历数千载之演进，造极于赵宋之世，后渐衰微，终必复振。”“宋代之史事，乃今日所亟应致力者”，“数百年来，真能熟读之者，实无几人”。

⊙李鸿章给曾国藩做幕僚，每月领薪水六两银子。一次，曾看到周馥的一篇文章，大为欣赏，便让李鸿章把周馥找来。李也很欣赏周的才华，就将自己的银子分出一半给周，将周馥收于自己帐下。

⊙蒋介石非常佩服湘军将领胡林翼，专门把胡的治兵方略编成语录，作为黄埔军校的教材。毛泽东也很佩服胡林翼，胡林翼号“润之”，毛泽东也给自己起名为“润之”（后改润芝）。

⊙胡适说：“近人诗‘文字收功日，全球革命时’，此二语惟梁氏（梁启超）可以当之无愧。”

⊙语言学家罗常培将黄侃与章太炎师徒并称，说“周秦古音之研究导源于宋，昌明于清，至章炳麟（章太炎字）、黄侃乃总集前人之大成”。

⊙曾国藩说：“我组建湘军，这是玩命，如果没有三倍四倍的军饷，就不足以鼓舞这些人，把他们从乡村当中，从大山当中吸引过来。”所以当时湘军的军饷报酬很高，比当时的八旗兵、绿营兵高一倍还多。普通士兵最低4.2两月薪，一年有50两白银，与一个知县的薪资水平差不多。

⊙柳亚子的儿子柳无忌说：如果把苏曼殊的友人一个个排起来，差不多就成了一幅民国文人名士的缩影图：孙中山、黄兴、陈独秀、廖仲恺、何香凝、章士钊、章太炎、柳亚子、陈天华、陈其美、陈果夫、宋教仁、蒋介石、胡汉民、沈尹默、鲁迅、蔡元培、周作人、包天笑、马君武、汪精卫、刘半农、刘季平（刘三）、于右任、叶楚伧……

⊙梅贻琦嗜酒，被酒友们尊为“酒圣”。1947年，抗战胜利之后清华大学第一次校庆，在体育馆摆了酒席，由教职员开始逐级向校长敬酒。梅贻琦总是老老实实地干杯，足足喝了40多杯。考古学大师李济回忆说：“我看见他喝醉过，但我没看见他闹过酒。这一点在我所见的当代人中，只有梅月涵（梅贻琦）先生与蔡孑民（蔡元培）先生才有这种‘不及乱’的记录。”

梅贻琦，清华大学终身校长。其子梅祖彦回忆说：“先父在外表上给人印象严肃拘谨，非对熟人不苟言笑，实际上他对生活仍是充满热情的。例如他喜欢喝酒，酒量很大……”据《梅贻琦日记1941—1946》统计：六年，总共1700多篇日记，涉及“酒事”的文字不下200处。

⊙徐州南关，有位老先生自恃下棋所向无敌，竟把“将”钉死在棋盘上，以为无人撼动。某日，徐树铮找他下棋，一阵厮杀过后，老先生居然被逼得找来斧头起钉子，让“将”离开原位，以躲避对方凌厉的攻势。那年，徐树铮11岁。

⊙伶界大王谭鑫培感叹道：“我男不如梅兰芳，女不如刘喜奎。”

⊙李大钊说：“愚以为中国两千五百余年文化所终出一辜鸿铭先生，已足以扬眉吐气于二十世纪之世界。”

⊙林语堂评价辜鸿铭：“英文文字超越出众，二百年来，未见其右。造词、用字，皆属上乘。总而言之，有辜先生之超越思想，始有其异人之文采。鸿铭亦可谓出类拔萃，人中铮铮之怪杰。”并称其为“中国第一语言天才”。

⊙史学者邓广铭说：“中国没有个傅孟真（傅斯年），就没有二三十年代的安阳殷墟发掘；没有当初的殷墟发掘，今天的考古学就完全是另一个样子了。”

⊙毛泽东说：“（梁启超）写的《变法通议》在《时务报》上连载，立论锋利，条理分明，感情奔放，痛快淋漓。加上他的文章一反骈体、桐城、八股之弊，清新平易，传诵一时。他是当时最有号召力的政论家。”

⊙苏雪林说：“周作人的小品文创作，其成果在新文学运动中是第一位的，他给予青年的影响之大，和胡适之、陈独秀不相上下。”

⊙曾国藩月课课程共有十二条。第一要主敬，克服轻佻；第二要静坐，避免串门；第三要早起，整治贪睡；第四要读书不二，以免学习不专心；第五要读史，为自己寻找借鉴；第六要谨言，收敛夸夸其谈；第七要养气，打消心浮气躁；第八要保身，杜绝作息不定和有害健康的习惯；第九要日知其所无，时刻敲响警钟；第十要月无忘其所能，激励自身；第十一要作字，锻炼恒心；第十二要夜不出门，拒绝诱惑。

⊙孙中山评价胡汉民说：“若论胡汉民先生为人，兄弟知之最深……其学问道德，均所深信。不独求于广东难得其人，即他省亦所罕见也……嗣兄弟蒙参议院举为临时总统，一切布施，深资臂助。迹其平生之大力量，大才干，不独可胜都督之任，即位以总统，亦绰绰有余。”

⊙近代词学理论家龙榆生说：吕碧城是“近三百年来最后一位女词人”，是“凤毛麟角之才女”。柳亚子说：百余年来，吕碧城“足以担当女诗人而无愧”。易实甫也曾称赞吕碧城说：“其所为诗文见解之高，才笔之艳，皆非寻常操觚家所有也。”

⊙1935年，钱钟书以第一名的成绩考取英国庚子赔款公费留学生，赴英国牛津大学埃克塞特学院英文系留学。

⊙梁启超五岁读“四书”、“五经”，“八岁学为文，九岁能缀千言”，十二岁考中第一名秀才，十七岁在广东乡试中考取第八名举人。主考官李端棻认为他“国士无双”，很是欣赏，遂把堂妹李蕙仙许配给他。

⊙柯劭忞自小才思敏捷、机智过人，七岁时便有“燕子不来春已晚，空庭落尽紫丁花”的诗句传世。

⊙语言学家陈原回忆说：“在我青少年时代，到处都是赵元任的影子。”少年时，陈着迷于赵元任翻译的《阿丽思漫游奇境记》。长大了，想学“国语”，就用赵元任的《国语留声片课本》当老师。再后来，他又迷上了赵元任谱曲并亲自演唱的《教我如何不想她》。

⊙傅斯年曾在《新潮》发表文章，将周作人的《人的文学》、胡适的《易卜生主义》和《建设的文学革命论》，以及陈独秀的《文学革命论》同列为“文学革命的宣言书”。

⊙1912年，经友人介绍，孙禄堂与太极拳家郝维祯相识。两人谈得投机，孙禄堂向郝维祯请教太极拳心意技法，之后二人切磋。刚一搭手，郝维祯便觉不支，慨叹道：“异哉！吾一语而子通悟胜专习数十年者。”

⊙郭沫若评价梁启超说：“当时的有产阶级的子弟——无论是赞成或反对，可以说没有一个没有受过他的思想或文字的洗礼的。他是资产阶级革命时代的有力的代言者，他的功绩实不在章太炎辈之下。”

⊙有朋友曾评价钱穆：“能提得起，放得下，洒落自在，不为物累。”

⊙1881年2月24日，《中俄伊犁条约》签订后，俄国代理外交大臣格尔斯对中方代表曾纪泽说：“我办外国事件42年，所见人才甚多，今与贵爵共事，始知中国非无人才。”

⊙1946年，南开大学校长张伯苓在美国过七十大寿。老舍和曹禺合写献词：“知道有中国的，便知道有个南开。这不吹，也不是谤，真的，天下谁人不知，南开有个张伯苓！”

蔡锷

⊙蔡锷做云南都督时，治军严肃。人们纷纷集资，要为他建生祠、铸铜像。蔡将这些钱都分散给了饥民，并说："诸君建祠铸像尚在百千年后，哀鸿嗷嗷，食此涓滴之赐当可活命无算，彰人之功不若拯人之命。"人们听后交口称赞。

⊙陈寅恪说："假使一个政府的法令，可以和梅先生（梅贻琦）说话那样谨严，那样少，那个政府就是最理想的。"

⊙唐兰是古文字学的权威，甲骨、金文专家，在《联大八年》一书中，西南联大的学生这样评价他："中文系教授，说文解字教者，唐先生的课很叫座，现在却不行了。但无可否认的是唐先生是古文字学的权威。唐先生常说只有容庚先生可和他较量，郭沫若、董作宾等人的功夫都不太够。"

⊙闻一多特别欣赏初唐诗人张若虚的《春江花月夜》，在他的《宫体诗的自赎》一文中，曾把这首诗评价为"诗中的诗，顶峰上的顶峰"。

⊙司马长风评价陈衡哲说："当文学革命蓬勃兴起的时候，首先响应拿起笔写小说的作家是鲁迅，第二个就是陈衡哲。她实是新文学运动第一个女作家。"

⊙陈平原说："支撑着西南联大的现代中国文学课程的，是杨振声先生。"

⊙黄遵宪评价梁启超说："惊心动魄，一字千金，人人笔下所无，却为人人意中所有，虽铁石人亦应感动。从古至今，文字之力之大，无过于此者矣。"

⊙1915年冬天，蔡锷设计逃离北京。袁世凯对财政总长周学熙说："此人之精悍远在黄兴及诸民党之上，即宋教仁或亦非所能匹。”

⊙《大公报》名记者高集曾这样评价自己的姑父张季鸾：“他不是政治家，也不是报业老板，而是个真正的报人。”

⊙《大公报》记者陈纪滢说：“文人办报往往鄙于求利，但是，不考虑从印刷到发行，从广告到旅费，从营业到销路，往往就会断送报纸的前途。以经营为本，以办好报纸为目的，在经营管理上如此用心，并且创造了一系列独具风格的办报经验，在中国现代新闻史上，恐怕就只有胡政之一人。”

⊙梁启超认为，18世纪60年代是“文祥和沈桂芬的时代”。英国驻华公使布鲁斯说，从未遇见过比文祥更聪明的人。丁韪良则对文祥有着更高的评价：“他影响之大，同时代的中国政治家无人可比。”文祥去世后，以光绪皇帝名义发布的文告中，盛赞文祥“外交内治，无不尽心筹划，实为股肱心膂之臣”。

⊙董必武评价吴佩孚：“吴佩孚虽然也是一个军阀，但有两点却和其他的军阀截然不同，第一，他生平崇拜我国历史上伟大的人物关、岳，他在失败时，也不出洋，不居租界自失……他在失势时还能自践前言，这是许多人都称道他的事实。第二，吴氏做官数十年，统治过几省的地盘，带领过几十万大兵，他没有私蓄，也没置田产，有清廉名，比较他同时的那些军阀腰缠千百万，总算难能可贵。”

⊙陈省身先生在《立夫师在昆明》一文中说：“立夫（姜立夫）师任筹备处主任。他洞见了当时中国数学界的情形，只求切实工作，未尝躁进，树立了模范。”

⊙冯友兰早年留学哈佛时，就仰慕陈寅恪。在西南联大任文学院院长时，冯已是位响当当的大哲学家，但每回上中国哲学史时，冯总是恭敬地跟着陈寅恪从教员休息室里出来，边走边听陈讲话，直至教室门口，才鞠个大躬，然后分开。

⊙吕碧城写过一首《浪淘沙》的词：“寒意透云帱，宝篆烟浮。夜深听雨小红楼。姹紫嫣红零落否？人替花愁。临远怕凝眸，草腻波柔。隔帘咫尺是西洲。来日送春兼送别，花替人愁。”樊增祥看过后在词旁批道：“漱玉犹当避席，断肠集勿论矣。”（按：李清照曾著有《漱玉词》，朱淑真有《断肠集》）

⊙王耀武被俘后，解放军查抄其家发现并无余财，只有两台美国产拖拉机，问其为何家里要留两台拖拉机？王答说：退役后准备回泰安老家开几亩地种。在山东与王耀武打过交道的陈毅听后感叹不已，评价王耀武在国民党军中算是头脑比较清楚的。

⊙朱湘死后，鲁迅称其为“中国的济慈”。罗念生说：“英国的济慈是不死的，中国的济慈也是不死的。”

⊙苏雪林回忆吕碧城时说：“我记得曾从某杂志剪下她一幅玉照，着黑色薄纱的舞衫，胸前及腰以下绣孔雀翎，头上插翠羽数支，美艳有如仙子。此像曾供养多年，抗战发生，入蜀始失。”足见其对这位女诗人的钦慕。

邓演达任粤军营长时的照片

⊙孙中山曾说：“干革命，有两达（邓演达、张民达），革命有希望。”

⊙1933年冬天，胡适与杨振声等人应邀去武汉大学演讲，东道主有意考考几位学者运用“大众语”的水平，便安排他们与幼儿园的孩子们见面。胡适说：“只有杨金甫（杨振声）说的故事全体小主人都听得懂，又都喜欢听。”而他则在这次“考试”中不幸落第，因为孩子们虽然可以听懂他所讲的故事，却不大明白其中含义。

⊙美国著名学者费正清说：“林徽因就像一团带电的云，裹挟着空气中的电流，放射着耀眼的火花。”

⊙广西侗族一地，曾流传过一首歌颂翼王石达开的《翼王派兵到我家》的民歌：“翼王派兵到我家，问声米粮差不差，缺粮给谷并银两，牵来耕牛又有耙。财主佬儿乱似麻，穷佬心里正开花，自耕自耘自得吃，大家齐唱太平歌。”

左图为赛金花，右图为慈禧。

⊙刘半农先生认为，在晚清史上，赛金花和慈禧太后是相对等的重要人物，他说："中国有两个'宝贝'，慈禧与赛金花，一个在朝，一个在野；一个卖国，一个卖身；一个可恨，一个可怜。""赛金花和叶赫那拉可谓一朝一野相对立。"

⊙胡适称赞吴稚晖是中国近三百年来四大反理学的思想家之一。

⊙胡汉民擅长隶书，时人赞曰："胡汉民，工书法，清挺峻拔，能合褚遂良、米芾为一体。"

⊙吴宓评价辜鸿铭说："辜氏实中国文化之代表，而中国在世界唯一之宣传员。"

⊙吕碧城是才女，还是个美女。其美貌常为时人所赞叹，有"天然眉目含英气，到处湖山养性灵"、"冰雪聪明芙蓉色"等佳句传世。在当时的中国文坛、女界以及整个社交界，曾有过"绛帷独拥人争羡，到处咸推吕碧城"的说法，足见其风光程度。

⊙1922年秋天，曹锟在保定的部队发生兵变，实际是学生出身和行伍出身的两派冲突引发的，曹锟急召吴佩孚前去解决。吴召集全体官兵作了一次“英雄并立”的讲话，说学生出身的是“英”，行伍出身的是“雄”，而能文能武才是真英雄，希望他们相互学习，好好团结。几句话便把一场兵变化解了。

⊙温源宁说：“他的朋友和敌人全都会承认，在国外代表中国利益的中国外交官中，再也不可能有比顾博士（顾维钧）更好的了。”

⊙闻一多最赞赏五言绝句，认为五言绝句是唐诗中的精品，二十个字就是二十个仙人，容不得一个滥竽充数。

◇镜像追忆

⊙李鸿章的幕僚吴永回忆说：甲午战争后，李鸿章闲居在贤良寺西三跨院，“早间六七点钟起，稍进餐点，即检阅公事，或随意看《通鉴》数页，临王《圣教》一纸。午间饭量颇佳，饭后，更进浓粥一碗、鸡汁一杯。少停，更服铁水一盅。即脱去长袍，短衣负手，出廊下散步，非严寒冰雪不御长衣。予即于屋内伺之，看其沿廊下从彼端到此端，往复约数十次。一家人伺门外，大声报曰：‘够矣！’即牵帘而入，瞑坐皮椅上，更进铁酒一盅，一伺者为之扑捏两腿。凡历数十百日，皆一无变更。”

⊙20世纪30年代，北大教授所受礼遇极高。钱穆回忆说：“在北大任教，有与燕京一特异之点。各学系有一休息室，系主任即在此办公。一助教常驻室中。系中各教师，上堂前后，得在此休息。初到，即有一校役捧上热毛巾擦脸，又泡热茶一杯。上堂时，有人持粉笔盒送上讲堂。退课后，热毛巾热茶依旧，使人有中国传统导师之感。”

⊙1906年，清政府正式对六部制度进行改组，巡警部改为民政部、户部改为度支部、兵部改为陆军部、刑部改为法部、工部和商部合并为农工商部，此外又增设邮传部，管理天下路、船、邮、电四政。1912年，邮传部改为交通部。

邮传部

⊙美国作家斯特林·西格雷夫对李鸿章无甚好感。他曾对76岁时的李鸿章作过一番描绘："他看上去就是个伪善的家伙，穿着一双厚底缎面朝靴，站着的时候，身高在六英尺四英寸以上。他中过一次风，这使他的脸有一部分不能动弹，于是看上去总是面带微笑——一个危险的男人却有着一张纯洁的笑脸。"

⊙对于丁玲、胡也频、沈从文在北京的那段日子，一直众说纷纭。当时的香港报纸更有三人同吃同住、同盖一张大被的花边报道。沈从文在后来谈到他们三人当年的生活时，对"同住"一说毫不讳言。在《记胡也频》一文中，沈从文这样写道："在银闸一个公寓里，我们是住过同一公寓的，在景山东街一个住宅里，我们也住在同一公寓里，到后来在汉园公寓，仍然又同住在那个公寓的楼上。"

⊙蒋经国回忆在俄国生活的那段岁月时，曾说过一句辛酸的话："历史上，很少有像我这么苦的人！"在俄国十四年，蒋做过翻砂工，耕过田，经常没有床睡，没有饱饭吃。他做过卫生管理员，工作是专门负责打扫厕所。他还曾一度被充军到西伯利亚做矿工，在那里，遭到皮鞭抽打是经常的事。

⊙阿瑟·H. 史密斯在《动荡中的中国》一书中，曾说到清末中国人抽鸦片的情况："中国人一般将鸦片称为洋烟。我的妻子说：'访问中国家庭时，他们常常向我递上烟枪，妇女们见我拒绝就会表示惊讶，说她们还以为所有外国人都抽大烟呢。'"

⊙民国成立后，汉人剪去长辫，女子仍留长发，以梳辫或梳髻来作未婚、已婚的标志。五四运动提倡妇女解放，剪去辫髻渐成时尚，理发铺也开始增设为女子恤发、电发的营业项目。在广州，稍为高级点的理发铺，都会向香港订购电发器械，并派专人去香港理发铺学习。

⊙在李鸿章任北洋通商大臣的1877年到1896年间，德国克虏伯公司共得到清政府约2000门大炮的订单。为此，克虏伯公司专门为李鸿章出了一套纪念册。

⊙康有为认为光绪的死和袁世凯有关，并为此大造舆论。1909年1月8日，《纽约时报》采访康有为之后报道说："1898年变法失败后被从北京驱逐的著名中国改革家康有为宣布袁世凯已经被结束了高等职位。原因是他在前皇帝的死亡中起了关键的作用，并且袁世凯可能会因为与此事有关联而被审判。"

⊙通电在民国时期应用广泛，比如上台通电、下野通电、嘉奖通电、谴责通电、讨伐通电、和谈通电，等等。有人作过统计，1912年有案可查的民国通电有33次，1913年有40次，1917年有72次，1920年67次，1922年97次，1926年50次，1927年51次。因此有人说：“不读通电，则民国无史矣。”

直系、奉系讨皖通电。1920年，直皖战争前夕，直系军阀曹锟、王占元、李纯、陈光达、蔡成勋等与奉系张作霖以及马福祥、王廷桢等人讨皖及徐树铮之通电。

⊙冯自由说，最先剪掉辫子的是他的父亲冯镜如。当时冯镜如在日本的横滨开了一家印刷厂，甲午战争爆发后，许多旅日华侨回国避难，直到《马关条约》签订，才陆续返回日本。冯镜如由于担心回去后会被日本人轻视、欺负，所以干脆剪辫易服，自报为香港人，并请求英国领事保护他的印刷厂。

⊙1894年9月16日平壤失守，光绪降旨：拔去李鸿章三眼花翎，“褫去黄马褂”。《纽约时报》当时以《李鸿章黄马褂被清廷褫夺，戴罪领军》为题作了报道：“李鸿章黄马褂被褫夺，算不上什么划时代的事件。然而引人注目的是，这可被视为大清朝廷力图以加强法纪来整合民心所用权术的一个范例。对西方观察家来说，本想弄明白如下事实，即为什么李鸿章在头天被任命为清军最高统帅，而次日甚至同日又被褫夺清国贵族的最高荣誉？这项荣誉赋予清国臣民身着‘黄马褂’的权力，而这种‘黄马褂’据说是大清皇族专用服装，禁止非皇族人员穿用。这个矛盾的结果令人感到啼笑皆非！”

⊙袁静雪说其父袁世凯22岁前去上海，"结识了一个苏州籍的名妓沈氏，这就是他后来所娶的大姨太太。他们两个见面以后，情好日密。沈氏劝他及早离开上海，另谋出路，并且资助他盘费，鼓励他早日成行。行前，沈氏备酒送行。席间对他说明，在他去以后，她立刻就自己出钱赎身，搬出妓院；希望他努力功名，不要相负。我父亲听了以后，也就指天誓日，洒泪而别。后来，他随吴长庆到了朝鲜，果然把她接了去，做他的姨太太"。

⊙杨思义在《宋案见闻》中回忆，有一次陈其美对宋教仁说："钝初（宋教仁），你不要快活，仔细他们会用暗杀的手段来对付你。"宋回答说："只有我们革命党人会暗杀人，哪里还怕他们来暗杀我们呢！"

⊙1900年8月28日，八国联军在天安门广场金水桥前集结列队，举行盛大的阅兵仪式，计有俄军、日军、英军、美军、法军、德军、意军、奥军等共3170人，依次通过天安门、端门，然后穿过皇宫，出神武门，并由俄国军乐队吹奏各国国歌。

⊙伊莱扎·鲁哈马·西德摩在《中国，长寿帝国》一书中这样描述慈禧："少数几个见过这位太后的人将她叙述为一位身板挺直、面目秀丽的高个子女性。她长着一双鹰眼，有着明显的鞑靼人特征。她态度高贵而傲慢，嗓音中带有不可动摇的权威和绝对的威严。"

⊙20世纪30年代末，八大胡同入册登记准予营业的妓院达117家，妓女有750多人。

⊙中央军校23期学员在校期间，解放军已横扫大江南北，军校所在地成都已是人心惶惶，许多殷实人家急于把手头的粮食、生猪抛出，换成金银准备跑路。一时间，成都市场为之繁荣兴盛，军校伙食也借机改善，有段时间甚至天天都有肉吃，令学员们念念不忘。

⊙袁世凯的女儿袁静雪在回忆录中说，自从袁世凯宣誓就任临时总统，住进中南海后，"就没有再出过新华门一步"，他是"活着进的新华门，直到死后才被抬出了这个门"。

⊙1896年的《纽约时报》，曾报道过李鸿章拜谒美国前总统、南北战争英雄格兰特时的情形："当尊贵的清国宾客进入将军安息地时，场面非常感人……他（李鸿章）很虔诚地站直了身体，用极其悲伤的声音低吟道：'别了。'"

⊙燕大教员冰心回忆校长司徒雷登时说："这团体上上下下、前前后后，总有上千上万的人，这上千上万的人的生、婚、病、死四件大事里，都短不了他。为婴儿施洗的是他，证婚的是他，丧礼主仪的也是他。你添了一个孩子，害一场病，过一次生日，死一个亲人，第一封短简是他寄的，第一盆鲜花是他送的，第一个欢迎微笑，第一句真挚的慰语，都是从他而来的。"

⊙1920年，秦德君因带头剪发被学校开除，于是她和一起剪发的另外两个女学生女扮男装，辗转到了重庆。当时四川《国民公报》还曾发表了一篇报道，题为《三女士化装东下》，描述她们蓄短发、着男装的情形，一度引起社会各界的关注。

⊙1913年3月，中华民国第一届国会选举结束，国民党取得重大胜利。众议院议员596人，国民党得269议席，共和党得120议席，统一党得18议席，民主党得16议席，跨党者得147议席，无党派26席。参议院议员274人，国民党得123席，共和党得55席，统一党得6席，民主党得8席，跨党者38席，无党派44席。

⊙孙中山家事遗嘱："余因尽瘁国事，不治家产。其所遗之书籍、衣物、住宅等，一切均付吾妻宋庆龄，以为纪念。余之儿女已长成，能自立，望各自爱，以继余志。此嘱。"

⊙1911年11月，袁世凯应召回京，《泰晤士报》驻京记者莫理循这样描绘当时的场面："袁世凯，皇位的觊觎者，抵达了三年前自己被罢官的北京。今天他由2000名士兵护卫，并被政府热情地接待。为了欢迎他的到来，政府发布了公告称京城附近的军队都由其掌控。""有一群安静并且秩序井然的人从火车站到他的居所夹道欢迎他的到来。袁世凯看上去很强壮，最近有报道称他的身体状况不是很好，这也成了他一再推迟应满清政府之邀到北京的借口。"

⊙美国国会图书馆编辑的《美国故事》一书中，有这样一段描写："当李鸿章1896年8月到美国访问时，美国人列队街头，欢呼声一片，大家都希望能一窥这个重要访客和他那件著名的黄马褂。儿童们用黄色丝带将自己的自行车打扮得漂漂亮亮，以期引起这位贵客的注意。"

⊙潘乃穆在《关于潘光旦吃鼠肉的故事》一文中，说到全家吃老鼠肉的情景："一天我家的老鼠夹子夹到一只比较大的老鼠。我父亲生性不拘泥于常规，遇有机会，对新鲜事物有兴趣去尝试或探讨，在食物方面也是一样。这次他决定尝试一下吃鼠肉……我们全家人分而食之。我感觉和吃鸡肉、兔肉差不多，并无异味。吃过之后也没人因此害病。"

⊙1940年，"新中国数学会"在西南联大召开，姜立夫被选为会长，理事有熊庆来、陈建功、苏步青、孙光远、杨武之、江泽涵、华罗庚、陈省身等人。陈省身任文书，华罗庚任会计。

⊙1939年，李宗渠在西南联大求学，对当年的食堂记忆犹新："整个女生食堂一顿饭大概开20桌，烧菜只用10两油。烧饭用的水是井水，米汤酸得跟醋一样，所以要找食堂很容易，哪里有股酸味就往哪里去。"

⊙袁静雪在回忆录中，曾这样描述袁世凯和其元配于氏间的关系："隔个三五天，他俩见面相敬如宾，我父亲一定先问一句：'太太，你好！'她也一定回答一句：'大人（妻妾们一直称呼我父亲为大人，直到洪宪帝制时期也未更改），你好！'接着，再随意谈上几句生活上的闲话，就结束了这照例的一次会见。"

⊙抗战时期放电影，每次放映前都先放一段国歌，大家起立，同唱："三民主义，吾党所宗，以建民国，以进大同……"屏幕上则依次出现国父孙中山、国家主席林森和蒋介石委员长的照片，接下来才是看电影。

⊙英国医生波尔特，曾在他的医学报告里，生动描述过清朝末年中国接生婆为产妇接生时的情景："产妇坐在床边，丈夫坐在身后支持产妇身体，接生婆在产妇前面忙碌，为了给婴儿'开路'，这些缺乏医学知识的接生婆会用长指甲抓破孕妇的会阴、阴道甚至宫颈。无情的抓挠，常常给产妇留下无法治愈的伤害，甚至带来名为产褥热的夺命产后症。在高烧、寒战和下腹部疼痛中，产妇拼尽最后一丝力气，最后丢下宝宝，撒手人间。"

⊙1896年8月23日，《纽约时报》在刊登一篇从英国发回的新闻时，用了一个醒目的标题：《李鸿章已经起航了！》报道的副题是：这位伟大的中国政治家现在正在去美国的路上！

⊙孙中山国事遗嘱："余致力国民革命凡四十年，其目的在求中国之自由平等。积四十年之经验，深知欲达到此目的，必须唤起民众及联合世界上以平等待我之民族，共同奋斗。现在革命尚未成功，凡我同志，务须依照余所著《建国方略》、《建国大纲》、《三民主义》及《第一次全国代表大会宣言》，继续努力，以求贯彻，最近主张开国民会议及废除不平等条约，尤须于最短期间促其实现。是所至瞩！”

⊙1930年11月29日，南京市卫生局在《中央日报》上呼吁，要求旧式产婆参加训练班。结果前来报名的接生婆只有26人。

⊙清末民初，北京南城前门的天桥一带兴旺起来，来这里卖艺设场的民间艺人多达五六万人。天桥市场集吃喝玩乐、游览购物于一地，来客即便身无分文，也可以在露天剧场外驻足观赏。天桥自此成为民间艺人的发祥地，一些民间艺术，如相声、双簧、快板、硬气功、杠子、车技、空竹等，都是从这里发展起来的。

⊙华罗庚的妻子吴筱元得到两个鸡蛋，华让妻子把鸡蛋平均分成五份，自己把其中的一份吃了，剩下四份留给妻子和三个孩子。妻子望着桌上剩下的那四份鸡蛋，眼泪不由得流下来。华罗庚安慰说：“等我这本《堆垒素数论》出版后，我们去割几斤肉，全家人美美地吃一顿。要是还剩着钱，就给孩子们添几件新衣服，再给我自己买两包烟——真想抽支烟呀！”

⊙1901年11月9日，也就是李鸿章逝世两天后，《纽约时报》刊发了一篇报道，标题为《李鸿章的葬礼》，小标题是“北京11月9日，各国公使前往吊唁，他的儿子们披麻戴孝”，并描述了当天的葬礼情况。

⊙东京大审判历时达两年半之久，受审的二十八名日本甲级战犯，除两名病死狱中，一名因精神病终止审判外，东条英机、广田弘毅、松井石根、土肥原贤二、板垣征四郎、武藤章、木村兵太郎七人被判处绞刑，梅津美治郎等十六人被判处无期徒刑，另判有期徒刑者两人。

⊙1934年12月31日《申报》上说：“对于洋铅笔，洋信纸信封，以及洋橡皮擦钢笔杆等，有了深切的爱好，而争相掏腰包来购买，大妖精小妖精们对于外国的擦面粉和爽身粉，更有了性命似的爱好。”

⊙战时物质匮乏，汽油箱在西南联大大显身手。学生宿舍中，每人可放一

张木板床，并领到原为装两桶一加仑汽油的木箱四五个，作为书桌、书柜和座凳。

⊙汪曾祺在文章中曾提到昆明特产干巴菌：“有一种菌子，中吃不中看，叫做干巴菌。乍一看那样子，真叫人怀疑：这种东西也能吃？颜色深褐带绿，有点像一堆半干的牛粪或一个被踩破了的马蜂窝。里头还有许多草茎、松毛，乱七八糟！可是下点工夫，把草茎松毛择净，撕成蟹腿肉粗细的丝，和青辣椒同炒，入口便会使你张目结舌：这东西这么好吃！”汪后来还写过一首诗，说：“人间至味干巴菌，世上馋人大学生。”

⊙《泰晤士报》驻北京的记者莫里循曾报道过袁世凯就任临时大总统时的情景：“袁世凯入场，像鸭子一样摇摇晃晃地走向主席台，他体态臃肿且有病容。他身穿元帅服，但领口松开，肥胖的脖子耷拉在领口上，帽子偏大，神态紧张，表情很不自然。”

⊙蒋梦麟回忆，戊戌变法失败后，在一次宴会中，蔡元培曾发表过对康、梁的议论：“有一位文质彬彬，身材短小，儒雅风流，韶华三十余的才子，在席间高举了酒杯，大声道：‘康有为，梁启超，变法不彻底！哼！’大家哄堂大笑，掌声如雨打芭蕉。”

⊙1946年3月19日，受命担任远东国际军事法庭法官的梅汝璈博士离开上海，远赴东京上任。当日，《中央日报》等中国权威媒体，同时在显著版面予以报道，标题为：《清算血债：远东国际军事法庭审判官梅汝璈今飞东京》。

⊙袁世凯的轿夫班头冯培德说：“袁家有三十多口，他们都严守封建礼教，家法很严，每当逢年过节或袁世凯生日都要隆重庆贺，全家人按辈分长幼顺序行礼。袁的妻妾子女生日，也分不同规格庆贺一番。每当此举，都给男女仆人一些赏赐。袁世凯的夫妻生活为定时轮流使妾，妾到袁房时都要带去自己的老妈子、用人，以便侍候一切。”

⊙1945年6月26日，在联合国宪章签字仪式上，中国因在所有发起国中按字母排序列于首位，于是当时的首席代表顾维钧，第一个在《联合国宪章》上写下了自己的名字。

⊙王之英回忆邵飘萍说：“飘萍老师在北京，始备洋车夫代步，车上每边有三盏灯，共六盏，很漂亮。旋换马车，豪华一些容易进中南海采访。后又添置了小轿车就更气派十足，这样在一般情况下便能直进中南海而不受阻了，给采访带来了许多方便。”

⊙英国政治家寇松勋爵曾来华旅行。他在《远东问题：日本、朝鲜和中国》一书中，记述了会见李鸿章时的场景，并对李鸿章本人作了描述，他说：李鸿章“有六英尺多高，身着灰色丝长袍，戴黑丝帽，很有威仪”，“唇上的大胡子将嘴巴遮住一半，下巴上也留着中国式胡须。头发是正在变白的深灰色”。寇松说此次会见是他“毕生最美好的回忆”。

⊙1923年，出身于清廷侍卫府“善扑营”的布库（跤手）杨双恩，与八大怪中的沈三合作，在天桥开辟了第一个跤场。沈三力大无穷，技法精湛，曾击败过俄国大力士。在他们之后，天桥还涌现出宝三、满宝珍等著名跤手。

⊙濮兰德在《李鸿章》一书里，曾说到一个英国人对74岁的李鸿章的印象：“我从议院出来时，突然与李鸿章打了个照面，他正被人领入听取辩论。他像是来自另外一个世界的身材奇高、容貌仁慈的异乡人。他的蓝色长袍光彩夺目，步伐和举止端庄，向他看到的每个人投以感激优雅的微笑。从容貌来看，这一代或上一代人都会认为李鸿章难以接近，这不是因为他给你巨大成就或人格力量的深刻印象，而是他的神采给人以威严的感觉，像是某种半神、半人，自信、超然，然而又文雅和对苦苦挣扎的芸芸众生的优越感。”

⊙据清廷统计，八国联军侵华前，天主教、基督教、东正教在华的外籍传教士已有3200多人，入教的中国人达80余万，教堂遍布全国城乡。八国联军侵华前的40年间，全国共发生攻打教堂、驱逐传教士和惩处不法教民的各类教案800多起。

⊙1909年1月2日，摄政王载沣罢免袁世凯，理由是他“腿患风湿”。《纽约时报》当天刊登了长篇社论，标题是：《中国一代枭雄，现代军队组织者》。

⊙1896年8月29日的《纽约时报》，曾对李鸿章的厨师团作了一番较为详尽的报道：“代表团里有十几个厨师，首席厨师是个高个子、年纪不详、毫无表情的男子。身穿深色长袍，一举一动就像是总督的下级正式官员。大概是因为主人身居要职吧，这位厨师长也一本正经地不和饭店的人说话……然后上楼，等候着他主人的吩咐。”

⊙丁韪良回忆说，恭亲王对他特别热情，每次见面，“都按照满人的习惯，亲热地握住我的双手，这与汉人跟我打招呼时的冷淡态度形成了鲜明的对比。汉人即使是亲密的朋友，也只是拱手而已，相互间敬而远之”。

⊙在天桥说相声，出了很多名人。如单口相声的开创者、人称“穷不怕”的朱绍文，素有“相声八德”美誉的李德钖、焦德海、刘德智等。著名相声艺术家侯宝林，以及与侯搭档的郭启儒、郭全宝，也都曾在天桥演出过。

⊙额尔金勋爵的助手洛奇，在回忆《中英北京条约》签约情景时说：“恭亲王当时只有28岁，但看上去要比实际年龄老多了。他的相貌很睿智，但显得十分焦虑。其实，考虑到他的处境，这并不奇怪。他隐藏了他的恐惧感，如果有的话。”英军司令格兰特准将回忆说：“恭亲王真是个谦谦君子，他明显地在控制着自己的紧张恐惧。”

⊙1879年，美国前总统、内战英雄格兰特将军访问中国，并拜会恭亲王。格兰特随行的私人朋友、记者杨约翰写道：“恭亲王与之前我所见过的东方王子及政治家们不同，他十分生动。这是一个机敏的男人，直觉敏锐，意志坚定。印度和穆斯林的王子，以及我们在印度斯坦和埃及的朋友们，往往是呆板地坐着，整个谈话中面容呆滞，令你以为是在和石头对话。但是，恭亲王在谈话中，却表情丰富，十分生动。天很热，他边说话边摇着折扇，说到兴起的时候，他就将折扇半合着，指着格兰特将军的胳膊，同时，用热切的目光注视着将军的脸。”

⊙孙中山在《致苏俄遗书》中说：“亲爱的同志，当此与你们诀别之际，我愿表示我热烈的希望，希望不久即将破晓，斯时苏联以良友及盟国而欢迎强盛独立之中国，两国在争世界被压迫民族自由之大战中，携手并进，以取得胜利。谨以兄弟之谊，祝你们平安！”

⊙袁世凯被罢官后，在洹上村隐居。杨景震回忆说：“袁家属人等衣服俭朴，衣以洋布为主，只袁本人衣多绸缎，冬天不穿皮袄，以貂绒作棉袄。至于他的饮食，除鱼、鸡肉外，每餐使姨太太做盘菜几个，以供口腹。办公诸人有菜数桌，亦是鱼、鸡肉丰盛异常。老师与众学生共餐，孩子多，每月有孩子生日，哪屋孩子生日哪屋便送饺子若干，每餐的主食是米饭和馒头，上吃下用一年无二样。”

⊙1871年12月28日，《纽约时报》登载了一则来自伦敦的电讯：“伦敦，12

月27日电：从上海发出的消息宣称，清廷已决定效仿日本，选拔年轻学子送往英、美等国接受西式教育。”

⊙1860年10月9日，一名英军随行记者报道了圆明园被洗劫的情景：“贵宾接待厅、国宾客房和私人卧室、招待室、女人化妆室，以及其他庭园的每个房间都被洗劫一空。清国制或外国制的艺术品有的被带走，有的体积太大无法搬走就把它们砸毁掉。”“成匹成匹的上等丝绸，一捆一捆地摆放着。人们拿着它们彼此投来投去，所有人都尽其所能拿走了他们所看中的丝绸。这些丝绸装了很多车，捆绑这些车辆用的不是绳子而是丝绸。整个法军营地都被这些抢劫来的丝绸堆满了，法国人用它们来做营帐、床铺、被单等。”“昨天下午，一群法国人拿着棍子又到各房间去搜寻了一遍，打碎了剩下的每样东西——镜子、屏风、面板，等等。”

⊙1875年7月6日，《纽约时报》在一篇报道中说到了中国的考试制度：“会考考场占地达数英亩之大，由很长很长的一排排小房间组成，这看上去有点像个巨大的养猪场。考场四周立有不少塔楼，上面站有监考人员在一直监视着考场。监考官禁止外面的人与考生交流，也不准考生之间相互沟通。‘一万’考生就这样被关在小房间里三天三夜。”“常常有这样的事情发生，就是一些年纪较大的考生死在了里面。这种情况下，人们就从外面凿个洞，把尸体拖出去扔掉。”“然而，考试带给成功者的荣誉也让我们看到了这种封闭考试的另一个侧面。如果一个人获得了这些功名中的任何一个，他的名字就会被迅速地张贴到他家宅院的院墙上，而整个村庄或乡镇都会为此感到极大的光荣和骄傲。政府的职位和升迁机会就摆在成功者的面前。”“假如他获得了一个读书人所能获得的最高荣誉‘状元’，家乡那些欢腾的人就会在孔庙里为他竖碑庆贺，而他的名字也将流芳百世。”

⊙1867年，江南机器制造局仿制出德国毛瑟11mm前膛步枪，这也是中国自己生产的第一种步枪。该枪使用黑火药和铅弹头，威力很大。当时平均每天可以生产15支这样的毛瑟枪。

⊙1942年，美国汉学家费正清来到西南联大，为当时中国知识分子的艰难生活所震惊。他在回忆录中说：“获得食物和住房，以及最起码的生活必需品，成了联大教职员工当时最主要的问题。我的朋友，哲学家金岳霖，经济学家陈岱孙，英语系的夏威夷美籍华裔教授陈福田，都刚刚搬到美国领事馆隔壁的老剧场露台上住，搭起了临时的活动房屋……大老鼠在纸糊的天花板上跑来跑去，几乎从上面掉下来，于是我们谈论到买一只猫，但一只猫时价为银洋200元。”

⊙民国时期，广州最早兼营恤发、电发的理发店，有唯一、一新、美化三家，不过当时所有的理发师都是男的，毕竟不是什么女人都愿意被男人侍弄头发，所以女子理发者并不多。进入30年代，粤地女子恤发、电发的人数日益增多，于是各大理发店开始竞相雇用女理发师。

⊙溥仪在《我的前半生》中说："我在童年，有许多古怪的嗜好，除了玩骆驼、喂蚂蚁、养蚯蚓、看狗打架之外，更大的乐趣是恶作剧。"他曾将藏有铁砂的鸡蛋糕给太监吃，还用铅弹打过太监房的窗户。

⊙袁静雪在回忆录中，曾说到哥哥袁克文当年鬻文卖字时的情形："他所写的字，只要送出去便可换钱。但是，如果他手上有十块钱，他也是不肯写的。他写对联和扇子，有时候是躺在烟铺上提着笔悬肘写的。有一次，他给张宗昌写了一个极大的'中堂'，代价是一千元。那张纸又宽又长，屋子里摆放不开，他就把纸铺在两宜里的街堂里，脱去了鞋子，提着个最大号的抓笔在纸上站着写。"

⊙梁启超在《三十自述》一文里，这样交代自己的出生背景："太平天国亡于金陵后十年，清大学士曾国藩卒后一年，普法战争后三年，而意大利建国罗马之岁也。"

⊙英军司令格兰特参加了《中英北京条约》的签字仪式，他回忆说，在签约仪式中，摄影师毕陀急于拍摄一张好照片，就把照相设备搬了进来，放在大门正中，用巨大的镜头对准了恭亲王的胸口。"这位皇弟惊恐地抬起头来，面如死灰，朝额尔金勋爵看看，又向我看看，他似乎担心对面的这门样式怪异的大炮会随时把他的头给轰掉——那架相机的模样确实有点像一门上了膛的迫击炮，准备将其炮弹射入他可怜的身体。人们急忙向他解释这并没有什么恶意，当他明白这是在给他拍肖像照时，他脸上惊恐的表情顿时转阴为晴。"

⊙民国时期，梁思成、林徽因夫妇在家里举办沙龙。吴良镛先生回忆说："每天中午以后，大概三四点，梁家都要准备饼干、花生米之类的茶点，客人是变动的，高兴就来，有事就走，主持人无疑是林徽因，政治社会美学文学无所不谈，也包括对时局的批评。"

⊙关于慈禧死后入殓宝物的价值，《爱月轩笔记》中略有说明：金丝串珠绣花锦褥8.4万两白银；翡翠荷叶85万两；金线串珠彩绣袍褂120万两；身旁金佛每尊重8两，玉佛每尊重6两，翡翠佛每尊重6两，红宝石佛每尊重3两5钱，各27尊，共108尊，计62万两；翡翠西瓜2枚，220万两；翡翠甜瓜4枚，60万两；玉藕100万两；红珊瑚树53万两；慈禧头上戴的珠冠，上面一颗珍珠重4两，价值1000万两。另外还有大珠500粒，小珠6000粒，估值22.8万两。而当时清朝库存白银还不足7000万两。

⊙英法联军攻入北京，不仅仅烧了圆明园，而是烧了京西皇家的三山五园，即万寿山、玉泉山、香山三山，清漪园、圆明园、畅春园、静明园、静宜园五园。

⊙1904年世博会在美国圣路易斯举办。慈禧派贝子溥伦率团参加。当时中国馆的展品有：穿上海、北京、宁波和广州服装的小脚妇人各一人，和尚一人，老爷一人，兵丁一人，苗蛮七人，小城隍庙一座，小县衙门一座（内具各种刑具），小木人数百个，小草舍十余间，枷号一方，杀人刀数柄，洋烟枪十余支，洋烟灯数具。

⊙甲午海战，日本实际动员兵力达240616人，有参战经验的174017人，海军拥有军舰32艘、鱼雷艇24艘，排水量72000吨，超越北洋水师。

◎不忍细读

⊙陶菊隐在《政海轶闻》一书中，有一则题为《办共和》的文章，其中说："民国三、四年，袁氏每与人谈办共和之成绩如何，对各省大吏来京请训者亦以是为询。"陶于是感叹："夫共和政体，信誓旦旦，岂容冠以'办'字？其蔑视共和可知，其以此为试办性质可知。然闻者初无以应，盖反对共和即为叛国行动，虽元首言外有物，亦无人敢宣之于口也。"

⊙1922年11月，北大25周年校庆。蒋梦麟向全校师生许诺，一定要在第二年暑假建好图书馆，让学生们在开学后有个看书的地方。第二年9月初，学生暑假归来，却连图书馆的影子都没看见。在开学仪式上，蒋梦麟只得向大家道歉，说原因很简单：北洋政府已经八个月没有给北大发放办学经费了。

⊙夏衍在《懒寻旧梦集》中说到赛金花："她20世纪前半叶的人生际遇，莫泊桑早在19世纪80年代小说《羊脂球》里写到了。那些大骂赛金花的人和劝羊脂球卖身过关的法国贵族老爷有什么两样！庙堂上的大人物的心灵，还不及一个妓女。"

⊙1928年4月，辜鸿铭带着辫子离开人世。9月，《申报》公布了一项调查结果：北京地区尚存男人辫子4689条。

⊙辛亥革命后，剪辫子成了革命的头等大事。为了彻底剪去辫子，民国政府一而再，再而三地颁布剪辫政令。1912年，《临时政府公报》29号刊登了《大总统令内务部晓示人民一律剪辫文》。1914年6月，内务部再次发出《劝诫剪发规程六条》，规定官吏、士臣必须剪辫，因为当时参议院中也还有十余条辫子未剪。

⊙1923年，曹锟以贿选方式当选总统，引起海内外抨击。吴敬恒在某次演讲时提到此事，他说："人的精虫若能全部胎化为人，则曹锟和他太太房事一次，即可有四万万个子女，一致投票选他老子了，根本就不必浪费许多钱来收买议员。"自此常有人称曹锟为"精虫总统"。

⊙洪秀全妻妾众多，加上各类女官、女司等人，宫中总计2300名之多，洪秀全记不住名字，干脆一概编号。

⊙辫帅张勋有个爱妾叫小毛子。辛亥革命时，张勋担任两江总督，与革命党打仗，丢掉了南京城，小毛子也被抓住，交给了江浙联军总司令徐绍祯。陈其美知道这个消息后，向徐绍祯提议，把小毛子送到上海去展览，门票价格为每人四角，这样可以给革命军筹集军费。徐绍祯听后笑曰："某公又来跟我开玩笑了。"

⊙洪秀全曾下诏要求各地进献美女，诏曰："即自今四周来朝，万方统一。东方贡大妹，西北献娇娃。太平天一统，天福尽堪夸。"又有安慰诏书一则，曰："你们姊妹休违拗，肯来欢你是要好。受打受骂休悔恨，打是恩情骂是俏。"

⊙陈公博为汪精卫辩护说："我认为抗战应该，而和平是不得已。平心静气去想想，当年汪先生来京之时，沦陷地方至十数省，对于人民只有抢救，实无国可卖。在南京数年为保存国家人民的元气，无日不焦头烂额，忍辱挨骂，对于个人只有苦熬，更无荣可求。到了今日，我们应该念念汪先生创立民国的功勋，念念他的历史和人格。"

⊙曹锟有子曹士嵩，因排行第十三，故人称"曹十三"。曹锟死后，曹十三终日狂嫖烂赌，其姐担心他把家败光，便决定分产，并请吴佩孚作主见证。吴主张男女平等，家产平分。分到最后，剩一支翡翠头簪，吴说这是女人首饰，就教曹十三给他姐算了。曹十三说："既是男女平等，就一人一半吧！"说完当场将翠簪摔成两段，交一半给其姐。吴佩孚气得拍桌吼道："你这小子太混账了！"命人把他轰了出去。

⊙杨森妻多孩子多，一次回川，下了飞机见一堆孩子迎接，喜得合不拢嘴，吩咐道："你们先回去，我办完事马上回家！"结果独有一子赖着不走，杨司令上前就是一个嘴巴："叫你回去没听见吗？"旁边的参谋长立正敬礼："报告司令官，这是犬子。"

⊙杨森在四川提倡"新生活运动"，要求妇女身着短衣短裤参加体育锻炼，一日偶见运动场中一活泼少女，颇感兴趣，便问其家庭出身。答曰："杨司令的女儿。"杨又问："四川哪里还有个杨司令？"回："就是您。"

⊙抗战时期，国军经常欠薪，有的竟长达17年之久。一少校连长被撤职后，向陆军总长索要历年欠薪2000元，总长无奈，只好又发他回宪兵司令部任中校科员。

⊙天京城中缺粮，某日天降大雾，洪秀全急忙下诏，说："承蒙天父耶和华降下甘露。因而从今始，大小文武官员以及军队士兵，一起吃甘露。"

⊙1931年10月，溥仪和文绣达成了法院外协议离婚。离婚理由为：两人结婚九年从未有过性生活。此事成为当时爆炸性新闻，报纸以"妃子革命"、"破天荒——皇妃跟皇帝打离婚"等标题予以渲染。当时"离婚的五个条件"中的最后一条是："经双方协商，文绣离婚后不准再嫁人。"

⊙有一次，曹锟到解剖室，看见教授正在用显微镜解剖蚕体，说："你们这样精细地用脑筋，每月所得200元的薪水真不够你们的血汗呢！"

⊙梁实秋在抗日白热化时，仍大写悠闲文字，被左翼作家批评为"抗战无关论"。他自我辩解说："人在情急时固然可以操起菜刀杀人，但杀人毕竟不是菜刀的使命。"

⊙抗战期间，中央研究院历史语言研究所迁到四川南溪县李庄镇。史语所第四组即人类学组，藏有许多掘自不同地区的人头骨和人体骨骼。不久，这些东西被当地人发现，每到夜里，便有人站在山上高喊："研究院杀人了，研究院杀人了！"令史语所的人啼笑皆非。

⊙1921年，张充和的父亲张武龄在苏州创办乐益女子中学。他的本家嘲笑他说："这个人笨得要死，钱不花在自己的儿女身上，花在别人的儿女身上。"

⊙太平天国有一个神圣家族谱系：天兄是天父的太子，天王是天父的第二子。后来天兄萧朝贵（萧曾假托是天兄耶稣下凡）娶了天王洪秀全的妹妹洪宣娇，兄弟兼妹夫，叫起来有点乱，洪秀全只好称萧朝贵为"帝婿"，或是"贵妹夫"。

⊙英国学者李约瑟到昆明进行学术交流时，曾这样评论抗战时期的中国教授："他们中间的许多人，常常闻名于欧美而不得一饱。"

1919年4月，孙中山一行游览杭州西湖时合影。左起：李谋之、宋庆龄、孙中山、黄惠龙、黄大伟夫人、马湘、陈少白、黄大伟。

⊙五四运动爆发后，孙中山写信给北大校长蒋梦麟："率领两千子弟，助我革命。"

⊙东王杨秀清因府上的姬妾多被仆役引诱，故而非常忧虑，就想设置太监。李寿晖、李寿春二人自告奋勇，说懂得阉割技法。东王很高兴，让二人挑选了十多个幼童试验。谁知一刀下去，立即死了四五个，其余的虽敷上药，伤口也不能愈合，最后皆疼痛而死。

⊙1936年马寅初住在杭州时，经常带着儿子去澡堂洗澡。服务生见马氏父子夏天穿的背心总是有洞，冬天穿的长袍也很破旧，忍不住说："马先生是省府委员、经济学博士，还穿这么破旧的衣服？"马寅初风趣地说："夏天背心有破洞穿着很凉快。"又说："衣服的作用在于保暖，新旧没有什么关系，只要能穿就行，不必讲究！"

⊙联大学生食堂做饭用的米是政府供给的"公米"，非常粗糙，且米饭里沙石、老鼠屎、糠屑很多，被学生们戏称为"八宝饭"，并作过如下生动的描述：

“八宝者何？曰：谷、糠、秕、稗、石、砂、鼠屎及霉味也。其色红，其味冲，距膳堂五十步外即可嗅到，对牙和耐心是最大的考验。谨将享用秘方留下：盛饭半满，舀汤或水一勺，以筷猛力搅之，使现旋涡状，八宝中即有七宝沉于碗底，可将米饭纯净度提高到九成左右。”

⊙抗战期间，民国政府财政困难，物价高涨，公务人员生活困苦，情绪由是低落。严家淦时任福建建设厅厅长，有一次去朋友家，在客厅见到一帧奇怪的照片：一个人坐在椅子上，另一人跪在他面前，仔细一看，跪的和坐的都是朋友本人。严百思不得其解，问之，答曰：“这叫求人不如求己。”

⊙在西南联大时，姜立夫患有胃溃疡、十二指肠出血等症，不宜食用糙米，于是就将糙米送往碾米厂加工。碾米的人很多，需一个接一个地把米袋提上碾机，非眼疾手快不行。姜立夫经常把米撒了一地，等不到拾捧，后面等着的人们就上来了，撒落的米就只好白白丢掉，最后只剩得半袋。

⊙浦江清在1943年2月20日的一封家书中说：“现薪津依旧，同事都穷得不得了，此月教部为奖励学校教员服务十年以上者，各发资金千五百元，我已领到，不无小补。”又说：“现在要添两个蚊帐，袜子半打，要六七百元。”

⊙1941年3月8日，朱自清在日记中写道：“本来诸事顺遂的，然而因为饥饿影响了效率。过去从来没有感到饿过，并常夸耀不知饥饿为何物。但是现在一到十二点腿也软了，手也颤了，眼睛发花，吃一点东西就行。这恐怕是吃两顿饭的原因，也是过多地使用储存的精力的缘故。”

⊙罗常培去世后，老舍在悼念文章中说：“他会唱许多折昆曲。莘田（罗常培字）哪，再也听不到你的圆滑的嗓音，高唱《长生殿》与《夜奔》了！”

⊙我国妇幼卫生事业的拓荒者杨崇瑞，在1928年作过一个统计：“中国每日孕产妇死亡不少于500人，其中400人无法抢救。”

⊙1919年4月15日，刺杀宋教仁的直接指挥人洪述祖被执行绞刑，这是中华民国第一次使用绞刑。1927年4月24日，38岁的李大钊在同一座绞刑架上被执行绞刑，罪名是“和苏俄里通外国”。

⊙李鸿章年轻时曾作对：“一万年来谁著史，八千里外觅封侯。”签订《辛丑条约》后，他也曾赋诗一首，其中有："三百年来伤国步，八千里外吊民残。"

⊙甲午海战时，日本军费很大一部分来源于日本民众的狂热募捐。据统计，当时日本总人口为4181万，其中至少有7.4%的人捐了款。

⊙1881年，李鸿章表示，倘若日本胆敢藐视中国，中国不妨"撤防俄之劲旅，分军三道，载以轮舶，直趋长崎、横滨、神户三口……声威既壮，敌胆自寒"。

⊙《石评梅传》的作者柯兴之曾感慨："任何一部文学史，对石评梅这位五四新文化开创时期的著名女作家居然都只字未提。"在2010年出版的第六版《辞海》中，也没有"石评梅"这个条目。

⊙1930年4月，阎锡山、冯玉祥结成反蒋联盟，两部预定在豫、晋交界处的沁阳会师，以求一举聚歼驻在河南的蒋军。不料冯的参谋在拟制命令时，误将"沁阳"写成"泌阳"，此地在河南南部，与沁阳相隔百里。冯部误入泌阳，贻误了战机，最终也导致了反蒋的失败。

⊙张国焘投靠国民党后，对蒋介石说："委员长，兄弟在外糊涂多年。"

张国焘

⊙洪均曾根据俄文地图，绘制了一张中俄边境图，由于不懂俄语，错将帕米尔高原的许多哨卡画到俄方领土之内。这张错绘的地图被俄国公使收集起来，作为清朝与俄国边界冲突的证据，后来在清朝洋务大臣的极力辩解下才予澄清，洪均也因此遭到弹劾。

⊙章太炎见参谋次长陈二庵，对人说："此中国第一等人物，然他日亡民国者，必此人也。"二庵恨之入骨，后使人诱章入京，软禁在龙泉寺。太炎死后，二庵说："太炎云殁，世间无真知我陈某为何如人者。太炎真知我，我亦真知太炎。彼陆朗斋谓得章太炎作一篇文字，胜过用一万兵马，犹轻视太炎耳；我则谓太炎一语，足定天下之安危也。"

⊙1918年11月7日，梁济与儿子梁漱溟讨论欧战新闻。"这个世界会好吗？"

梁济问。梁漱溟回答："我相信世界是一天一天往好里去的。""能好就好啊！"梁济说。三天后，梁济留下一篇《敬告世人书》，投湖自尽。这一天，距离他的六十大寿只有四天。

⊙日本维新思想家佐久间象山在读到《海国图志》中的"师夷长技以制夷"的主张后，不禁拍案感慨："呜呼！我和魏源真可谓海外同志矣！"

⊙章太炎最初为俞曲园的弟子，后来心向革命，对学术的认识也有所变化，于是作了《谢本师》一文，否认此一师承关系。文载《章氏文钞》中，谲丽可诵。

⊙辛亥以后，王国维接受罗振玉的劝告，一变而成为大清的纯臣，接受溥仪之封为"南书房行走"，并"恩赏五品衔"、"赏食五品俸"。在学术上，他也"尽弃前学，专治经史"，还曾写诗歌颂慈禧，曰："五十年间天下母，后来无继前无偶。"

⊙胡汉民回忆：有一次安徽特使来南京请饷，孙中山大笔一挥就给了20万元。待胡拿批条去财政部，发现金库内仅有现洋10块。

⊙1912年2月12日，紫禁城养心殿，隆裕太后以宣统帝的名义发布诏书，宣布皇帝退位。外务大臣胡惟德等人接过诏书，没有照例下跪叩拜，而是用鞠躬的方式向这个王朝告别。宣读完诏书，隆裕太后号啕大哭。

⊙戴笠死后，章士钊写了一副挽联："生为国家，死为国家，平生具侠义风，功罪盖棺犹未定；誉满天下，谤满天下，乱世行春秋事，是非留待后人评。"

⊙1927年广州起义失败后，周文雍、陈铁军双双被铺。在黄花岗就义前，周、陈提出刑场结婚，得到警察局局长朱晖日的批准。彼时周文雍23岁，陈铁军24岁。

⊙1941年香港危急时，救援飞机座位紧俏。孔祥熙的夫人宋霭龄、二小姐孔令俊率领几十名保镖阻止他人登机，却把自己的仆人、洋狗、马桶、香料和床板等通通运上飞机！陈济棠、何香凝、许崇智、茅盾、郭沫若、陈寅恪等人均被拦截不能登机。得知此事后，舆论一片哗然，傅斯年"暴跳如雷，直呼杀'飞狗院长'孔祥熙以谢天下"。

⊙蒋梦麟一贯不主张学生参加政治运动，认为这是“中国的成年人和老人不肯出来负责任的必然结果”，而“未成年的一代人应该有安心求学的权力”。在蒋梦麟担任校长的七年里，北大只发生过一次值得记载的学生运动。

⊙袁世凯就任中华民国临时大总统后，维持了中国对蒙古和西藏的主权。

⊙1877年春，阿尔弗雷德·克虏伯接受李鸿章的要求，让中国第一批留学生卞长胜、查连标等七人到德国埃森接受克虏伯炮的免费培训。1896年，李鸿章曾去梅喷射击场看望中国留学生。他对留学生们说：“克虏伯新式大炮最为精奥，只要苦心研究，操练、演放、修整诸事赶紧苦学，必得其秘。中国沿海南至琼州，北至营口，俱有建置御敌之炮台。我之老矣，不能效力国家，将来伐谋制敌、御侮保国之重任皆落诸位双肩!”

◎敬畏·称谓

左起：萧红、张爱玲、石评梅、吕碧城。

⊙吕碧城、石评梅、张爱玲、萧红四人，被后人称做“民国四大才女”。

⊙张发奎绰号“大王”，来历有两种说法。其一，他曾在老家做过土匪，又叫“土匪张”；其二，他签名时“奎”字上下过于分开，且把“圭”写得潦草如王，乍眼看去，很像“大王”。

⊙黄遵宪一生追求诗界革命，早在20岁时，他就提出了“我手写我口，古岂能拘牵”这样的全新主张，反对清诗几百年来的拟古倾向，主张“旧风格含新意境”，用旧瓶装新酒，描摹现实。在他的推动下，晚清诗坛为之一振，时人誉为“诗史”。

⊙谷正伦曾任南京卫戍司令、国民政府宪兵司令，有“宪兵之父”的称谓。

⊙1921年5月，薛岳与叶挺、张发奎分任孙中山总统府警卫团的第一、第二和第三营营长，时称粤军“三剑客”。

⊙吕碧城成为《大公报》的主笔后，锦绣文章频出。她的两个姐姐吕惠如、吕美荪，当时也以诗文闻名于世。章士钊曾感慨说：“淮南三吕，天下知名。”《大公报》还专门编辑出版了《吕氏姊妹诗词集》，并评论她们是“硕果晨星”式的人物。

⊙孙维世是周恩来的干女儿，故有“红色公主”之称。她与冯风鸣、张醒芳、郭兰英号称“延安四大美女”。

⊙《复辟之黑幕》中说：张勋“复辟党健将不下百余人，其最重要的人物则为张勋、康有为、万绳栻、梁鼎芬、张镇芳、雷震春、刘廷琛、容乃宣、夏同龢、辜鸿铭、钮传善、王乃澂、胡嗣瑗等十三人……一般滑稽家呼张等为新十三太保云。”

⊙段祺瑞手下有四名得力干将：靳云鹏、徐树铮、吴光新、傅良佐，被称为“段门四大金刚”。靳云鹏曾任国务总理兼陆军总长；徐树铮曾任西北筹边使兼西北边防军总司令、定国军总参谋长；吴光新是段祺瑞的小舅子，曾任陆军总长；傅良佐曾任陆军部次长、湖南督军。

身穿洪宪帝制特种朝服的徐世昌

⊙袁世凯称帝后，为笼络人心，封徐世昌、赵尔巽、李经羲、张謇四人为“嵩山四友”，特准他们享有以下五项优待：免其跪拜称臣；赏乘朝舆，到内宫换乘肩舆；皇帝临朝时，设矮凳赐座；每人给予岁费两万元；赏穿特种朝服。

⊙1913年“二次革命”时，率先宣布武装讨伐袁世凯的江西都督李烈钧、安徽都督柏文蔚、广东都督胡汉民，被时论合称为“党人三督”。

⊙蒋介石的嫡系部队中央军中，有八位黄埔军校教官出身的将领，深得蒋的信任和重用，号称“八大金刚”。他们是何应钦、刘峙、顾祝同、张治中、钱大钧、陈诚、蒋鼎文、陈继承。“八大金刚”也是中央军中最早的一批军、师长。

⊙冯玉祥任西北边防督办时，其属下察哈尔都统张之江、绥远都统李鸣钟、

第十一师师长宋哲元、第一师师长鹿钟麟、第二师师长刘郁芬，均为西北军第一档次人物，号称冯玉祥的“五虎将”。

⊙李宗仁、黄绍竑、白崇禧是新桂系的三巨头，人称“李黄白”，又称“新桂系三杰”。三人是广西陆军小学堂第四期的同学，并都曾在旧桂系军阀陆荣廷的军中任职。

⊙民国时期，保定陆军军官学校校长蒋百里和南京陆军大学校长杨杰，均为不可多得的军事理论家和教育家，故有“南杨北蒋”之称。蒋百里的《国防论》和杨杰的《国防新论》相得益彰，堪称中国近代军事思想宝库的“双璧”。

上图为杨杰，下图为蒋百里

⊙张静江、蔡元培、吴稚晖、李石曾四人在国民党内资深望重，被称为国民党的“四大元老”。

⊙民国初年，中央政府直辖的三个海军舰队司令都姓陈：第一舰队司令陈季良、第二舰队司令陈绍宽、练习舰队司令陈训咏，合称“海军三陈”。三人都是福建闽侯人，曾在海军中共事多年。三人中陈绍宽的名气最大，他是国民党军在大陆时期唯一的海军一级上将。

⊙太平天国歌谣：“洪杨到，百姓笑，白发公公放鞭炮，三岁孩童扶马鞍，乡里大哥吹角号。”（按：洪杨指洪秀全和杨秀清）

⊙刘峙、顾祝同、蒋鼎文、陈诚、卫立煌五人，因能征善战，屡被蒋介石重用，人称“五虎上将”。五人后来都担任过战区司令以上的高职。

⊙宋哲元、石敬亭、孙良诚三人，是冯玉祥多年倚重的西北军台柱人物，被称为“西北三杰”，地位不在“五虎将”之下。

⊙汤恩伯曾自封“中原王”，被河南人民称为“水、旱、蝗、汤”四大害之一。

⊙1932年，蒋介石授意组建“中华民族复兴社”（“蓝衣社”），并亲自核定干事13人为组织骨干，被称为“十三太保”。13人的说法不一。一说贺衷寒、邓文仪、康泽、桂永清、刘健群、潘佑强、郑介民、葛武棨、梁干乔、肖赞育、滕杰、杜心如、胡宗南等13人；一说刘健群、贺衷寒、邓文仪、康泽、桂永清、酆悌、郑介民、曾扩清、梁干乔、肖赞育、滕杰、戴笠、胡宗南等13人。

余汉谋

⊙余汉谋因排行第九，脑袋又大，被小学同学梁寒操（高要才子，国民党宣传部长）戏称为“大头狗（九）”或“大头鱼（余）”。

⊙冯玉祥任第十六混成旅旅长时，手下有36位连长自诩为“三十六弟兄”，而孙良诚、韩复榘、石友三、张维玺、张自忠、梁冠英、刘汝明、冯治安、吉鸿昌、佟麟阁、孙连仲、孙桐萱、高树勋等13位营、团长，则号称“十三太保”，均为西北军早期骨干。

⊙薛岳绰号“老虎崽”，原名薛仰岳（仰慕岳飞，抗日战争中，改名薛岳，以示不仅仰慕岳飞更将身体力行）。抗战期间，因指挥长沙会战饮誉中外，日军称其为“中国战神”、“长沙之虎”。

⊙阎锡山手下最得力的13名将领：杨爱源、孙楚、梁培璜、杨澄源、傅作义、王靖国、赵承绶、李生达、李服膺、楚溪春、鲁英麟、董英斌、陈长捷，被称为阎锡山的“十三太保”，此13人均毕业于保定陆军军官学校。

⊙民国初年以来，四川长期处于大小军阀割据、火并的局面，到20世纪30年代，逐渐形成五霸的格局。这五大军阀按名字的部首被称为“金、木、水、火、土”，他们是邓锡侯（金）、杨森（木）、刘湘（水）、刘文辉（火）、王陵基（土）。

⊙陈诚、胡宗南、汤恩伯三人，均为蒋介石的爱将，在抗战后期手握重兵，

权势显赫，三人统兵几占蒋介石嫡系部队的一半，是蒋的三张王牌。时人曾以中药“柴胡汤”之谐音，戏称三人为“陈胡汤”。

⊙陈诚因身材短小，被其他派系嗤之为“陈小鬼”，他早年以第十一师和第十八军起家，所以又被称为“土木系”。（按：十一为土，十八为木）

⊙20世纪30年代至40年代，贵州安顺谷家三兄弟同时当选为国民党中央委员、中央执行委员，由此人称“谷氏一门三中委”。老大谷正伦曾任行政院粮食部长，老二谷正纲曾任社会部部长，老五谷正鼎曾任中央组织部部长，故又有“谷家兄弟三部长”的说法。

⊙曾国藩评价胡林翼是“湘军第一苦命人”。

⊙在蒙自时，闻一多一直致力于古代文化典籍的研究。郑天挺回忆说：“我和闻先生是邻屋，闻先生十分用功，除上课外轻易不出门。饭后大家去散步，闻先生总不去，我劝他说何妨一下楼呢，大家笑了起来，于是成了闻先生一个典故，一个雅号——‘何妨一下楼主人’，犹之古人不窥园。”

⊙卫立煌的参谋长郭寄峤、胡宗南的参谋长盛文、杜聿明的参谋长赵家骧三人，分别毕业于保定军校、黄埔军校和东北讲武堂，有文化，善谋略，是卫立煌、胡宗南、杜聿明军事集团的重要幕僚。此三人并称为蒋介石嫡系部队的“三大参谋长”。

⊙张伯苓是中国现代体育运动的先驱，被誉为“中国的顾拜旦”。

⊙黄埔一期的三位山东籍将领李仙洲、李延年、李玉堂，在抗战中都任集团军总司令，抗战结束后又都在山东带兵，人称“山东三李”。三李在山东统归另一山东籍将领、第二绥靖区司令官、山东省主席王耀武指挥，而王耀武是黄埔三期生，所以当时又有“三李不如一王”的说法。

⊙吕碧城的大姐吕惠如担任南京两江女子师范学校校长，二姐吕美荪任奉天女子师范学校校长，妹妹吕坤秀在厦门女子师范学校任教员，亦成为著名诗人和教育家。于是“旌德一门四才女”一时成为美谈。（按：吕氏姐妹为安徽旌德人）

梁士诒

朱启钤

周自齐

段芝贵

⊙推动袁世凯复辟帝制的筹安会“六君子”：杨度、孙毓筠、严复、刘师培、李燮和、胡瑛。和以“七凶”著称的朱启钤、段芝贵、周自齐、梁士诒、张镇芳、雷震春、袁乃宽，合起来被人称为袁世凯的“十三太保”。

⊙吴宓留学美国时，和陈寅恪、汤用彤并称为“哈佛三杰”。

⊙陈铨、雷海宗、林同济等人，于1940年4月在昆明创办《战国策》半月刊。并邀请了一批自由主义知识分子为刊物的特约撰稿人，比如朱光潜、冯友兰、陶云逵、沈从文、费孝通等。其初衷是致力战时的文化重建，“抱定非红非白，非左非右，民族至上，国家至上之主旨”，因此被称为“战国策派”。

⊙辛亥革命前，有人管孙中山叫“孙大炮”，揶揄其言辞夸大不实。

⊙蒋介石的浙江同乡陈诚、胡宗南、戴笠三人，深受蒋之信赖和重用，被称为蒋介石门下的“三鼎甲”。

⊙赛金花因与京城名儒、巨商卢玉舫结拜，排行老二，加上她经常穿男装，结发辫，足蹬皮靴，所以人称“赛二爷”。

⊙刘百川擅长腿法，出脚时快如飓风，猛如闪电，能轻易踢断碗口粗的树干，与人交手，往往在须臾间踢倒对方，故有“江南第一脚”之称。

⊙梅贻琦说：“为政不在多言，顾力行何如耳。”故时人称其为“寡言君子”。

⊙1904年，谭延闿参加清末最后一次科举考试，中贡士第一名，即会元，填补了湖南在清代两百余年无会元的空白。随后谭参加殿试，列二等第三十五名，赐进士出身。谭延闿与陈三立、谭嗣同被时人并称为“湖湘三公子”。

⊙张自忠对违反军纪的官兵常说一句口头禅：“看我扒不了你的皮！”于是官兵们冠以“张扒皮”的诨号。有一首顺口溜说：“石友三的鞭子，韩复榘的绳，梁冠英的扁担赛如龙，张自忠扒皮真无情！”

⊙民国早、中、晚期天桥曾出现三组人称“八大怪”的杰出艺人：早期以穷不怕朱绍文和专学各地民间小曲的醋溺高为代表；中期以民国初年的老云里飞、花狗熊为代表；晚期以小云里飞、焦德海、赛活驴为代表。

⊙宋教仁遇刺后，孙中山称宋教仁是“为宪政流血”的第一人。

⊙张静江是20世纪初江浙财团的四大亨之一，是国民党“四大元老”之一。孙中山管他叫“二兄”，并称其为“中华第一奇人”，蒋介石说他是“革命导师”，陈果夫说他是“党国理财第一人”，毛泽东说他“有经济眼光”。

⊙黎元洪宅心仁厚，面目慈善，时人称为“黎菩萨”。他曾两次出任大总统，三次出任副总统。

1913年3月20日，宋教仁在上海车站被刺，两天后身亡。

⊙太平天国的女兵大部分是来自客家的女人，由于不缠足，她们在战斗中的勇猛丝毫不逊于男人。曾经镇压过太平天国起义的曾国藩，就尝过客家妇女的苦头，以至痛恨地称这些客家女为“大脚蛮婆”。

⊙民国名妓陈怡红、陆艳秋、曹俊佩、王熙春并称“秦淮四小名妓”。

⊙于右任善写魏碑与行草，被誉为“当代草圣”、“近代书圣”，是“中国书法史三个里程碑之一”。（按：另外两位为王羲之、颜真卿）

⊙陈独秀签发中央文件，常用“T. S. Chen”签名。党内同志谈话常称呼为“老先生”、“老头子”，或在党内文件中干脆简称一个“老”字。

⊙孙中山死后，汪精卫、胡汉民、廖仲恺三人，被称为国民党“三巨头”。

前排右起：廖仲恺、孙科、胡汉民、汪精卫、许崇智。

李鸿章与俾斯麦在俾家阳台上。

⊙李鸿章被西方人称作“东方俾斯麦”。

⊙章太炎曾对自己的几位高足一一封号：黄侃为天王，汪东为东王，朱希祖为西王，钱玄同为南王，吴承仕为北王。世人又称黄侃、汪东为“章门二妙”。

⊙美国传教士丁韪良因为十分熟悉中国文化，恭亲王奕䜣特别帮他取了个号叫“冠西”，意思是“冠绝西方”，因此，丁韪良也被称为“丁冠西”。

⊙刘湘打仗勇猛，绰号“刘莽子”。又因其当年据有重庆、巴县、壁山等地，人又送外号“巴壁虎”。

⊙1946年，国民政府立宪时，吴稚晖曾担任制宪代表主席，因此有“制宪大佬”的美誉。

⊙赵登禹将军身高一米九，勇猛异常，冯玉祥在《公祭征文启》中说他“躯干修伟，负膂力，精技击”。其所率二十九军大刀队所向披靡，让日本人吃尽了苦头。他还曾只身打死一只猛虎，被誉为“民国武松”。

赵登禹

⊙白崇禧有勇有谋，人称“小诸葛”。军事家杨杰说他是国民党内三个半军事家之一，日本人称其为“战神”。

⊙20世纪40年代，许多外国人眼里的戴笠，“不是中国的卡那瑞斯上将，而是亨利希·希姆莱”。

⊙唐生智对佛教着迷，故人称“唐僧”。李济深也信佛，绰号“李和尚”。

1925年时的李济深

⊙袁世凯任山东巡抚时，曾请一德国军官观操。德国军官用马鞭指着王士珍、段祺瑞、冯国璋三人说：“你手下的这三员大将，均为杰出人才。”于是这三人便有了“北洋三杰”的名号。后来军中更进一步将他们形象化，叫王士珍为“王龙”，段祺瑞为“段虎”，冯国璋为“冯狗”。

⊙曾在华清池捉过老蒋的白凤翔，出身于热河绿林，此人打吗啡针成瘾，因此骨瘦如柴，人送外号白三阎王（烟王）。

⊙1947年9月沙土集战役中，国民党整编第57师被解放军全歼，团长叶俊背地里管师长段霖茂叫“断送”。

⊙在日本陆军士官学校时，蒋百里、蔡锷、张孝准三人因学习成绩出类拔萃，被称为中国“士官三杰”。

⊙1948年11月13日，“文胆”陈布雷自尽，终年59岁。他在留给蒋介石的遗书中说：“书生无用，负国负公。”蒋赞誉他为“当代完人”。

⊙恭亲王奕䜣支持洋务，熟悉洋务，又经常跟洋人打交道，被人骂作“鬼子六”，或骂“丁鬼奴”。（按：奕䜣排行第六）

⊙孙武、张振武、蒋翊武三人，均为武昌首义的策划者和领导者，后来又都出任湖北军政府要职，因此时人称他们为“首义三武”。

左图：孙夫人卢慕贞（右）和妾陈粹芬（左）。

右图：1901年4月，孙中山与元配夫人卢慕贞及子女在檀香山合影。

⊙孙氏晚辈对孙中山的三位夫人都视为祖母。据孙中山的后人孙必达说，孙家人昵称陈粹芬为“南洋婆”，称卢慕贞为“澳门婆”，称宋庆龄为“上海婆”。也有孙家晚辈称卢慕贞为“婆婆”，称陈粹芬为“二婆”，称宋庆龄为grandma（奶奶）。

⊙周诒春在清华学校以严格著称。他曾经推行过著名的“强迫运动”：每天下午4时至5时为运动时间，在那一小时内图书馆、教室、宿舍一律锁门，学生都必须到户外操场或体育馆内去锻炼。他也因此被视为清华体育传统的开创者。

⊙苏南歌谣中，把太平军的忠王李秀成比做“亲爹娘”：“萝藤爬在高墙上，农民要靠李忠王。地主老爷吓破胆，百姓找到了亲爹娘。”

◎遮蔽与记忆

袁克文书法“足怡”，非“足道”。

⊙袁克文不但擅长书法，还擅长绘画。1924年，他画了一幅松树图，其松树只一干一枝，没有一根针叶，落款题词为：“怒气勃勃，怨气森森，天地之间，弃我寸心。”

⊙1911年6月，横滨华商上书日本政府，抗议其允许康有为入境，说康有为“若仅为政治犯，贵国政府可招待之，然今彼乃为谋财杀人之私罪主犯，贵国招待之，其理何在”？这些华商还说：“澳洲、南洋、南北美之华商受康组织之保皇会恐吓，致巨款被骗之事传遍四方，故无不怨恨此人。”

⊙据宋教仁日记记载，1906年9月25日，他曾当面向黄兴指出：“孙中山等人一心要在中国南部边疆起义，是冒险心、激进心太甚，将来恐有孤注之势。”

⊙罗斯福夫人说宋美龄“谈起民主头头是道，其实根本不知何谓民主”。她在回忆录中说：有一次白宫晚宴，谈到工会罢工，有人问宋美龄：“在贵国将如何处理?”她一语不发，举起美丽的小手，在喉间比了一个优美的“咔嚓”姿势。

⊙郑超麟在《怀旧集》中回忆，1927年中央在武汉时，“不是陈独秀决定问题，而是三巨头（瞿秋白、张国焘、谭平山）决定问题”。中共五大前，“共产国际已有撤换陈独秀的计划，但一时找不到适当的接班人”。

⊙陈其美在一次与日本驻上海领事有吉明的秘密谈话中，否定了孙中山和黄兴与辛亥革命之间的直接关系："孙、黄二君多年流浪于外国，实际上见机不敏。观去年之革命（按：指辛亥革命），亦系按我等人之手所计划者，孙、黄不过中途返国而已。"

⊙1912年8月28日晚，袁世凯在总统府宴请孙中山和夫人卢慕贞。袁在致辞中对孙倍加赞扬，并在举杯祝酒时高呼："中山先生万岁！"孙中山立刻起身答谢，颂扬袁世凯"富于政治经验""善于练兵"，然后举杯高呼："袁大总统万岁！中华民国万岁！五大民族万岁！"

⊙"八一"起义当天，叶挺、贺龙分别打电报给张发奎，希望他来南昌会晤，一起参加革命。于是张带着李汉魂及警卫营乘专列前往，但在马回岭车站遭到周士第团的阻击。张、李见势不妙，狼狈跳下火车鼠窜。据悉，两人惊魂落定，各据铁轨一边，操正步走回了九江。

⊙罗章龙晚年曾披露：邵飘萍并非只是《京报》老板，而且是"特别党员"，李大钊和罗章龙是他的入党介绍人。

⊙给燕子李三辩护的律师回忆说："当时没有人愿意给他辩护。李三是以劫富济贫出名的，而事实上他所得财物的大部分都用去吃喝嫖了，分给老百姓的也只是很少的一部分。李三从不偷穷人的东西，而事实上穷人也没有东西给他偷。"

⊙汪精卫的尸体运到南京后，置办寿材的美差，落到一个跟随汪多年的副官身上。副官花140万元成交了一具沙枋棺木，却报了240万的花销，一下挖了100万。这事当时尽人皆知，只瞒过了汪精卫的老婆陈璧君。

⊙陈平原说："在大量有关北大的出版物上，蒋梦麟的地位相当尴尬……校方组织撰写的校史中，称其为'典型的国民党新官僚'，'在北大是不得人心的'。"陈又说："如比照30年代老北大的课程表及教学规划，令我辈后学汗颜不已。"

⊙蒋介石发动"四一二"政变后，在徐州与冯玉祥会面，讨论联合问题，冯非常爽快地答应了。蒋于是在当晚的日记中写道："冯是不可多得的人才。"第二天，传闻冯玉祥又不准备联合了。蒋将冯找来问话，冯说没钱，蒋说："那好，给你几百万。"

⊙民国初年，并无“辛亥革命”一词的说法。当时《申报》、《大公报》以及政府的各种公报中，“武昌首义”、“共和成立”、“民国肇生”、“辛亥之役”等名词连篇累牍。孙中山就任临时大总统期间所发布的公文中，也使用“武汉首义”、“民国缔造”、“民国光复”、“革命”等说法。

⊙汪精卫不嫖不赌不酗酒，被人称为“道学先生”。他曾发誓说：“革命不成功就不结婚。”陈璧君倾心于汪精卫，但汪却从未碰过她一根指头。后来汪精卫说，正因为他太爱陈璧君，才没有碰她一下，他不想毁了陈璧君一生的幸福。辛亥革命成功后，汪精卫果然实践诺言，和陈璧君结了婚。婚后汪精卫一直严守一夫一妻的准则，从未有过外遇和桃色新闻。

⊙陶希圣善于察言观色，抗战初期有人送他一副对联：“见汪（汪精卫）主和，见冯（冯玉祥）言战，见蒋委员长和战皆好。遇国骂共，遇共骂国，遇法西斯国共都骂。”

⊙徐继畬在他1849年出版的《瀛寰志略》中，曾盛赞华盛顿：“华盛顿，异人也。起事勇于胜广，割据雄于曹刘，既已提三尺剑，开疆万里，乃不僭位号，不传子孙，而创为推举之法，几于天下为公……米利坚合众国（美国）之为国，幅员万里，不设王侯之号，不循世袭之规，公器付之公论，创古今未有之局，一何奇也！泰西古今人物，能不以华盛顿为称首哉！”这段话后来被美国人用中文直接镌刻在华盛顿纪念碑上。

陆徵祥

⊙陆徵祥曾四度出任外交总长，退出外交圈后，陆皈依基督教，入布鲁塞尔圣安德鲁斯修道院当修士。颜惠庆专程拜访老上司，见陆穷困潦倒，便拿出钱来给陆，陆婉言相拒，称自己立誓安贫从教。1949年1月，陆病重，修道院院长南文主教对他说：“中国占去了你一半的心。”陆无气力说话，却伸出三根手指，南文会意，说：“中国占去了你四分之三的心。”陆欣慰地笑了。

⊙1873年，丹麦大北公司借口海线电报经常被过往船只碰断，公然在张华浜到外滩南京路12号之间，架设了一条16公里长的旱线，并设立了一个电报房。从此上海租界与外界正式建立了电报联通。清廷当时从中得到的唯一好处，就是凡经大北公司线路传递的政府公文、外交文书等，全都予以免费。

⊙抗战开始后，杜月笙参加了上海各界抗敌后援会，任主席团成员兼筹募委员会主任，并主动将杜美路的私宅让出，作为办公地点。仅月余时间，杜月笙便筹募到救国捐款150余万元，还筹集了大量毛巾、香烟、罐头食品等物资用以劳军。“八一三”抗战后期，杜月笙得知驻守在四行仓库的谢晋元团缺乏食品时，仅用一天时间便给谢团送去了20万个饼。

⊙庚子事变后，康有为率保皇党开展“全党经商”运动，但实业无一赢利，且亏损严重。而坐镇美洲的康有为，则在这些“党营企业”中随意提款，大肆挥霍，过着骄奢淫逸的生活。叶恩后来痛斥他“妄自骄贵”，生活奢侈“拟于欧美帝王”，“并公款私图生意”。

⊙武昌起义爆发后，黎元洪被部下从床底下拖出来做了革命领袖，以至后来有人叫他“床下都督”。当时革命军将预先拟好的安民告示拿出来要黎签字，黎不签，在场的李翊东大怒，举枪对着黎元洪吼道：“你本是满清奴才，当杀！我们不杀你，举你做都督，你还不愿意。”黎这才签字。后来黎又忸怩作态，推辞不就，张振武斥之不识抬举，声言要杀掉他，以免误事。张后来被黎所杀。

⊙张发奎在黄埔陆军小学读书时，成绩很差，经常考倒数第三。

⊙1912年7月14日，同盟会本部召开全体职员会，代理总务部主任干事魏宸提议“改定名称，组织完全政党”，遭到蔡元培等人的带头反对，说不能舍己从人，名称万不能改。表决一事因此夭折。

⊙周作人任伪教育督办时期，曾多次照顾李大钊的长女李星华和幼子李光华。1940年，李星华和李光华在他的帮助下，离开北平前往延安。

⊙戴季陶原名戴良弼，清末时改名为戴天仇（意与满洲不共戴天）。革命成功后，戴跟陈果夫、蒋介石在上海一起开交易所，一心发财，想做陶朱公，遂改名为季陶。后来，他说孙中山先生是继承周公文武孔子的圣人，他自己也一向以贤人自居，故又起名为传贤。

前排右起：汪精卫、张太雷、鲍罗廷。

⊙“四一二”政变后，各方军政竞相分共。在邓演达的安排下，张发奎的四军收纳被各方驱逐的共产党员达3000余人。当时武汉因此流传一句话：“蒋介石屠杀共产党，朱培德遣送共产党，张发奎收容共产党。”

⊙为了准备出国演出，梅兰芳个人耗费了四五万元，齐如山也贴了五千元，最后路费却没了着落，还是燕京大学校长司徒雷登帮着筹措到的。

⊙汪精卫死于日本的名古屋。日本习俗一向火葬，汪的身材高大，一时无棺材可买，火葬又与中国习俗不合，老婆陈璧君便主张运回南京入殓，于是给汪穿上国民礼服，颈上套上日本天皇赠送的菊花章饰，然后用专机“海鹈”号直送南京。

⊙1942年，在《南京条约》签订100周年之际，蒋廷黻在重庆发表纪念演讲，并以中英文的形式发诸报端，有人于是攻击蒋是英帝国主义的辩护人。该案最后竟闹到蒋介石那里，蒋介石批示：学者的演讲和写作应该自白，党方不必过问蒋廷黻的文章。

⊙鲁迅称“三一八”惨案为“民国以来最黑暗的一天”，并写下了著名的《记念刘和珍君》。惨案发生后，段琪瑞顿足长叹：“一世清名，毁于一旦！”他立刻赶赴现场，面对死者长跪不起。段在严惩凶手后即引咎辞职，并且发誓从此终生食素，以示忏悔。

⊙1917年，国务总理段祺瑞在《加入协约国条件节略》中，向协约国提出如下参战条件：一、停付德、奥两国赔款，暂缓10年偿付协约国赔款；二、进口关税增至7.5%，待厘金裁撤之后增至12.5%；三、取消《辛丑条约》中不允许中国在天津驻军的规定。等等。

⊙杨虎城爱送礼。邓宝珊夫人在闲谈时说到住房条件不好，杨立即送她别墅一套；上官云相夫人谈起抽烟花费太高，杨即刻命人送去烟土10担，约1000两。

⊙“八一”起义前夕，汪精卫、孙科、张发奎在庐山召开第二方面军师长以上会议。张发奎命令叶挺、贺龙两人到会，但两人上山后拒不到会。张发奎在口述史中说：“庐山上的确是讨论和平分共问题，但没打算扣押他们。”叶剑英次日下山向党报告：“土匪张靠不住了，他们已决定军事解决叶挺、贺龙部。”

⊙1913年3月，中华民国第一届国会选举，在宋教仁的主持经营下，国民党在参、众两院870议席中占有392席，共和、民主、统一三党加起来只有223席，国民党虽然没有超过半数，但依然可以凭借其绝对优势影响操纵参、众两院。此举进一步提高了宋教仁的政治热情，也导致了3月20日沪宁火车站的暗杀。

⊙李大钊就义后，周作人与北大教授钱玄同、沈尹默、刘半农等人参与其后事处理，并将李大钊的长子李葆华藏在自己家中达一个多月。李葆华后来回忆说：“周作人先生的确是在张作霖的白色恐怖下让我住在他家里，掩护了我一个多月，他又与沈尹默送我到日本学习。他是很热情的。”

⊙张充和的祖上是合肥大家，其曾祖父张树声在淮军中的地位仅次于李鸿章。

⊙王闿运在《圆明园词》注释中，说破坏圆明园的不是联军，而是中国人趁火打劫：“夷人入京，遂至园宫，见陈设巨丽，相戒弗入，云恐以失物所偿也。乃夷人出，而贵族穷者倡率奸民，假夷为名遂先纵火，夷人还而大掠矣。”

⊙袁世凯内阁总理赵秉钧（宋教仁被杀案主谋，但最近有不少反对的声音）是中国现代警察制度创始人。1902年8月，八国联军交还天津，但是要求中国军队不得在天津周围20公里内驻扎。赵率领1500名巡警进驻，为大清国挽回了不少面子。

上图：天津早期警察。

下图：赵秉钧的打扮，很难让人将他同先进的警察制度联系起来。

⊙1924年，周佛海回国，应聘到广东大学当教授，月薪240元。按照当时中国共产党的规定，他应交纳党费70多元，其妻杨淑慧认为辛辛苦苦赚钱不容易，每月交这么多钱太可惜，就鼓动周佛海退党。周于是借故脱离了中国共产党。

⊙宋教仁在《程家柽革命大事略》一文中说：中国同盟会的第一组织者和第一推动力并不是孙中山，而是程家柽。当时程家柽在自己的寓所召集陈天华、黄克强、宋教仁、白逾桓、田桐、张继、但焘、吴旸谷与孙中山聚会商议，为了让孙中山振作起来充当革命党名义上的党魁，程家柽专门联络宋教仁等人，于8月13日在富士见楼组织了一场1300多人的欢迎大会。程家柽在会上“痛言革命之理，鼓掌之声，上震屋瓦，孙文大悦”。

⊙清廷为修颐和园而筹集的260万两白银，虽然名为“海军军费”，却并非来自财政拨款，而是各省督抚们的私人“奉献”。醇亲王奕譞因为同时监管颐和园工程和海军建设，便将这笔款子以“海军军费”的名义存入天津外资银行，为的是减少可能出现的舆论压力，没想到效果适得其反。

⊙1937年，八路军80000人、新四军12000人，总92000人；1938年，八路军156700人、新四军25000人，总181700人；1939年，八路军270000人、新四军50000人，总320000人；1940年，八路军400000人、新四军100000人，总500000人；1941年，八路军305000人、新四军135000人，总440000人；1942年，八路军340000人、新四军110960人，总450960人；1943年，八路军339000人、新四军125892人，总464892人；1944年，八路军320800人、新四军153676人，总474476人；1945年4月，八路军614000人、新四军296000人，总910000人。

⊙甲午海战，中国死伤35000人，日本死13823人，伤3973人。

⊙1920年秋，李大钊同张申府商量发展新党员，两人首先想到的是自幼习武并以秋瑾为偶像的五四闯将刘清扬，不想却遭到刘清扬的拒绝，于是第三个党员就发展了张国焘。

⊙甲午海战，日本未沉各舰受创程度，比北洋舰队要严重得多。旗舰“松岛”被打得完全丧失了战斗力。吉野甲板舱面设备被炮火扫尽，仅剩一具躯壳，“赤城”、“比睿”二舰重创，“西京丸”几乎被打沉，其余舰只也受创颇重。北洋舰队受伤各舰，海战后不到一个月即告修复，而日本旗舰“松岛”号直到11月尚未修复。因此不得不改桥立为旗舰以代行其职。

⊙1947年，《改造日报》的记者陆立之前往东京，寻访到郭沫若的妻子安娜，见其家徒四壁，空无一物，全家仅靠一点山芋充饥。安娜涕泪交流，哽咽地说：“鼎堂（郭沫若字）他不应该这样。自从他走了之后，我和孩子们都为他担惊受怕，他却音信全无，把这个家全忘了。如果说是战争阻隔，信息不通，这也是借口胡说，这里还是不断地有中国人的消息，我就读到过他回去后写的一篇文章叫做《在轰炸中来去》，说自己光荣地见到了蒋介石。”

⊙五四运动火烧赵家楼，其实烧的是曹家的楼（按：即曹汝霖位于赵家楼胡同的宅院）。

曹汝霖

⊙溥仪在《我的前半生》一书中说："孙殿英给蒋介石的新婚夫人宋美龄送了一批珠宝。结果慈禧凤冠上的珠子成了宋美龄鞋上的饰物，有报道说抗战时期宋美龄出使美国白宫做客时，曾展现过她缀在鞋上的珍珠，大出风头。"

⊙1923年，广州市卫生局做过一个调查：无房户每家每月的房租支出，平均要占到家庭总支出的两成。当时全市有1300名清洁工，每月挣钱不多，除了糊口所剩无几，租不起房，只好在垃圾填埋场与河道旁边的空地上搭盖窝棚。这些简易房盖在国有土地上，财政局想把清洁工赶出去，将国有土地拿出来拍卖，引起清洁工集体罢工。市政府研究之后，"饬令财政局将所有现设厂之公地一律保留，免予投变"。

⊙叶挺说："琪翔（黄琪翔）是位军事天才，汀泗桥大捷他应居首功。"（按：黄时任国民革命军第四军第十二师第三十六团团长，攻打汀泗桥时，其团为先锋部队）

⊙宋庆龄的母亲倪桂珍听说女儿要和孙中山结婚，立即表示反对："你疯了，你简直疯了！他已经有两倍于你的年龄，同时又是一个结过婚的人。我决不同意这桩婚事。"

⊙曾国藩湘军211个文职官员中，翰林和进士各有24人，举人有33人，秀才23人。而太平天国军中连一个秀才都没有。

⊙一些回忆文章印证了邵飘萍从北洋政府和军阀那里搞钱的事实。曾任北洋政府财政总长的李思浩，在接受徐铸成采访时说："邵飘萍和段派没有什么关系，但因为他是当时的名记者，大家怕他，也不能不应酬。记得两次送他成笔的钱，数目相当大，每次总达好几千吧，究竟多少，现在记不清了。"曾与邵飘萍共事的王之英回忆："飘萍老师抨击敌人，挨骂的还得出钱。因为骂了之后飘萍老师就上门去，敌人便诉挨骂之苦。老师听了付之一笑，说确有其事，挨骂难免。你要报纸不登，可以想办法停下来。"

⊙从1895年到1924年的30年间，孙中山先后18次到日本从事革命活动，累计在日居住9年半，其中有16次是由海外直接抵达横滨的，而在横滨居住的时间则累计长达8年之久。

⊙杜月笙的八子三女都受到过良好的教育，其子杜维善还是一位著名的收藏家和古钱币研究专家。

⊙太平天国女军在配合男营守卫天京和辅助男营出城作战方面，曾经发挥过很大作用。1855年年初，天国允许太平军和天京等地人民恢复家庭，广大妇女即回家中，女军的编制也就随之撤销了。

20世纪20年代丹麦大北电报公司的电报投递员。当时的自行车不亚于现在的奔驰车，待遇自然差不了。

⊙清末民初，电报员是个十分吃香的工种，每月可拿薪水30两银。民国时期的电报员，每个月的收入也在100元上下。而当时英国的电报员年收入只有5.8英镑。美国著名大财阀安德鲁·卡内基在匹兹堡市大卫电报公司当电报员的时候，一开始月薪只有13美元。

⊙1858年，太平天国将《孙子》、《吴子》、《司马法》加以删改，取名《武略》颁行，供将帅们阅读和武举考试之用。

⊙杜月笙曾在法租界善钟路创办了一所正始中学，亲任董事长，聘陈群任校长。

⊙1868年之后，江南制造局陆续建造了数艘轮船，但所造船的速度不快，且极耗燃料，最糟糕的是生产成本过高，当时建造一艘船的费用，大约可以向英国购买两艘。

⊙从1861年到1888年，清廷为北洋水师花去1亿两白银，每年合计300万两，占当年财政收入的4%～10%。日本政府从1868年到1894年，共向海军拨款9亿日元，折合白银6000万两，每年合计白银230万两，是中国投入的60%。

⊙1930年12月，蒋梦麟辞去教育部部长，正式出任北大校长，直到抗战胜利15年间，他始终是北大的行政负责人，是北大历史上掌校时间最长的一位校长。

◎八卦

⊙袁克定为坚定其父袁世凯称帝的决心，特纠合一班人马，办了一份假版的《顺天时报》，内容和外边看到的不一样，连篇累牍都是赞成帝制的内容，专给袁世凯及其家人阅览。后来袁世凯知道真相后，把袁克定找来，抡起皮鞭狠狠揍了他一顿，边打边骂他“欺父误国”。

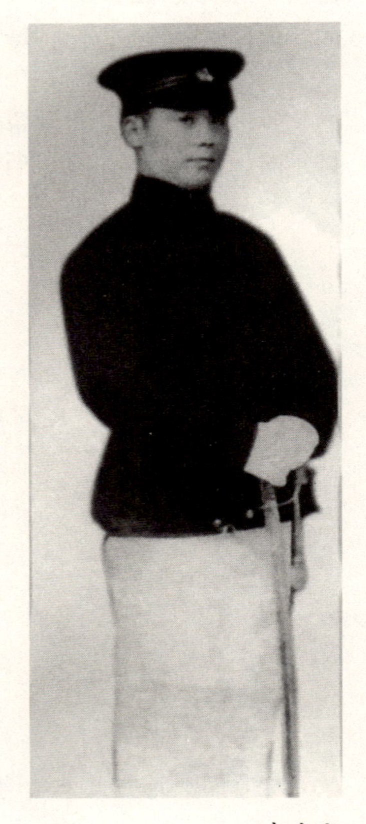
袁克定

⊙袁世凯称帝前，有人称其长子袁克定为曹丕，次子袁克文因一向诗酒风流，被称做曹植。某次哥俩吵架，袁克文对大哥嚷道：“你要做曹丕，竟不许我做曹植？”袁世凯闻听，把两人臭骂一顿：“你们竟自比曹丕兄弟，怪不得外面有人骂我是曹操，真岂有此理！”

⊙袁世凯搬进三海（按：北海、中海、南海）后，开始密谋称帝。每次让后厨烹鱼，都让姨太太把一些大鳞片收藏起来，对她们说要做药用。后来袁世凯在居仁堂一旁建了个大浴池，袁每次洗完澡，工人刷池子，都能找到许多鳞片，于是纷纷传言：袁世凯乃真龙出世。

⊙慈禧入殓时，口中含有一颗巨大的夜明珠。当它被分成两半时，透明无光，合拢为一颗圆珠后，则放射出碧绿寒光，在夜晚能使人在百步之内看清慈禧的头发。

⊙蒋介石未发迹时，曾在友人引荐下会晤杜月笙，并向杜月笙递上“红帖子”（按：在红纸上书写投入门生的姓名、父母亲的名字和本人生辰八字，并以正楷工笔书写：“弟子某某某拜某某人为师”），拜在杜月笙门下。抗战进入白热化时，杜月笙把蒋介石的“红帖子”锁在保险箱里，交专人保管。抗战胜利后，杜回到上海家中，打开保险箱清点财物，钱财珍宝一样不差，唯独那份“红帖子”不翼而飞。

⊙袁世凯的六姨太本来是次子袁克文的相好，是袁克文在南京钓鱼巷认识的，两人私定终身，临别时该女送给袁克文一张自己的照片，结果袁克文在给父亲请安时照片掉了出来，被袁世凯看见。袁克文不敢说出真相，就谎称这是替父亲物色的姨太太。

⊙1927年10月21日，上海各主要报刊爆料，宋庆龄日前出国到苏联，是同武汉政府外交部长陈友仁“私奔”了。宋庆龄气得荨麻疹发作，病了好一阵子。

宋庆龄与陈友仁

⊙洪秀全的明妃，自小容颜动人。天国兵将掠劫时，要杀她父母，她说：“随你们把我抢走，但不要伤害我父母。”兵将见她姿色可人，要奸污她，她说：“你们看我美吗？”答说：“美。”她又说：“你们不如把我献给天王，这样你们就可以得到奖赏。”于是兵将们便把她献给了洪秀全，洪对其很是宠爱，她便派人寻到父母，要洪秀全给她父母许多钱物，并授以特别通行证，以免受太平军侵害。

⊙惇亲王奕誴经常嘲弄慈禧太后，有一次，慈禧想把自己不喜欢的同治皇后阿鲁特氏废掉，遭到负责宗人府的惇亲王的坚决反对。他对慈禧说：“欲废后，非由大清门入者，不能废大清门入之人，奴才不敢奉命。”（按：大清国的规矩，只有皇后进宫才是从国门“大清门”抬入，慈禧入宫只是秀女，没有这个资格）

⊙1896年，李鸿章访德，曾对德国前首相俾斯麦诉苦："与妇人（慈禧）小孩子（光绪）共事，亦是不得已啊。"

⊙洪秀全选妃，首先要貌美，其次要脚大。但当时妇女都缠足，那些大户人家女子，无不以小脚为贵，所以大受冷落。而小户人家的女子，虽脚大却相貌不佳，所以选妃工作进展十分艰难。

⊙张宗昌嗜赌成癖，终日与骨牌为伍。其家乡人称玩牌九叫"吃狗肉"，故张宗昌遂得"狗肉将军"的绰号。张宗昌之女张端说："父亲其实不吃狗肉，他嫌狗肉腥。"

⊙韩复榘在齐鲁大学演讲："你们是文化人，都是中学生、大学生、留洋生。你们这些乌合之众是科学科的、化学化的，都懂得七八国英文，兄弟我是大老粗，连中国的英文都不懂。你们大家都是笔杆子里爬出来的，我是炮筒子里钻出来的。今天来这里讲话，真使我蓬荜生辉、感恩戴德。其实，我没有资格给你们讲话，讲起来嘛，就像对牛弹琴，也可以说是鹤立鸡群了。"

⊙军阀韩复榘在齐鲁大学演讲："诸位、各位、在其位：今天是什么天气，今天就是演讲的天气。来宾十分茂盛，敝人也实在感冒。今天来的人不少咧，看样子大体有五分之八啦，来到的不说，没来的把手举起来！很好，都来了！"

⊙林则徐作为钦差大臣到广州禁烟，西方多国领事特备西餐宴请林则徐。在吃冰激凌时，因为冒着气，林大人以为很烫，便张嘴吹了吹才放进口中，遭西人耻笑。事后，林盛宴回请。几道凉菜过后，端上来芋泥（闽菜中一种甜食），芋泥颜色灰暗，不冒热气，乍看犹如凉菜，实则烫舌。果然众领事一见佳肴，纷纷舀起就吃，直烫得哇哇大叫。林在一旁微笑不语。

⊙王宠惠某次在欧洲参加一个宴会，一位贵妇问他："听说你们中国人结婚，都凭媒人撮合，彼此先不认识。这怎么做夫妻呢？应该像我们这样，经恋爱而结合，才会幸福美满。"王宠惠微笑着回答："我们的婚姻，像一壶冷水放在火炉上，由冷而渐热，以至于沸腾。夫妻间初时冷淡，但相处日久，情就浓了，所以少见离婚。你们刚好相反，结婚时像一壶滚热的水，婚后就慢慢冷却了。你们的离婚案之所以如此多，恐怕问题正在这里。"

⊙张宗昌发迹后，把老爹接到济南府，每日好酒好菜伺候。有一天张宗昌问老爹：“在济南住得咋样？习惯不习惯？”他爹说：“这里什么都好，可就是每天早晨吃的早点味道不好，难以下咽。”张赶紧找人来询问，才知他爹把每天早晨洗脸用的肥皂当早点吃了。

⊙韩复榘演讲：“蒋委员长的新生活运动，兄弟我举双手赞成。就一条，行人靠右走，着实不妥。大家想想，行人都靠右走，那左边留给谁呢?”

⊙内务府郎中庆宽颇受慈禧赏识。慈禧过寿，光绪要送贺礼，对庆宽说：“我要给太后送寿礼，你替我准备吧。”庆宽于是做了四个金镯样式，让老佛爷挑，喜欢哪个样式就打哪个样式。慈禧说：“我四个都要。”庆宽于是据实回奏光绪。光绪问：“打四个镯子需要多少钱?”庆宽说：“四万。”光绪惊呼：“这岂不是要抄我的家了!”（按：宫中传闻光绪有四万私房钱存于钱铺，故有此说）

⊙慈禧陪葬的宝物中，有一个绝世稀品翡翠西瓜，瓜为绿玉皮紫玉瓤，中间切开，瓜子为黑色，一切都是翡翠天然浑成之色。据说此西瓜为番邦进贡，慈禧对它爱若至宝，将之放置在颐和园的一间珠宝房中，由亲信太监三人一班日夜轮流看守。每逢高兴之时，慈禧就会让太监把西瓜取出，尽情把玩一番。

慈禧太后的庞大灵柩由轿夫们抬着，浩浩荡荡地驶向清东陵，连道路对面的外国公使馆警卫都立正警礼。

⊙端方任两江总督时，某中书发起“拒赌令”，并奏请总督大人支持。端方问：“最近听说流行麻将牌，许多人都沉迷不已，阁下也喜欢吗？”中书回答：“对任何一种赌博，我都是门外汉。”端方点头，接着说：“我记得麻将一般都每样四张，只白板有五张。”中书闻言急忙纠正：“错了，白板也只有四张。”端方意味深长地看着对方，微笑着说：“阁下高明，能正我之误，原来白板非有五张。”说罢端茶送客。

端方

⊙洪秀全得一美女徐妃，杨秀清听说后垂涎三尺，便借口宣布天父福音，常将徐妃接到东王府。洪为此十分不悦，徐妃于是献计说：“东王最宠幸傅善祥，天王不如也借口召她入宫。”洪依计，杨以后果然不再请徐妃了。

⊙张宗昌经常把姨太太赏给立功的部下，说：“奶奶个熊，老子的姨太太赏给你做夫人了，领她滚回去吧！”瞬间就把自己的姨太太变成了部下的夫人。

⊙岑春煊遭袁世凯和庆亲王忌恨，二人于是取了岑春煊的照片，将它和梁启超的照片放在一起PS了下，然后拿给慈禧看。慈禧一向痛恨康（有为）、梁（启超），这下越看岑春煊越像梁启超，心中顿生厌恶，从此疏远了岑春煊。

⊙明妃想把洪秀全灌醉，然后杀死他。谁料洪很狡猾，见其殷勤劝饮，便起了疑心，于是假装喝醉，扶着明妃的肩膀，昏昏欲睡。明妃见状大喜，喝退左右，把门关上，然后从墙壁上取刀。这时洪秀全走到她身后，狞笑着说：“你想要干什么呢?”明妃刚一回头，洪便手起刀落，可怜红颜，一命呜呼。

⊙张宗昌在徐州，其母随其赴宴。席上有鲜荔枝，张母不知如何吃法，遂将荔枝连壳吞下，传为笑谈。第二天张宗昌大开宴席，将前次宴会的主客统统招来，特嘱厨师专制荔枝状糖果奉上，几可乱真。进食时，张母从容自若，仍囫囵吞食。客人因不知就里，反欲剥壳后食之，张遂雪前耻。

⊙张发奎做土匪时，有次窜到南华寺向和尚化斋。张吃饱喝足后在庙里溜达，突发奇想说要瞅瞅藏在密室里的六祖惠能金身。看庙和尚们推辞不掉，只得打开房子给他看。张看后觉得平淡无奇，临走顺手拍了拍惠能的肩膀，“吱”的一声，金身屁股底下窜出一群老鼠，着实吓了张发奎一跳。

⊙胡雪岩兴旺时，有个和尚到他开的典肆中存款，因是和尚，不好书写姓名，所以被拒绝。和尚便在门外敲木鱼三日三夜，后来碰巧胡雪岩经过，才答应了他。等胡雪岩衰败，和尚过来取款，肆中无法支付，和尚故技亘演，又敲木鱼不止。伙计笑道："以前你敲木鱼存入，现在却敲不出了。"最后月妇人的衣裤折价抵款。和尚哭道："我拿这些东西出去，都不知会死在哪里。"

⊙张宗昌的母亲祝氏生得健壮结实，诨号"大脚"，她曾独闯关东，见多识广。后来回到家乡，干起了巫婆行当，人称祝巫婆。张宗昌的父亲是个吹鼓手，因家穷娶不起媳妇，有天看到饿得奄奄一息的祝巫婆从门前经过，便给了她一碗稀粥，于是二人结为夫妻。后来家中又断粮，祝巫婆饥饿难耐，便趁夜黑手持木棒守在道旁，并成功打晕一路人，抢到些许干粮。不多时，张宗昌的父亲抱头而归，连说晦气，原来他正是被打晕的那个路人。

⊙讲武堂学生毕业，张作霖前往致辞。参谋们早就拟好一篇讲稿让他背熟。典礼当天，张作霖步上讲台，乍见台下黑压压一片，全场鸦雀无声，竟紧张起来，才背出开头一句："作霖戎马半生，饱经忧患"，接下来就忘记了。僵持半晌后，张作霖突然破口大骂："妈了个巴子的！我原来背得很熟，但看到你们，一高兴竟都忘了！"

⊙韩复榘到高宛视察监狱，见监狱里空空如也，便对县长大加赞许："你办得对，案子随到随判，或杀或赦，不要老关着。"等到了博兴监狱，同样也是空空如也，没有犯人，韩不禁大怒："妈了个巴子，这么大一个县，连一个犯法的都没有，你是不是把犯人都给卖了！"

⊙韩复榘演讲："学生篮球赛，肯定是总务长贪污了。那学校为什么会那么穷酸？十来个人穿着裤衩抢一个球，像什么样？多不雅观。明天到我公馆领笔钱，多买几个球，一人发一个，省得再你争我抢的。"

⊙段祺瑞请风水大师算命，为求真实效果，遂隐瞒了身份，没想到大师开口就说："你的相貌是群龙之首的相貌！"段问"何以见得？"大师说："天机不可泄露，要想知道，就派人把黄金1000两送到某处，我把原因给你写在纸上，你一看就明白了！"段祺瑞照办，得到纸条打开一看，鼻子差点气歪了："你找人到处张贴你的总统像，连傻子都知道你是谁！"

左图：陆海军大元帅张作霖（1927年6月至1928年6月），都五十多岁的人了身材还保持那么好。

右图：显然交了化妆费，但丢了灵魂。

⊙张作霖问参谋长："神仙有姓张的吗？"参谋长答："八仙张果老，倒骑驴的那个就是！"张于是弄来一头驴，倒骑着找感觉。恰巧张学良和赵四小姐二人骑马经过，张作霖有点不好意思，扭捏之际，忽听张学良对赵四小姐说："刚才我好像看到张果老了。"等张、赵二人过去，张作霖开口大骂："做神仙有什么好处！自己儿子都妈了个巴子的不认识了。"

⊙光绪二十八年，袁世凯驻天津，适逢元宵节近，大街小巷不时传来叫卖元宵声。因"元"、"袁"同音，"宵"、"消"同音，袁听着刺耳，于是叫来警察总督赵秉钧，令他设法改掉"元宵"二字。赵遂派警察四出，通知店铺、小贩："为统一全国的名食称呼，以后不准叫元宵，一律称汤元，这是命令！"为此后人曾作打油诗一首："诗吟圆子溯前朝，蒸化煮时水上漂。洪宪当年传禁令，沿街不许喊元宵。"